KB143285

학교협동조합,

현장체험학습과
마을교육공동체를 잇다

학교협동조합,
현장체험학습과
마을교육공동체를 잇다

초판 1쇄 발행 2015년 11월 30일
초판 5쇄 발행 2021년 1월 11일

지은이 박주희 · 서용선 · 주수원 · 홍섭근 · 황현정
펴낸이 김승희
펴낸곳 도서출판 살림터

기획 정광일
편집 조현주
북디자인 꼬리별

인쇄·제본 (주)신화프린팅
종이 (주)명동지류

주소 서울시 양천구 목동동로 293, 22층 2215-1호
전화 02-3141-6553
팩스 02-3141-6555
출판등록 2008년 3월 18일 제313-1990-12호
이메일 gwang80@hanmail.net
블로그 http://blog.naver.com/dkffk1020

ISBN 979-11-5930-001-1 03370

학교협동조합,

현장체험학습과
마을교육공동체를 잇다

박주희·서용선·주수원·홍섭근·황현정 지음

살림터

학생이 스스로 배움과 즐거움을 찾는 현장체험학습이 되어야 합니다

아이들은 체험을 통해 성장한다고 합니다. 하지만 그동안의 현장체험학습은 획일적이고 형식적으로 운영되어왔습니다. 또한 사계절 방학의 활성화와 자유학기제의 전면 시행으로 현장체험학습의 수요는 증가하는 데 비해, 안전하고 지속적으로 사용할 수 있는 체험활동 시설과 체계적이며 다각적인 지원 체제는 매우 미흡한 실정입니다.

혁신학교를 중심으로 소규모 테마 학습이 운영되면서 조금씩 변화가 시작되고는 있지만 모든 학교가 학생이 스스로 기획하는 현장체험학습을 운영하고 학교교육과정과 연계되는 체험학습으로 자리매김하기까지는 아직도 많은 변화가 필요합니다.

경기도교육청에서는 현장체험학습 학교협동조합 시스템을 도입하고자 연구를 진행했습니다. 이는 학생, 학부모, 지역 주민, 학교가 적극 협력하여 공동으로 마을 체험 자원을 발굴하고 운영함으로써 안정적인 일자리 창출과 경제 활성화 등 지역순환경제를 만드는 씨앗이 될 것입니다. 또한 교통편이 어렵거나 특정 시기에 집중되어 마땅한 체험학습장을 구하지 못하는 아이들에게 더없이 좋은 기회가 될 것입니다.

현장체험학습 학교협동조합은 마을이 배움터로 거듭나는 좋은 기회입니다. 마을의 보호 속에 질 높은 서비스 혜택을 누릴 수 있으며, 안전이 확보되고 친환경 문제에서 자유로울 수 있습니다. 학생들은 원하는 프로그램을 스스로 기획하고 참여함으로써 자기 주도적 경험을 확대하는 학생 중심 체험학습을 기대할 수 있습니다.

이 자료가 널리 활용되어 현장체험학습 학교협동조합이 정착되기까지 많은 어려움을 극복하고 일반화하는 데 도움이 되기를 바라며, 각 지방자치단체, 교육지원청, 지역 관계자, 학부모, 학생 그리고 교직원들 모두가 한마음으로 학생들이 스스로 배움과 즐거움을 찾는 현장체험학습이 되도록 노력해주시기를 당부드립니다.

끝으로 이 자료가 나오기까지 교육 현장에서 도움을 주신 분들과 연구에 애써주신 저자를 비롯한 관계자분들께도 깊은 감사를 드립니다.

2015년 11월

경기도교육감 이재정

안전과 교육 두 마리 토끼를 잡는
새로운 마을 수업

2012년부터 2015년 7월까지 신문 및 온라인상에서 가장 많이 다뤄진 사회 이슈. 매년 지속적으로 증가한 이슈. 바로 '안전'이다. 2015년 9월 8일자 『조선일보』에 따르면, 안전 관련 기사는 전체 빅 데이터의 45%를 차지했고, 온라인 채널에서도 77.45%로 가장 높았다고 한다. 해마다 증가해온 안전 이슈가 정점을 이룬 것은 2014년 세월호 사고이다. 대한민국 경제가 IMF 전후로 나뉘듯이 우리 교육은 세월호 전후로 나뉠 수밖에 없다.

대규모 수학여행의 안전사고 문제는 수차례 반복되어왔고, 세월호 전부터 예기된 것이었다. 세월호 사고 이후 일 년이 지났지만 여전히 뚜렷한 대안을 마련하지 못하고 있다. 안전 문제를 해결하고, 수학여행 본래의 교육적 의미를 되살리고자 소규모 테마형 현장체험학습, 교육여행이 모색되고 있다. 하지만 학생들의 높은 만족도와 교육적 효과에도 불구하고 행정적 부담으로 뜻있는 교사들 역시 선뜻 나서기 힘든 실정이다. 상황이 이렇다 보니 무슨 문제가 생기면 없애버리는 풍토에 따라 현장체험학습, 수학여행 무용론·폐기론이 대두되고 있다.

'안전'과 '교육'이라는 두 마리 토끼를 잡기 위해선, 학교만으로는 역부족이다. 이윤만을 생각하는 외부 업체에 맡길 수도 없고, 학교 교사들이 이 문제를 다 끌어안고 끙끙댈 수만도 없는 노릇이다. 그럼 어떻게 해야 할까? 결국 우리는 마을과 학교가 만나 이 문제를 함께 풀어가야 한다는 결론에 도달했다. 학교는 본연의 임무인 교육을 중심에 두고, 마을은 마을여행 자원의 발굴과 공유라는 사업을 중심에 두고 함께 풀어가는 것이다. 이른바 새로운 마을 수업이다.

허무맹랑한 이야기라고? 그렇지 않다. 이미 아이들을 위한 건강한 먹을거리 해결을 위해 마을 주민과 학교가 힘을 모아 운영하는 학교협동조합 매점이 서울, 경기도를 중심으로 2013년부터 만들어지기 시작해 전국으로 확산되고 있다. 그런가 하면 마을과 학교가 축제를 운영하기도 하고, 마을학교를 운영하기도 한다. 이렇게 마을교육공동체의 사례는 풍부해져가고 있다. 마을교육공동체로 매점, 방과 후, 마을놀이 등을 해결해가고 있다면 현장체험학습, 교육여행이라고 못 풀 수 없지 않겠는가.

더욱이 이미 말레이시아는 학교협동조합 방식으로 수학여행의 문제를 풀어가고 있었다. 서로 다른 지역의 학교가 MOU를 체결하고 교류하는 품앗이 여행. 그런 가운데 학생들이 직접 자기가 사는 마을을 타 지역 학생들에게 가이드하는 방식이었다. 여행을 기획하고 운영하는 과정에서 다양한 문제 상황에 부딪힐 테고 이를 학생들 스스로 풀면서 문제 해결 능력을 키워간다. 다른 지역의 아이들에게 소개하기 위해 내 지역에 대해 배워가며 상호 학습의 효과를 극대화한다.

비단 말레이시아만의 이야기는 아니었다. 조사를 해보니 여러 혁신학교에서 학생 스스로 자기 주도 여행을 기획하고, 지역과 연계해서 풀어가는 사례들이 많이 있었다. 또한 강원도 등 청소년 체험학습으로 자주 찾는 곳에서는 학생들과 함께 프로그램을 기획할 수 있도록 준비하고 있었다. 또한 서울과 경기도 등에서는 마을여행, 마을여행 해설사 양성 등이 지자체를 중심으로 많이 이뤄지고 있다. 서울시 성동구에서는 지난 6월 '금호동·옥수동 마을 교과서'를 만들어 마을 역사, 마을 사회, 마을 생태, 마을 도시건축 4개 분야 교과서와 교안을 발간하기도 했다.

물론 이 모든 흐름들이 하나로 연결되지는 못했다. 학교와 마을의 만남이 본격화된 건 최근의 일이고, 현장체험학습을 이러한 방식으로 풀 수 있다고는 생각하지 못했던 터이기 때문이다. 학교와 마을 곳곳의 자원들은 있고, 하려고 할 사람들도 보이지만 아직 하나로 뭉치지 못하는 가운데 완벽한 사례를 보여주지는 못하고 있다.

그래서 어쩌면 이 책은 조금 이른 시도일 수도 있다. 구체적인 사례가 명확히 존재하지 않는 가운데 여러 가능성들을 탐색하고 있기 때문이다. "구슬이 서 말이라도 꿰어야 보배"이다. 따라서 이 책은 마을과 학교, 그리고 각 지역마다 흩어진 구슬들을 꿸 수 있는 실마리를 던져준다. 단일하고 완벽한 정답을 기대하고 보는 사람의 기대는 채워주지 못할 수 있다. 하지만 마을과 학교의 만남을 고민하고, 안전하면서도 교육적인 현장체험학습을 고민하는 많은 이들에게 새로운 방향 제시가 되리라고 본다.

우리 아이들이 원하고
그 길을 우리 어른들이 시작해서
문을 열어주어야 하기 때문입니다.

안산 신길고에서 학교협동조합을 준비하며 나온 이야기이다. 협동조합은 일종의 동업이다. 가족과도 친구와도 동업은 하지 말라고 하는 판국에 마을과 학교라는 이질적인 집단이 만나 함께 일을 도모한다는 것은 얼마나 힘든 일인가. 아울러 새로운 길을 개척해간다는 것은 더욱 어려운 일이다. 그럼에도 불구하고 아이들을 위한 일이기에 어른들 역시 조금 더 힘을 내보게 된다.

또한 단순히 한 차례의 여행을 위한 제안이 아니다. 내년부터 전면적으로 시행되는 중학교 자유학기제의 진로 체험 프로그램과도 연결되는 부분이며, 더 크게는 자원이 외부로 나가지 않고 우리 지역 안에서 순환하며 마을의 삶을 더 풍성하게 할 수 있는 지역순환경제를 만들기 위함이다. 이러한 큰 그림을 위해 마을과 학교가 만나 머리를 맞대고 우리 아이들의 미래, 우리 지역의 미래를 고민해야 한다.

필자들 역시 각기 교육과 협동조합이란 이질적인 분야의 연구자들이 만나 머리를 맞대고 고민을 했다. 2014년 12월 경기교육연구원의 학교협동조합과 마을교육공동체 연구 등을 통해 만나 마을과 학교의 만남의 방식에 대해 공동 연구를 했다. 이 책 역시 그러한 연구의 성과이다. 경기도 전역의 다양한 마을교육공동체 사례를 만나고, 새로운 마을 수업 방식으로 현장체험학습을 풀어가고 있는 학교와 지역의 관계자를 만나 의견을 들었다. 또한 공동 필자인 황현정 선생은 직접 안성 비룡중학교에서 한 학기 동안 위와 같은 방식으로 수업을 진행하여 학생들의 참여도와 교육적 효과를 확인했다. 이 책을 시작으로 전국의 마을 수업 방식으로 현장체험학습을 고민하는 이들과 함께 새로운 미래를 만들어가고 싶다. 윌리엄 깁슨의 말대로 미래는 이미 와 있으며, 단지 널리 퍼져 있지 않았을 뿐이다.

박주희·서용선·주수원·홍섭근·황현정

차례

추천하는 글 | 학생이 스스로 배움과 즐거움을 찾는 현장체험학습이 되어야 합니다 4
머리글 | 안전과 교육 두 마리 토끼를 잡는 새로운 마을 수업 6

프롤로그 | 현장체험학습과 씨름하는 사람들 16

1장 학교, 마을을 품다

현장체험학습은 마을교육공동체 이야기다 29
마을이 배움터가 되는 현장체험학습 30
마을에 관한, 마을을 통한, 마을을 위한 현장체험학습 33

마을과 학교를 잇는 학교협동조합 37
학교협동조합이란 38
학교협동조합 현황 41
현장체험학습 학교협동조합의 원리 45

현장체험학습을 위한 학교협동조합은 가능할까 48
공동의 필요를 모으고 이익을 사회화하는 협동조합 48
학교와 마을, 모두에게 이익이 되는 공동 플랫폼, 학교협동조합 52
여럿이 함께하는 지역거점형 현장체험학습 55
상호 호혜를 바탕으로 지역을 연결하는 '품앗이 여행'과 '스쿨투어리즘' 57
학교 구성원들의 참여 의지 63

2장 마을교육공동체형 현장체험학습 실천 사례

학교, 마을을 담다 71
초등학생이 스스로 탐구하는 현장체험학습
경기 성남 보평초, 서울 신은초 사례 71
중학생 스스로 만드는 주제통합 기행 경기 의정부여중, 전북 회현중 사례 80
기획부터 운영까지, 고등학생이 만들어가는 여행
서울 삼각산고와 상명고, 경기 용인 흥덕고 사례 98

마을, 배움터로 거듭나다 117
우리 마을은 우리가 지키고 가꾸자 화성시생태관광협동조합 사례 118
지역을 위한 여행, 아이들을 위한 여행을 만들자 강원도 사례 125
교사가 중심이 되자 시흥행복교육지원센터 사례 129
여행을 통한 배움을 만들다 의정부꿈이룸배움터 사례 133

3장 마을 수업: 학교에서 만드는 마을 교육과정

학교 공동체의 협의로 만들어가는 마을 교육과정 143
학년 교육과정 목표와 마을 교육과정 재구성 144
교과 간 주제통합수업 실천 149

마을 역사를 알아가는 수업 실천 153
마을 역사 수업의 목표와 내용 153
마을 역사 탐구 프로젝트 155
1차시 우리 마을 얼마만큼 알고 있나 156
2차시 계획 세우기 156
3차시 내용 정리하기 162
4차시 내용 공유하기 165
5차시 여행 일정 짜기 169

마을 알아가기 수업의 결과와 의미 175
교사가 바라본 수업의 성취 175
학생 반응으로 본 마을 이야기 수업 179
마을 알아가기 수업의 역할 187

4장 현장체험학습, 마을에서 염두에 둘 것들

마을에서 염두에 둘 것들 193
누가 시작할 수 있을까 193
소비자(학교)와 사업자(마을)의 이해관계 조정의 실마리 202
핵심 리더와 공론의 장의 중요성 208

사업 단계별 구체적인 역할 나누기 216
모두의 필요를 조정하는 기획 216
상호 학습 효과를 극대화하는 프로그램 구체화 217
상호 호혜에 바탕을 둔 프로그램 운영 218
마을 배움터, 우리 모두가 교육자다 220

협동조합, 법인격이 필요하다 226
발기인 모집 227
사업계획과 정관작성 227

마을력을 촉진하는 마중물, 지역센터 230
지역센터의 필요성 230
지역센터, 어떻게 구성할까 232
지역센터의 역할 235

5장 마을에서 함께 틔우는 모두를 위한 교육

현장체험학습 학교협동조합, 변화의 시작 245
학교의 변화: 배움의 공동체, 상호 학습으로서의 현장체험학습 245
지역의 변화: 우리 안의 자원의 순환 253
학교와 마을의 연계 고리 256

현장체험학습 학교협동조합 활성화를 위한 과제와 정책 제안 261
학교협동조합이 안고 있는 과제 261
현장체험 활성화를 위한 정책 제안 270

에필로그 275
참고문헌 282

현장체험학습과 씨름하는 사람들

'현장체험학습'이란 창의적 체험활동 교육과정(자율활동-행사활동 영역)과 교과 교육과정 영역 등을 통해 이루어지는 주제별 체험학습(구, 수학여행), 테마형 수련활동, 1일형 주제별 체험학습 등과 같이 학교 밖에서 이루어지는 교육 활동을 말한다. 우리 교육에서 이루어지는 현장체험학습은 근대 학교교육이 시작된 1890년대 중후반으로 거슬러 올라간다. 이 시기에 운동회와 결합된 형태인 일본의 '소풍'의 영향을 받아 '화류'라는 명칭의 1일 1형 현장체험학습이 시작되었다. '수학여행'도 1901년 신문기사에서 용어를 찾아볼 수 있는데, 1906년 대한제국학부령 제1호 사범학교령 시행규칙에 '수학여행의 일수'는 수업 일수에 포함하지 않는다고 규정되어 있다. 당시 현장체험학습은 교육과정과는 상관없이 기분을 전환하고 새로운 문물이나 풍경 등을 볼 수 있는 기회로 활용된 것으로 보인다.

수행여행을 비롯한 현장체험학습은 대개 대규모, 학년별로 이루어졌기 때문에 학생들의 자발적 참여를 통한 실제 체험활동으로 이어지지는 못했다. 현장체험학습 장소 선정도 교육 효과를 높이기 위하여 다양하게 선택하기보다 대규모 인원을 수용할 수 있는 특정 관광지로 몰리고, 학생들에게 교육 효과가 있는 프로그램을 계획하고 운영하기보다는 기분 전환을 위한 일회성 행사로 인식해온 측면이 크다. 이에 따라 의식 있는 교사들의 비판적 목소리와 학급 야영, 프로젝트 여행을 비롯한 다양한 교육 실천을 바탕으로 1990년대 후반부터 국가교육과정 수준에서 수학여행을 비롯한 현장체험학습을 교육과정과 연계할 수 있는 규정들이 마련되었다.

구체적으로는 제7차 교육과정에서 '창의적 재량활동'이 도입되면서 초등학교 교과 교육과정 운영에서 현장체험학습을 할 수 있는 여건이 마련되었고, 2009 개정 교육과정에서는 창의적 체험활동 도입으로 중·고등학교에서 학년 단위뿐 아니라 학급이나 동아리별로 현장체험학습을 실천할 수 있는 제도를 갖추게 되었다.^(교육과학기술부 2011) 대규모 현장체험학습에 대한 만족도가 전반적으로 낮은 데다, 중·고등학교에서는 '수업 내용 연계'에 대한 만족도가 가장 낮게 나타나고 있었기 때문에, 이에 대한 보완책으로 소규모 테마형 현장체험학습이 대안으로 모색되었다. 소규모 체험학습이란 운영 시 3학급 이하나 참여 학생 100명 미만의 규모를 선택하여 운용함을 말한다.

그러나 소규모 테마형 현장체험학습도 학교에서 운영될 때 많은 어려움을 겪고 있다. 학교에서 현장체험학습을 실행하기 위해 씨름하는 모습을 교육 주체별로 담아 보았다.

장면 #1은 해마다 학년부에서 현장체험학습을 계획할 때 이루어지는 일상 대화이다.

교사 1 체험학습 또 준비해야 하네? 작년에 어디 다녀왔지? 좋은 데 있음 또 가면 되지 않아?

교사 2 체험학습 관련해서 공연 팸플릿이나 놀이공원 광고 온 거 없어? 애들한테 적당히 설득해서 거기 가든가.

교사 3 사고는 없어야 할 텐데, 안전한 데로 가자고. 괜히 사고 나면 우리만 다쳐. 교육도 좋지만 잠깐 교육 잘하자고 우리 밥줄을 걸 순 없잖아? 세월호 사건 보니 남 일 같지 않아. 마음이 너무 안 좋아.

교사 4 애들 가고 싶은 데 의견 들어가면서 맞추랴, 교육적으로 의미 있는 곳 찾으랴. 장소 선정도 어려운데. 예산 뽑고, 사전 답사 가고, 운영위 통과해야 하는 서류 준비까지 해야 하고 할 일이 너무 많아. 소규모로 가는 게 더 힘드네. 일단 나가면 안전지도도 맡아야 하는데, 교사가 무슨 슈퍼우먼인가?

교사 5 사회가 경제적으로 많이 나아져서 가족여행 문화도 이전과 달리 자주 가는 집들이 많은데, 왜 이렇게 꼭 학교에서 단체로 학생들 다 데리고 여행을 다녀야 하는지 모르겠어. 사회 밖 시스템이 안전하고는 거리가 멀어서 늘 불안 불안한데 말이야.

현장체험학습에서 장소와 일정을 정하는 일은 관행대로 정해지는 경우가 많다. 좋은 장소로 소문이 나면 몇 해에 걸쳐 계속 가는 경우도 흔하다. 교육 효과나 학생 만족도를 고려하여 좋은 반응을 얻은 곳이 좋은 장소일 테니 말이다.

새로운 곳을 찾기 위해 상업성을 담은 광고 팸플릿이나 공연 안내문 등을 참고하여 시도해보는 교사들도 있다. 학생들의 의견을 고려한다기보다 교육적 의미를 조금 더 담고 있다고 판단하는 곳을 교사 스스로 선택해보려는 시도이다. 때때로 다른 학교에서 전입한 교사들은 이전 학교에서 좋은 반응을 얻은 현장체험학습 장소를 새로 추천하기도 한다. 이때도 고려되는 것은 학생 만족도와 교육 효과이다.

이렇게 현장체험학습이 운영되다가 '세월호 사건'이 발생했다. 한 학년의 학생들의 목숨을 앗아간 인명 사건이지만 책임지는 이 하나 없는 사건이 되어버렸다. 교사도 불안전한 환경을 벗어날 수 없다. 학생의 안전뿐 아니라 교사의 안전도 고려되어야 하는 것이다. 위험 앞에서는 모두가 평등하기 때문이다. 따라서 가장 우선되어야 하는 것은 바로 안전 문제이다.

이 밖에도 교사는 과도한 행정 업무와 씨름해야 한다. 현장체험학습은 일회성 행사이지만, 이를 계획하고 선정하고 준비하는 사전 과정에는 과도한 행정 업무가 존재한다. 안전을 고려해야 하는 부담까지 더해지면서 절차와 요구는 더욱 복잡해졌다. 사전 답사도 강화되고, 준비 서류나 절차도 까다로워졌다. 교사들은 수업 전문성 못지않게 행정 전문성과 안전 전문성까지 요구받고 있다. 대규모로 움직이면 안전 문제가 부각되고, 소규모로 진행하면 교사 혼자 감당하기 어려운 업무들이 더해진다. 이 속에서 교사들은 교육적 의미까지 찾아야 한다.

장면 #2의 대화는 학생의 씨름을 담고 있다. 현장체험학습은 공동체 의식을 배우고, 교과와 연계하여 또 다른 배움을 갖는 활동이지만, 한편으로는 교실에만 갇혀 있던 학생들에게 놀이이자 기분 전환의 기회이기도 하다. 그래서 고대하고 기대한다. 가족과 가는 여행과는 질적으로 다른 의미를 갖는 것이다.

장면 #2 학생의 씨름

학생 1 선생님, 수학여행 어디로 가요? 2학년 되니깐 그게 제일 궁금해요.

학생 2 맞아요. 친구들하고 밤도 같이 보내면서 놀기도 하고 친해지기도 하고. 선생님하고도 친해지고요.

학생 3 야, 배우기도 해야 하는 거잖아? 그래도 좀 재미도 있었으면 좋겠어요. 만날 가는 데 말고요.

교사 1 수학여행 가는 장소는 여러분들이 모두 한번쯤은 부모님들과 가본 장소들이 대부분이야. 요즘은 가족여행을 잘 다니는 사회 분위기라 굳이 수학여행으로 가야 하니? 선생님들은 힘들기도 해.

학생 4 에이, 부모님이랑은 정말 여행 같이 가고 싶지 않아요. 처음부터 끝까지 잔소리거든요. 우리가 가고 싶은 곳으로 가는 것도 아니고. 무엇보다 친구들이랑 놀고 싶어요. 그게 진짜 여행이죠. 아, 물론 수학여행이니깐 배우기도 할게요.

따라서 몇몇 학생들에게는 어디를 가든, 언제 가든, 왜 가든 전혀 문제가 되지 않는다. 함께 가는 것이 중요하다, 친구들과 선생님과. 이는 학생들에게 현장체험학습을 가는 나름의 이유로 충분하다. 체육대회이든, 축제이든, 수학여행이든, 무엇이 되었든 아이들에게는 이벤트가 필요하다. 그리고 학생들의 의견을 충분히 수렴하고 반영하여 장소와 일정을 정하고 교육적 의미를 부여해서 가는 것은 교사와 학교의 역할이다. 문제는 교육적 의미와 학생의 요구를 절충하여 실행하는 것이다. 현장체험학습에 대한 요구는 강렬하니까 말이다.

마지막으로 장면 #3은 행정실의 고민을 담아보았다. 현장체험학습에서 비용 문제도 중요하다. 이 문제는 사실 교사와 학생, 학부모 모두 비전문 분야이다.

장면 #3 행정실의 씨름

주무관 1 실장님, 기획위원회 회의 가시면 체험학습 일정이랑 장소부터 빨리 정해달라고 안건 내세요! 그래야 버스업체와 연락해서 확보할 수 있어요. 가능하면 일정이 다른 학교랑 좀 다르면 좋은데. 비용도 싸고 버스 확보하기도 쉽고요.

행정실장 해마다 이야기해도 미리미리 계획하고 예산 뽑고 이런 게 잘 안 되는 게 교사들인 거 같아. 후딱 정하면 될 텐데, 뭐 그리 다들 바쁘신지, 말도 많으시고. 그리고 비용 계산도 만날 잘못하시고, 번거롭게 바꾸시고. 어쨌든 빨리 정하고, 다르게 일정 잡고, 그러면 우리는 빨리 업체랑 연락해보자고. 싼 거 잡아야 체험학습비 비싸다고 민원 안 들어올 텐데.

주무관 2 한두 해 계약하는 업체도 아닌데, 버스 몇 대 빼놓고 계시겠죠. 비용이나 조금 더 깎을 생각을 더 해두어야겠네요.

학교 행정실에서 맡고 있는 역할인데, 교사들이 계획을 추진하는 과정에서 교사와 행정실 사이에 마찰이 빚어지기도 한다. 서로 다른 업무에 종사하면서 서로 업무에 따른 곤란을 이해하기 힘든 지점이 있기 때문이다. 대화에서 볼 수 있듯이 예산을 세우고, 업체와 계약하는 업무만 있다면 행정실에서도 전문성을 발휘하여 추진할 수 있을 것이다. 그러나 행정 처리의 어려움은 대부분 학교가 같은 시기에, 비슷한 장소를 거의 동일한 가격으로 산정하고 추진하는 데서 비롯된다.

학교 밖 사회적 자원을 살펴보면 이는 더욱 분명해진다. 모든 업체가 이 시기에 소위 1년 장사를 목적으로 움직이며, 최대의 이익을 내기 위해 경제활동을 한다. 계약 체결자도 이동 수단인 버스나 체험 장소를 섭외하기가 쉽지 않고, 제공자도 인력 부족, 경제적 득실을 고려하였을 때 어쩔 수 없이 선택하는 상황에 놓이는 것이다. 그리고 학교는 해마다 계약을 체결하던 업체에 다시 연락할 수밖에 없는 구조이다.

무엇이 문제일까? 대규모 획일적인 현장체험학습을 해결하기 위해 소규모 테마형 현장체험학습을 시도하지만 교사들의 과중한 행정 부담, 현지 업체들의 준비 부족, 소규모 테마형 현장체험학습을 위한 교육 장소 발굴에 어려움이 있다. 먼저 현장체험학습이나 교육여행 준비 단계에서 떠나기 전까지 교사가 직접 챙겨야 할 행정 업무가 많다. 사전 답사, 학교운영위원회 심의 통과, 업체와의 계약, 학생 안전교육 수학여행 계획 등 모든 절차를 거칠 때마다 결재를 올려야 한다. 혹시 모를 안전사고 발생 시 책임에 대비하기 위해서이다. 개인정보 보호법이 강화되면서 학생들의 여행자 보험을 들 때 학부모 동의 및 홈페이지 공지까지 해야 하므로 교사에게 업무가 과중될 수밖에 없다.

또한 위탁업체를 통하면 한꺼번에 처리할 수 있어 편리한 데 반해, 소규모 체험학습의 경우 실행 단계에서도 숙박, 식당 등을 교사가 일일이 확인하고 예약금을 요구하는 경우 교사 개인 비용으로 선지급하는 경우도 있다. 이런 상황에서 교사들은 행정 업무까지 맡아 진행하는 것이 타당한지 회의감에 빠져들기도 한다. 교육 효과가 크기 때문에 적극적인 편이지만 그렇다고 행정 부담이 줄어들지는 않는다.

더욱이 진행 과정에서 현지 업체들의 준비가 부족한 경우도 많다. 예를 들어 식당의 경우, 매뉴얼에 따라 견적서, 사업자등록증 사본 등을 요청하면, 현지 업체가 꺼리는 경우도 많다. 특히 세월호 사고 이후 필요 서류 기준이 높아지면서 적절한 업체를 찾기가 더욱 힘들어졌다.

소규모 테마형 현장체험학습을 위한 교육 장소를 발굴하기도 쉽지 않다. 소규모로 진행하면 교과 연계성을 높일 수 있지만, 관광지가 아닌 곳이 대부분으로 지역 정보와 교육 효용 등을 교사가 일일이 검토하고 살펴야 한다. 앞서 행정 부담과 현지 업체의 준비 부족에 더하여, 교육 장소에 대한 효용성 검토까지 교사의 업무는 끝이 없다.

그렇다면 실제 학생, 학부모, 교사들은 현장체험학습에 대해 어떤 생각을 갖고 있을까?

경기도교육연구원에서는 2015년 6월, 경기도 내 학생 2,035명, 학부모 1,711명, 교사(관리직 포함) 3,024명, 행정직원(행정실무사 포함) 342명을 대상으로 현장체험학습 학교협동조합 관련 온라인 설문조사를 진행했다. 그 결과를 보면, 현장체험학습에 대해서 어떻게 생각하는지 주체별로 특징을 살필 수 있다. 설문조사에 따르면, 주체별로 다소 차이가 있지만 현재 이루어지고 있는 현장체험학습에 대해 많은 이들이 만족하지 못하고 있으며, 개선이 필요하다고 여기고 있다. 현장체험학습의 이러한 실태에 대해서 교육부나 연구기관에서 조사한 각종 연구 보고서에도 비슷하게 나타난다.

현재 단위 학교 현장체험학습에서 적극적으로 추진되고 있는
소규모 테마 여행의 운영 방식에 대해 어떻게 생각하고 있으신가요?

항목	학생	학부모	교사	행정직원
학생들의 의견이 반영될 수 있는 여지가 늘어났다	27.2%	19.4%	15.2%	14.3%
인원수를 소규모로 맞추면서 장소 선정이 다양하게 추진되고 있다	24.3%	24.3%	13.6%	24.0%
교육과정과 연계되어 테마별로 의미 있게 진행되고 있다	19.6%	21.3%	22.6%	18.1%
여전히 현장체험학습의 교육적 의미를 찾지 못하고 있다	13.3%	22.2%	15.4%	18.4%
소규모 테마 여행으로 획일적으로 추진되어 학교 상황을 고려하지 못하고 있다	8.6%	10.5%	30.8%	23.7%
기타	7.1%	2.3%	2.4%	1.5%

출처: 〈현장체험학습 학교협동조합 모델 연구〉(경기교육연구원, 2015)

'현재 단위 학교 현장체험학습에서 적극적으로 추진되고 있는 소규모 테마 여행의 운영 방식에 대해 어떻게 생각하고 있으신가요?' 문항에 대해 학생, 학부모, 행정직원과 교사의 양립되는 의견을 엿볼 수 있다. 학생(27.2%)은 소규모 테마 여행이 학생들 자신의 의견이 반영될 수 있는 여지가 늘어났다고 응답한 비율이 가장 높았다. 또한 학생(24.3%), 학부모(24.3%), 행정직원(24.0%)의 경우 인원수를 소규모로 맞추면서 장소를 다양하게 선정하고 있다고 긍정적으로 보고 있으나, 교사(13.6%)는 학교 상황이나 학생 인솔에 대한 부담과 학생의 안전을

우려하는 부정적인 반응을 보였다.

이는 획일적으로 추진되는 소규모 체험학습 준비 과정에서 장소 선정 및 운영 방안에 대하여 교사의 어려움을 잘 대변하고 있는 지점이다. 반면, 교사(22.6%)의 또 다른 의견으로는 소규모 테마 여행이 교육과정과 연계하여 테마별로 의미 있게 진행되고 있다고 긍정적으로 대답하고 있다. 반면 학부모(22.2%)와 행정직원(18.4%)의 경우 여전히 체험학습의 교육적 의미를 찾지 못하고 있다고 말한 비율이 높게 나타났다.

결국 현장체험학습은 교육 만족도를 높이고 교사의 업무 부담을 경감하는 방향으로 개선해야 한다. 이를 위한 대안은 학교 밖 다양한 활동과 인력을 지원받는 것이다. 현장체험학습의 교육 효용성을 높이기 위한 교육 활동은 학교 안에서 교육 활동의 일환으로 교육 전문가인 교사가 책임을 지고 분담한다. 이 외에 현장체험학습과 연계되어 있는 경제적 지원 활동, 앞서 언급한 여타 행정 부담, 최고 수준의 안전을 위한 인력 지원은 학교 밖에서 체계적으로 이루어져야 한다.

따라서 현장체험학습의 교육 만족도를 높이고 교사의 업무 부담을 경감하는 방향을 모색해야 할 때이다. 그런데 누가 할 것인가? 마을과 교육이 만나는 지점이 바로 여기에 있다. 우리 안의 교육적 필요를 바탕으로 마을 안의 자원을 모아서 함께 해결해가는 것, 바로 마을교육공동체이다. 그리고 마을교육공동체로서 현장체험학습 학교협동조합이 이 오래된 숙제를 풀어가는 하나의 방법이 될 수 있다고 여긴다.

마을교육공동체에 대해서는 『마을교육공동체란 무엇인가?』[서용선 외]에서 다양한 마을교육공동체 사례를 바탕으로 마을교육공동체의 필요성, 의미, 방향, 추진 방향에 대해서 다룰 예정이다. 이제 구체적으로 현장체험학습과 관련하여 마을교육공동체, 그 가운데 학교협동조합을 통한 방식으로 어떻게 풀어갈 수 있을지 살펴보자.

1장

학교, 마을을 품다

현장체험학습은 학생들의 삶과 마을교육공동체를 만들어가는 하나의 교육 이야기이다. 현장체험학습으로 바라는 바가 우리가 꿈꾸는 교육 미래이다. 여기서는 현장체험학습을 마을교육공동체의 상식적인 개념과 학술적인 개념으로 나누어 의미를 살펴보고자 한다. 이를 바탕으로 학교와 마을이 연계될 수 있는 방안으로서 학교협동조합 방식을 탐색하려 한다.

현장체험학습은 마을교육공동체 이야기다

현장체험학습은 결국 학생들이 학교의 교육과정을 바탕으로 마을을 알아가고 체험하는 과정이다. 즉, 학생들의 삶을 마을교육공동체와 연결시키는 이야기이기도 하다. 실제 마을교육공동체가 나타나는 모습은 학교마다 마을마다 지역마다 다양하고 역동적이다. 마을교육공동체는 '시간'과 '공간'이 다양하게 결합되어 있고, 이와 동시에 사람들이 공동의 이해관계로 성립된 '사회'에 놓여 있기 때문이다. 개개인에게 빚어진 삶만큼 마을의 모습도 다양한데, 현장체험학습은 이를 경험하는 일이다.

흔히 '그 시절 마을'이나 '그때 그 사건이 있었던 마을'은 모두 시간 개념이다. 현장체험학습을 마을을 추억하는 것으로 기억하는 이유도 여기에 있다. 학교 안에서도 모둠, 분단, 학급, 학년, 학교 단위로 움직이고, 수업이나 교육 활동이 마을 현상으로 각인되는 것도 이 때문이다.

마을을 기억할 때 흔히 사람들은 놀던 곳, 쉬던 곳, 공부하던 곳, 어울리던 곳 등을 떠올린다. 마을에 살면서 학교 안팎에서 놀고 배우던 친구들과의 공간, 삶터로서 부모들의 공간 모두 마을을 상정한다. 이렇게 현장체험학습은 마을 공간과 직결되어 있다.

마을이 배움터가 되는 현장체험학습

마을 현상은 학교를 매개로 한 공동체 문화 형성이 맞닿아 있다. 현장체험학습은 학교에서 고민하고 학교 밖으로 나아가는 일이다. 공동체 문화는 마을교육공동체가 지향해야 할 가장 중요한 현상이다. 교육의 시각으로 보았을 때, 현장체험학습으로 바라는 바가 있다면 공동체 감수성을 갖는 것이다. 공동체가 되려면 마을 안의 다양한 교육 주체들의 연대가 이루어져야 한다. 그러면 마을에서 교육과 민주주의를 구현하고 공교육에 새로운 차원의 자유를 불어넣을 수도 있다. 이를 상식적인 개념으로 풀어서 정리해보면 다음과 같다.

마을이 아이들을 '함께 키우는' 것

현장체험학습은 마을이 아이들을 함께 키우는 과정의 하나이다. 학교에서 선생님들과 함께하는 시간에서 벗어나 마을에서의 교육적 성장이 이뤄지도록 하는 일이다. 최근 지역마다 '마을이 학교다'라는 캐치프레이즈가 걸려 있는 대형 현수막을 어렵지 않게 볼 수 있다. '마을이 학교다'라는 문구는 그 지역의 아이들을 키우는 역할과 책임을 더 이상 학교에만 부과할 수 없다는 현실적인 변화를 잘 표현하고 있다.

지역의 아이들을 올바르게 키우기 위해서는 지역사회 전체가 나서야 한다. 지역의 모든 주민이 아이들을 위한 교사가 되고, 친구가 되고, 관찰자가 되어서 공교육에 대한 공동의 권한과 책임을 져야 한다. 지역의 공공기관, 사회단체, 기업, 작은 공동체 등도 교육의 방관자가 아니라 책임자로서 현장체험학습에 일정한 역할을 할 수 있어야 한다.

마을이 아이들을 키운다는 의미는 마을 사람들의 참여와 실천을 전제로 한다. 다시 말해 현장체험학습에 대한 공동의 권한과 책임을 실천하기 위해서는 교육에의 참여가 바탕이 되어야 한다. 이런 교육적 참여는 다양한 직업, 문화, 예술의 재능을 학교 안팎으로 나누는 '재능 기부', 안전을 위한 '소극적 협력'이나 교육협동조합 같은 '적극적 협력', 다양한 경로와 방법을 통해 전개되는 '교육적 의사결정에의 참여' 같은 방식도 가능하다.

마을이 아이들의 '배움터'가 되는 것

현장체험학습은 말 그대로 마을이 배움터가 되는 일이다. 교육공동체를 구축하기 위해서는 지역사회가 아이들을 위한 하나의 배움터가 되어야 한다. 이 의미는 지역사회가 가지고 있는 교육 자원과 인프라를 적극 활용하는 것을 말한다. 대부분의 현장체험학습에 대한 이해는 여기에 머무른다. 진정한 교육공동체는 아이들이 학교뿐 아니라 마을의 자연, 사회, 삶 속에서 살아 있는 배움을 실천할 수 있는 교육 기회와 공간을 제공한다.

이러한 관점에서 보면, 지역사회에 산재해 있는 문화적·역사적 공간, 자연 생태계, 농장, 시장, 공공기관, 기업 등 많은 기관과 장소들이 아이들을 위한 현장체험학습 배움터가 될 수 있다. 현장체험학습의 배움터로 마을을 조성하기 위해서는 두 단계의 노력이 필요하다.

첫째, 교육 자원과 인프라의 발굴이다. 아이들을 위한 훌륭한 교육 방법과 목표가 될 수 있는 수많은 자원들을 발굴해내고 질을 제고하여, 하나의 교육 프로그램으로 발전시키는 과정이 필요하다. 둘째, 교육 자원과 인프라 사이의 네트워킹이 필요하다. 과거식 현장체험학습에서 현재형 현장체험학습으로 바뀌어야 하는 부분이다. 지역사회에는 이미 교육 역할을 하고 있는 유사 기관과 자원들이 있다. 문제는 이러한 교육 자원과 인프라가 네트워킹이 되어 있지 않다 보니, 그 활용과 적용에 있어서 비효율적인 구조가 상존하고 있다.

아이들이 마을의 '주인' 되는 것

이제 현장체험학습은 학생들이 수동적이고 준비 과정이 피동적인 형태에서 벗어나야 한다. 현장체험학습을 통한 마을교육공동체는 아이들이 지역사회에서 민주 시민으로 성장하고 정주하는 것으로 나타나야 한다. 교육공동체가 되기 위해서는 교육 신념과 실천이 가지고 있는 긍정 에너지를 다른 공동체에 확산시키면서 지속가능성을 담보하는 집단이 되어야 한다. 교육공동체의 지속가능성은 그 안에서 교육받은 아이들의 학습 결과로 검증받을 수 있을 것이다.

마을을 기반으로 하는 교육공동체의 목표는 아이들에게 지역에 대한 다양한 내용을 실천적 방법으로 학습시키고, 학습 역량과 정의적 발달을 도모하여 학습과 성장의 결과가 다시 지역사회로 환원되는 선순환적 구조의 지역공동체를 구성하는 것에 있다.

공동체적 배움과 실천을 통해 지역이나 마을을 하나의 생태적 공동체로 발전시키기 위해서는 아이들의 배움에 있어 기초학력의 신장은 물론, 지역사회의 공동체적 가치와 문화, 민주적 시민의식 등의 역량을 키우는 종합적인 측면을 포함하여야 한다. 현장체험학습이 단순히 밖으로 바람 쐬러 나가는 여행이 아닌 이유이기도 하다.

마을에 관한, 마을을 통한, 마을을 위한 현장체험학습

마을에 관한 교육(learning about community)

학술적인 개념에서 현장체험학습은 '마을에 관한 교육', '마을을 통한 교육', '마을을 위한 교육'으로 풀어서 접근해볼 수 있다.

먼저 '마을에 관한 교육'은 아이가 속한 마을과 지역에 대하여 배우는 것이다. 최근 현장체험학습이 멀리만 가는 게 아니라 가까운 곳이라도 마을의 특성을 깊이 있게 이해해보려는 경향도 있다. 그 지역사회가 가지고 있는 역사적, 자연적, 문화적, 산업적 특수성과 그 발전에 대해 아이들이 제대로 알고, 배움의 기회를 갖는 교육이 현장체험학습이다.

교육청이나 지방자치단체에서 마을지도를 만들고, 마을의 다양한 역사나 문화를 학교에 소개하는 흐름을 보면 현장체험학습이 점차 '마을에 관한 교육'으로 확대되어가고 있음을 알 수 있다. 현장체험학습을 통한 '마을에 관한 교육'은 그 지역사회 공동체의 일원으로서 가치관과 생활 방식을 공유해나가게 된다.

현장체험학습을 '마을에 관한 교육'으로 하면, 다른 지역과의 협력과 상생을 위하여 다름에 대한 이해, 다양성에 대한 인식, 민주적 시민정신 등을 배울 수 있다. 그러면서 세계화와 지역화의 경계를 넘나들 수 있는 역량을 함양하게 된다. 우리 지역을 정확히 알고 느끼고 뭔가를 할 수 있는 일을 찾게 된다는 것은 역량이 커가는 증거이다. 실제 마을을 잘 아는 아이들의 삶은 자긍심과 자존감도 높고, 마을을 넘어 세계로 나아가는 열정의 원동력이 된다.

마을을 통한 교육(learning through community)

현장체험학습이 '마을을 통한 교육'으로 나아가면, 지역사회의 인적, 문화적, 환경적, 역사적 인프라를 적극 활용하는 학습 형태가 된다. 아이들은 현장체험학습을 통해 마을의 교육 인프라와 자원을 알게 되고 그곳에서 배움이 일어난다.

예를 들어, 기획을 통해 현장체험학습을 재능 기부와 연결한다면, 재능 기부자들이 아이들을 위해 직업교육을 시키고, 문화·체육 시설과 기관이 아이들의 배움터가 되며, 마을의 생태, 기업, 농장 등은 훌륭한 교육 프로그램이 될 수 있다.

'마을을 통한 교육'을 활발하게 하려면 지역에 산재해 있는 교육 인프라와 자원을 발굴하고, 이를 연결시키며 적극적으로 활용할 수 있는 체제가 필요하다. 최근 자유학기제를 준비하는 곳에서 이런 모습을 발견할 수 있다.

이는 지역사회 기반 교육공동체를 구축하는 일과 밀접하게 관련되어 있다. 이를 위해 자원, 기획, 목적을 투입해서 '의도적 교육공동체'

를 구축하는 단계가 필요하다. 아이들은 이를 통해 공동체 일원으로서 사회적 학습 역량을 키워나갈 수 있을 것이다. 현장체험학습이 참여, 실습, 탐방, 체험, 실천 등의 방법으로 제공될 수 있다.

마을을 위한 교육(learning for community)

현장체험학습은 궁극적으로 '마을을 위한 교육'으로 나아가야 한다. '마을을 위한 교육'은 아이들이 지역사회 발전의 훌륭한 자원이 될 수 있도록 진로 역량을 키워주는 활동이다. 현장체험학습을 할 때, 학생들이 단순한 관찰이나 발표로 끝나는 게 아니라 그 지역사회에 의미 있는 교육 가치를 주도적으로 찾아간다면 가장 이상적일 것이다. 지역사회가 가지고 있는 환경을 바탕으로 하는 문화, 자원, 사회, 경제 등의 학습은 아이들의 진로교육을 이루고 자연스러운 관심을 불러일으킬 수 있다.

'마을을 위한 교육'을 통해 아이들은 자신의 삶의 터전, 이웃, 공동체를 위하여 할 수 있는 일들을 고민하게 되고, 이러한 고민과 배움의 결과는 지역공동체의 지속가능 발전을 위한 초석이 된다. 궁극적으로는 교육과 마을공동체가 하나의 유기체적 관계를 맺게 된다. 이는 마을교육공동체가 학교 개혁이 아닌 '지역사회 교육 개혁'인 까닭이기도 하다. 아이들이 마을에 있는 한 현장체험학습은 학교만 하는 일이 아닌 마을이 함께 고민하고 학교와 소통하면서 풀어가야 하는 일이다.

'혁신학교'나 '혁신교육지구사업'에서 현장체험학습을 의미 있게 바꾸는 사례들을 눈여겨보자. 현장체험학습은 마을교육공동체를 튼튼히 세울 수 있도록 바뀌어야 하며, 사업의 초점도 학교 개혁이 아니라 지역사회 교육 자원과 인프라 발굴과 개발에 집중해야 한다. 몇몇 교사들의 열정과 헌신을 넘어서 학부모나 지역 주민도 현장체험학습에 일정한 기여와 노력을 통해 마을의 교육력을 결합하면 시너지 효과를 기대할 수 있다. 자연스럽게 프로그램 개발과 운영에 대한 부담과 책임이 학교에서 지역사회나 지원센터의 역할로 이전될 것이고, 현장체험학습을 통해 말 그대로 마을에서 아이들을 주인으로 키워낼 수 있을 것이다.

그러기 위해서는 협력적인 교육 거버넌스의 체제를 구축해야 한다. 학교나 교육청은 물론 기초지방자치단체의 역할과 권한의 범위를 명확히 하는 일은 바로 아이들에게 마을을 위한 교육을 가능케 하기 위한 것이다. 교육청의 전문성과 기초지방자치단체의 자원과 행정력, 지역사회의 참여, 학교 개혁 등을 함께 아우르는 협력적 관계 형성이 필요하다.

마을과 학교를 잇는 학교협동조합

그럼 이러한 마을과 학교가 함께하는 새로운 마을 수업으로서 현장체험학습은 어떻게 만들어갈 수 있을까? 학교가 바라는 안전하면서도 교육적인 현장체험학습을 만들어내면서도 마을 주민들도 봉사나 일회적인 연계가 아닌 자신들의 참여에 대한 정당한 대가를 받으며 지속 방식으로 결합할 수 있는 방안은 무엇일까? 우리는 이렇게 마을과 학교가 윈윈할 수 있는 방식으로 학교협동조합에 주목했다.

아직까지 학교협동조합은 많이 생소한 부분이기에 여기서는 학교협동조합의 원리와 현황, 그리고 현장체험학습과 접목된 학교협동조합의 상을 그려보고자 한다. 경기교육연구원에서 필자들이 함께 진행한 『현장체험 학교협동조합 모델 연구』를 토대로 하되, 학교와 마을의 추가적인 사례를 덧붙이는 가운데 많은 이들에게 보다 잘 다가올 수 있도록 내용을 보완했다. 이렇게 아직까지 생소하고 낯선 학교협동조합에 대해 살펴보면서 마을과 학교를 이어주는 모델을 마련해보고자 한다. 이 과정을 통해 마을과 학교가 함께 소유하고 운영하는 여행사 모델로서 학교협동조합의 개념을 살펴보자.

학교협동조합이란

학교협동조합이란 "학교 구성원들이 소유하고 운영하며 이용하는 사업체"를 말한다. 좀 더 구체적으로 국제협동조합연맹ICA의 협동조합에 대한 정의를 적용하면 학교협동조합이란 "학교 구성원인 학생, 교직원, 학부모, 지역 주민들이 공동으로 소유되고 민주적으로 운영되는 사업체를 통해 공통의 경제적, 사회적, 문화적, 교육적 필요와 욕구를 충족시키고자 자발적으로 결성한 자율적인 조직"이라고 정의 내리기도 한다.(박주희·주수원, 2014) 최근 제정된 「서울시교육청 학교협동조합 지원 및 육성에 관한 조례」[1]에서 사용하는 정의도 이와 같다. 다만 조례상의 정의에서는 학교란 「초·중등교육법」 제2조에 따른 학교라는 점, 그리고 학교협동조합의 법인은 「협동조합기본법」상의 협동조합으로 정의하고 있다.[2]

경기도교육청에서는 '학교협동조합'과 '교육협동조합'을 구분하여 사용하기도 한다. 이는 학교협동조합을 학내 구성원이 주도하는 학교협동조합과 지역사회가 주도하는 학교협동조합으로 이원화하고, 후자를 '교육협동조합'이라고 특화하고 전자를 좁은 의미의 학교협동조합

---

1. 「서울시교육청 학교협동조합 지원 및 육성에 관한 조례」(2015. 10. 8. 조례 제6048호)
   제2조(정의) 이 조례에서 사용하는 용어의 뜻은 다음과 같다.
   1. "학교협동조합"이란 「초·중등교육법」 제2조에 따른 학교를 기반으로 하여 공통의 경제적, 사회적, 문화적, 교육적 필요와 욕구를 충족시키고자 학생, 교직원, 학부모, 지역 주민 등이 설립한 「협동조합기본법」상의 협동조합 또는 협동조합연합회(사회적협동조합, 사회적협동조합연합회를 포함한다)를 말한다.
2. 서울시교육청 정책적 맥락에서 사용할 때에는 조례상의 정의를 사용하는 것이 적절할 것이다. 다만 그렇게 할 경우 원주 진광고의 신협매점이나 이우학교 구성원들이 만든 이우생협 그리고 풀무학교 구성원들이 만든 풀무생협 등은 제외되기 때문에 학문적 정의로는 기존의 정의를 그대로 사용할 수 있을 것이다.

이라고 제한하는 의미이기도 하다.

하지만 '교육협동조합'이라는 용어는 협동조합을 업종별로 유형을 구분할 때 사용되는 용어로 혼선의 여지가 큰 표현이다. 예컨대, 초·중등학교의 학내 구성원이 전혀 참여하지 않더라도 교육과 관련 있는 협동조합을 모두 아우르는 표현이다. 따라서 교육협동조합이라는 용어보다는 "지역거점형 학교협동조합"이란 표현이 경기도교육청이 실제 의도한 바를 좀 더 정확하게 담는 것으로 보인다. 이는 앞에서 학교협동조합을 사업 구역별로 나눌 때 하나의 학교와 인근 지역을 사업 구역으로 하는 경우와 여러 개의 학교와 인근 지역을 사업 구역으로 하는 경우로 구분하였는데 후자의 경우라고 볼 수 있다.

대표적인 학교협동조합[3]을 예를 들면, 서울 영림중학교는 기존의 함량 미달 식품을 판매하는 매점에 대한 모니터링을 기반으로 학부모들이 중심이 되어 친환경 먹을거리를 공급하는 학교 매점협동조합을 설립했다. 어머니들은 학교협동조합 매점 운영만이 아니라, 책 읽는 모임을 같이하고, 청소년 사회적 경제교육도 하며 다양한 활동에 적극적이다. 경기도 성남에 있는 복정고등학교에는 학부모와 교사뿐 아니라 학생들이 중심이 되는 협동조합이 있다. 학생들도 홍보 및 마케팅, 매점 상품 결정 등 전반적인 운영을 함께 참여하면서 교육적 경험을 한다.

학생들이 중심이 된 사례도 있다. 부산국제중·고등학교는 학생 이사장을 중심으로 학생이 중심이 된 모델이다. 처음부터 학생들이 학

---

3. 박주희·주수원(2015), 『만들자, 학교협동조합』, 맘에드림 참조.

교 측에 설립을 제안하고, 하루 세 차례 자체적으로 운영까지 하고 있다. 지도 교사가 이사로 결합하고 있지만 핵심은 학생이다. 이곳에서는 일반 매점 상품뿐 아니라, 교내 경제경영 동아리에서 발명한 아이디어 상품도 판매한다.

학교협동조합에 매점만 있는 것은 아니다. 방과 후 교육을 중심으로 한 학교협동조합 모델도 많다. 부산의 금성초등학교는 방과 후 강사들이 쉽게 오기 힘든 지역 특성을 고려하여 학부모들과 지역 주민들이 방과 후 학교를 자체적으로 운영할 수 있는 학교협동조합을 만들었다. 고양의 영주산마을협동조합, 연천의 즐거운발견문화학교협동조합, 양평의 조현마을교육 사회적협동조합, 완주 고산의 고산향교육공동체 역시 교사와 학부모, 지역 주민들이 함께 모여 다양한 방과 후 프로그램과 마을교육공동체 운동을 펼치고 있는 학교협동조합이다.

협동조합은 쉽게 말해서 목마른 사람들이 힘을 합쳐 함께 우물을 파는 정신이라고 할 수 있다. 그리고 학교협동조합은 학교에서 그동안 해결하지 못했던 부분들을 뜻 맞고 마음 맞는 이들이 함께 사업적인 힘을 모아서 같이 해결해가면서 서로에게 이익이 되는 장을 만들어가는 것이다.

이러한 필요는 지역과 구성원의 특성에 따라 다양할 수 있다. 앞서 예로 든 학교 매점, 방과 후 학교, 돌봄 교실이 대표적이고, 이 밖에도 다양한 마을교육공동체 사업들이 학교와 유기적으로 결합되어 틀을 갖추면 학교협동조합이 될 수 있다.

그렇다면 학교협동조합에는 어떠한 매력이 있어서 이렇게 마을교육공동체 사업과의 유기적 연계성을 가질까? 여러 지점들이 있지만 무엇보다 협동조합은 1인 1표라는 사람 중심의 조직이란 장점이 있다. 그렇기 때문에 마을교육공동체 사업의 교육 취지에 공감하고 마을교육공동체 강화에 기여할 수 있는 주체라면 누구나 참여할 수 있다. 더불어 이용자 중심의 사업체로서 마을과 학교가 생산과 소비의 연계 고리로 지역순환경제를 이룰 수 있는 장점도 있다. 따라서 현재 진행되는 마을교육공동체 사업이 지속가능성을 고민하거나 시장에서의 거래 관계로 인해 법인화가 필요할 때는 학교협동조합의 형식을 취할 가능성이 높다.

학교협동조합 현황

2013년 서울, 경기를 기점으로 시작된 학교협동조합은 부산, 광주, 경북, 강원, 경남, 충북, 전북 등 여러 지역으로 확산되어 2018년 말까지 90여 개의 학교협동조합이 생겼다.

경기도는 2013년 경기도교육청 학교협동조합 시범사업을 통해 6개 학교를 지정했다. 이중 성남의 복정고(13. 9. 3)가 가장 먼저 교육부 인가를 받으며 그해 10월 24일 '복스쿱스'라는 이름의 학교협동조합 매점을 개소했다. 이후 덕이고(14. 1. 8), 의정부여중(14. 8. 7), 한문영고(14. 12. 19), 도예고(14. 12. 19), 흥덕고(15. 2. 25), 기흥고(15. 3. 24) 등이 차례대로 인가를 받고 각각 학교협동조합 매점을 개소하거나 준비 중에 있다. 그리고 이들 시범사업과 별개로 연천에서는 지역의 교사들과 지역 주민이 함께 참여하여 방과 후 프로그램 및 다양한 마을 수업을 중심으로 하는 협동조합이 설립되어 운영되고 있다. 또한 조현초등학교 학부모들이 중심이 되어 돌봄 및 방과 후 사업을 중심으로 하는 협동조합을 설립했다. 경기도에서는 2015년부터 교육청에서 마을교육공동체기획단을 운영하는 가운데 장학사, 주무관 등이 협동조합팀을 운영하며 학교협동조합을 적극적으로 지원했다. 2019년부터는 마을교육공동체기획단이 미래교육국과 교육협력국으로 재편되는 가운데 학교협동조합도 미래교육과 시민사회 협력 속에서 지원체계가 만들어지고 있다.

서울은 영림중(13. 9. 3)을 시작으로 독산고(14. 8. 19), 삼각산고(15. 2. 25), 삼성고(15. 8. 25), 선사고(15. 10. 20) 등으로 확대되었으며, 국사봉중 등도 창립총회를 마치고 인가 준비 중에 있다. 특히 서울시 학교협동조합추진단이 설립되고, 2014년 11월, 서울시장과 교육청이 먼저 '글로벌 교육혁신도시' 정책을 통해 학교협동조합 활성화 정책을 발표하는 등 시와 교육청이 적극적으로 학교협동조합 정책을 추진하고 있으며, 2014년 6월 19일에는 '서울시 방과후학교협동조합 추진단'도 발족했다.

서울의 경우 신규로 학교협동조합 설립을 추진하고자 하는 학교에 대한 간접 지원이 이루어지기 시작하였다. 학교협동조합 이사장들이 정기적으로 서울시 관계자 및 학교협동조합추진단과 모임을 가지면서 민관협력 거버넌스 구조를 만든 것은 이러한 간접 지원 정책이 실효성을 갖게 하는 데 중요하게 작용하였다. 먼저 서울시 차원에서는 학교협동조합들이 자체적으로 교육을 진행할 수 있도록 지원하는 사업,

학교협동조합들 간의 정기 모임을 지원하는 사업, 그리고 신규로 학교협동조합을 설립하고자 하는 학교에 대한 교육 사업 등 다양한 간접 지원 정책을 활발히 펼침으로써, 신규 협동조합이 자연스럽게 생겨날 수 있는 기반을 마련하였다. 또한 서울시교육청 차원에서는 조례제정을 통해 매점 사업 관련하여 학교 구성원이 참여하는 사회적협동조합이 학교와 수의계약을 할 수 있게 함으로써, 학교협동조합이 생겨날 수 있는 제도적 여건을 조성하였다. 2015년에 삼성고, 선사고, 국사봉중이 학교협동조합 설립을 준비하게 된 것은 자생적 설립 움직임이 있을 때 이를 간접적으로 촉진해줄 수 있는 이러한 정책이 있었기 때문에 가능했다. 또한 생태계 조성이 이뤄진 뒤에 2017년부터 전국에서 처음으로 서울시 학교협동조합지원센터를 운영하며 상담, 교육 등의 지원을 적극적으로 펼쳤다. 이러한 활동은 교육부에서 2019년부터 국가평생교육진흥원에 학교협동조합 중앙지원센터를 설치하는 데 큰 영향을 주었다.

다른 지역을 살펴볼 경우 강원도 역시 교육청에서 적극적으로 학교협동조합 정책을 추진하고 있는 중이다. 교육청에서는 2014년 12월 '강원도 학교와 사회적 경제 연계 및 학교협동조합 추진단'을 출범했다. 나아가 2015년 1월 21일, 학교협동조합 시범사업 운영과 학교협동조합 활성화를 위한 '강원 교육과 사회적 경제 연계 가능 사업 발굴'을 논의했고, 5~6월에 걸쳐 학교협동조합 교육과 워크숍을 진행 중이며, 동아리 지원 등을 통해 학교협동조합 육성을 해왔다.

이러한 학부모, 교사, 학생, 지역 주민의 자생적인 노력과 여러 교육청의 적극적인 지원이 바탕이 되어 2018년부터 교육부에서도 학교협

다른 지역 학교협동조합 현황(2015년 9월 현재)

지역	학교 및 사업체	인가일	사업 내용
경북	문경여고 (문경여자고등학교 사회적협동조합)	2015. 8. 10.	학교 매점 개소 준비
부산	부산국제중·고등학교	-	학용품, 교복, 체육복, 기념품 판매 등 학교 매점 운영(2014. 3. 31. 총회, 인가 신청은 안 함)
부산	금성초등학교 (금성 교육문화협동조합)	2014. 7. 23.	교육: 방과 후 프로그램 문화: 지역문화 네트워크 준비 중 (마을축제 등)
기존	진광중·고등학교(원주)	-	학교 매점, 신협
기존	풀무학교 생활협동조합(충남 홍성)	-	책방 등

동조합 지원 방안이 적극적으로 논의되었다. 학교협동조합이 갖는 학생들의 생생한 경제교육과 지역과 함께하는 참여형 프로젝트의 교육적 가치를 주목했기 때문이다. 2018년 9월에는 학교협동조합 중앙지원센터를 설립하는 내용 등을 포함한 학교협동조합 활성화 방안을 발표했다. 2019년부터 학생, 학부모, 교사 등에 협동조합 교육 프로그램을 개발·보급하고, 다양한 사업 모델 개발과 운영을 위한 안내서를 만들어 학교협동조합을 지원할 계획이라고 밝혔다. 또한 진로 체험 프로그램 등 교과와 체험활동에서 협동조합을 활용할 수 있도록 관련 학습자료를 만들어 보급하기로 했다. 이와 함께 학교협동조합의 설립 인가 권한을 현행 교육부에서 시도 교육청으로 위임해 각 지역 여건에 맞도록 추진하겠다는 계획도 밝혔다.

현장체험학습 학교협동조합의 원리

그렇다면 현장체험학습 학교협동조합이란 무엇일까? 말 그대로 현장체험학습 사업을 중심으로 하는 학교협동조합이라고 할 수 있다. 즉 '학교 구성원들(학생, 교직원, 학부모, 지역 주민)들이 소유하고 운영하며 이용하는 여행사'인 셈이다. 교사도 학부모도 지역 주민들도, 심지어 학생들도 같이 이 여행사의 주인이 될 수 있다.

현장체험학습을 제공하는 여행사는 하나의 사업체이다. 모든 사업체는 자본을 투자받아서 필요한 자원을 구매하고, 직원을 고용해서 재화나 서비스를 생산하며, 이것을 소비자에 판매함으로써 유지된다. 여행사는 현장체험학습이라는 여행·교육 상품을 제공하는 사업체로서, 이러한 상품을 생산하기 위해서 자본을 모으고, 그 자본으로 직원을 고용하고 숙박, 교통, 체험 프로그램 등을 제공하는 사업자들과 계약해서 현장체험학습 프로그램을 만들어 학교에 판매한다.

이때 여행사는 주식회사로 운영될 수도 있고, 협동조합일 수도 있으며, 공기업일 수도 있다. 이는 사업체의 '주인'이 누구인지에 따라 결정된다. 기업의 주인이란 핵심적으로 의사결정권과 잉여 수취권을 갖는 사람을 의미한다. 즉, 사업체의 공식적인 의사결정을 하는 사람이 누구인지, 그리고 사업체를 운영하고 이윤이 남았을 때 그 이윤이 누구를 위해서 사용되는지가 중요하다. 만약 자본을 투자한 사람이 주인이면, 즉 주주들이 자본 출자에 비례하여 의사결정권을 갖고 그에 비례하여 이윤을 가져가게 되면 주식회사라고 할 수 있다. 그리고 정부가 출자를 하고 의사결정권을 갖는다면 공기업이라고 할 수 있다. 우리가 일반적으로 알고 있는 사업체의 방식이다.

하지만 또 하나의 선택지로 협동조합이 있다. 소비자나 사업자나 직원 혹은 이들이 둘 이상이 모여서 기업의 주인으로서 조합원이 되는 경우이다. 앞서 언급한 주식회사처럼 투자자가 주인이 되었을 때와 무엇이 달라질까? 만약 소비자가 여행사의 주인이라면 소비자가 출자를 하고 여행 상품의 기획과 운영에 관한 공식적인 의사결정을 할 것이다. 또한 이윤이 남았을 때 상품의 가격 인하나 질의 향상 등의 방법으로 소비자에게 돌아가도록 노력할 것이다. 바로 소비자협동조합이라고 할 수 있다. 또한 숙박, 교통, 체험 프로그램 등을 제공하는 사업자들이 주인이라면 사업자협동조합(혹은 생산자협동조합)으로서 사업자들의 이익을 위한 의사결정과 잉여 분배를 계획할 것이다. 이 여행사의 직원들이 주인이라면 직원협동조합(혹은 노동자협동조합)이라고 할 수 있다. 그리고 소비자나 사업자 등 두 그룹 이상이 함께 주인이 된다면 다중이해관계자 협동조합이라고 할 수 있다. 끝으로 다중이해관계자 협동조합이면서 공기업과 같이 공적인 목적을 특히 우선시할 경우 사회적협동조합이라고 구분할 수 있다.

이 책에서 제안하는 현장체험학습 학교협동조합은 소비자인 학교 구성원과 사업자인 마을 주민들이 함께 소유하고 운영하는 여행사이면서 마을교육공동체라는 공익적 목표를 중시하는 협동조합이다. 기존 시장에서 여행사가 이윤 논리에 따라 제대로 공급하지 못한 영역에서 소비자(학교)와 사업자(마을)가 여행사를 공동 소유하고 운영하면서 이들만의 필요한 서비스를 직접 만들어가는 새로운 사업 모델인 것이다.

일반 시장에서의 거래 방식과 협동조합을 통한 거래 방식의 차이

일반 시장에서의 거래 방식	협동조합을 통한 거래 방식
학교 ↔ 여행사 ↔ 마을	협동조합 학교 ↔ 마을

현장체험학습을 위한 학교협동조합은 가능할까

공동의 필요를 모으고 이익을 사회화하는 협동조합

언뜻 생각하면 학교와 마을이 주인이 되어서 공동으로 여행사를 소유하고 운영하면서 우리들이 원하는 결정을 할 수 있으니 마냥 좋겠다고 볼 수도 있다. 하지만 사업체의 주인이 된다는 것은 사업의 위험 부담과 함께 일정한 역할과 책임을 맡는 것이기도 하다. 그렇기에 조합원들로서는 거래관계의 당사자만이 아닌 직접 주인으로서 사업체 소유와 운영에까지 참여할 유인이 명확해야 한다.

먼저 소비자 조합원의 필요는 앞서 설명한 것처럼 시장에서는 선택의 폭이 제한되어 있다는 점이다. 기존 여행사에서 제공하는 상품들은 천편일률적이어서 교육 효과도 낮을뿐더러 학생들의 흥미도 끌지 못한다. 그렇다고 소규모 테마형 현장체험학습을 시도해보려니 행정 부담이 크다. 한 예로 서울시교육청의 『2015학년도 수련활동·소규모 테마형 교육여행 운영 안내』를 보면 숙박, 음식점을 직접 계약하는 경우 다음과 같은 구비 서류와 종료 후 징구 서류가 필요하다. 현지 업체에 요구하기도 쉽지 않을뿐더러 이 서류들을 교사가 일일이 챙긴다는 것도 만만치 않다.

	소규모 숙박업체와 직접 계약하는 경우 (펜션, 민박 등)	음식점(식당)과 직접 계약하는 경우
구비 서류	이용 계약서([계약서식 3]의 승낙 사항으로 대체 가능), 견적서, 사업자등록증 사본, 화재보험증 사본, 지자체 시설 안전점검 확인서, 영업배상책임보험(권장)	이용 계약서([계약서식 2]의 승낙 사항으로 대체 가능), 사업자등록증 사본, 견적서, 식단표(단가 명시, 식단표가 없는 경우 견적서의 규격에 식단 기재)
종료 후 청구 서류	청구서(계좌번호 기재), 영수증서(세금계산서, 신용카드 매출전표, 현금영수증 전표 등)	청구서, 영수증서(세금계산서, 신용카드 매출전표, 현금영수증 전표 등)

이런 상황에서 소비자인 학교에서는 교육 영역으로 관심이 높은 프로그램 기획을 중점적으로 고민하고, 실제 각 업체들과의 연계, 행정처리를 우리가 만든 학교협동조합에서 해주면 어떨까 생각해볼 수 있다. 학교에서는 원하는 현장체험학습 프로그램을 학생과 함께 공동으로 개발함으로써 교육 효과를 높일 수 있기 때문이다. 즉 학교 구성원이 협동조합의 주인인 조합원으로 참여함으로써, 제한된 선택의 한계를 넘어 교육 가치를 극대화할 수 있도록 적극적으로 원하는 프로그램을 기획하고 참여할 수 있다.

그럼에도 일 년에 한 번 있는 단발성 행사를 위해 사업체까지 운영한다는 게 배보다 배꼽이 더 큰 일처럼 여겨질 수 있다. 분명 현장체험학습은 일상적으로 구매가 일어나지 않는 소비 영역으로 소비자 조합원의 참여 유인이 크지 않을 수 있다. 특히나 점점 늘어나는 매점이나 방과후교육 학교협동조합과는 더욱 차이가 크다. 하지만 현장체험학습은 교육과정에서 점차 비중이 높아지고 있다. 교과서로만 배우는 교육이 아닌 직접 경험하며 참여하는 프로젝트 교육의 중요성이 커져 가고 있기 때문이다. 특히 자유학기제가 본격화되는 2016년부터는 더욱 그 중요성과 횟수가 늘어날 것으로 보인다. 더욱이 단일 학교만으로는 법인 운영 비용, 의사결정 비용 등을 감당하기 어려운 부분도 비슷한 필요를 느끼는 여러 학교가 결합하여 하나의 지역거점 학교협동조합을 만들어 운영한다면, 개별 참여 비용을 줄일 수 있는 측면이 있다. 즉 여러 학교가 하나의 협동조합을 만들어 공통의 법인 관리 비용을 1/n로 낮추고 규모를 키워 가격 협상력을 높이는 전략이다.

다음으로 사업자 조합원의 참여 유인을 살펴보자. 소규모 테마형 현장체험학습의 활성화는 기존의 획일화된 수학여행 코스나 전형적인 관광지역이 아닌 곳을 새롭게 조망하는 기능을 했다. 강원도는 지자체에서 2012년부터 '테마형 농촌체험 수학여행단 유치 프로그램'을 개발 운영하였다. 그 결과 2012년 680개교 8만 8,000명이 찾은 데 이어 2013년에는 전년 대비 19% 증가한 746개 학교 10만 5,000명이 방문했다.[4] 다른 지역도 지역경제 활성화 차원에서 적극적이다. 경기도 가평의 경우, 최근 재즈페스티벌이나 진행되는 여러 가지 축제로 '가평은 365일 축제 중'이라는 콘셉트를 논의 중이다. 청소년 축제를 포함하여 가평에 오면 항상 축제를 경험할 수 있고, 교육적으로도 참여할 수 있는 프로그램들을 만들어낼 수 있다면 마을 사업자에게도 이익이 될 수 있기 때문이다. 이렇게 되면 가평 내 펜션 운영을 하는 등의 공급

---

4. 뉴시스(2013.12.10), 「강원도 테마형 농촌체험 수학여행 전국 모델 구축」, http://www.newsis.com/ar_detail/view.html?ar_id=NISX20131209_0012577990&cID=10805&pID=10800.

자 입장에서도 새로운 지역 프로그램을 통해 새로운 시장을 만들 수 있다. 단순히 시설 이용률을 높이는 것만이 아니라 지역 프로그램을 청소년들과 함께 기획하며 지역 내의 콘텐츠를 협업 방식으로 만들어 가는 것이다. 특히 이 부분에서는 지자체도 관심이 크다.

이처럼 마을 사업자인 숙박, 식당, 차량의 시설 공급자 및 교육 및 문화체험 프로그램 공급자로서는 소비자인 학교와 결합하여, 보다 소비자의 필요와 욕구를 이해하며 '고객 니즈'를 바탕으로 사업을 재설계할 유인이 있는 것이다. 사업자 조합원들은 예측된 수요에 대응하게 됨으로써 광고 경쟁보다는 상품의 질을 높이는 데 더욱 투자할 수 있는 모델이다. 협동조합을 자칫 봉사만으로 생각하는 오류를 범하는데 그렇지 않다. 협동조합은 소비자와 사업자 각자의 개인적인 이익 추구가 사회화되면서 지역 내의 공동의 필요로 모아지는 과정, 즉 이익의 사회화 과정에 특색이 있기 때문이다. 사업자 입장에서도 학교와 결합하여 지역경제를 활성화하고 사업자 각자에게도 이익이 돌아갈 수 있다는 확신이 들어야 움직일 수 있다. 이러한 상이 바로 협동조합이다.

더불어 단순히 소비자에 대한 적극적인 모니터링뿐 아니라 계약의 편이성도 있다. 앞서 살펴본 것처럼 학교가 각 시설 사업자들과 계약을 하기 위해서는 다양한 서류들을 갖추어야 하는 불편함이 있다. 개별 사업자도 학교행정의 기준과 양식을 알기 어렵다. 또한 사실 마을의 소규모 시설업자의 경우, 여행사들과 지속적인 거래를 할 수 있는 일정 규모의 업체가 아니고서는 학교와 거래하기가 어려웠으며, 소규모 현장체험학습에 맞춰서 행정 요건을 구비하기도 쉽지 않았을 것이다. 따라서 이들이 연합해서 일정 규모를 갖추어 계약 협상력을 갖고,

필요한 행정 서류까지 학교협동조합을 통해 공동으로 관리하고 학교와 연계해준다면 계약상의 곤란함을 줄일 수 있을 것이다. 이들은 이미 별개의 사업체를 운영하고 있기에, 협동조합 자체가 단일 사업체가 아닌 사업연합의 성격을 지니게 된다. 공동 사업으로는 현장체험학습과 관련한 공동 시설 구축, 공동 마케팅, 공동 생산, 공동 행정 등을 고려할 수 있다. 즉 사업자들이 출자를 하여 조합원이 되고 1인 1표를 가지고 운영에 참여하며, 수익이 생기면 경우에 따라 배당까지 받을 수 있는 모델이다.

학교와 마을, 모두에게 이익이 되는 공동 플랫폼, 학교협동조합

결국 현장체험학습 학교협동조합은 소비자로서 학교와 사업자로서 마을이 함께 참여하는 다중이해관계자 협동조합 모델이다. 사실 소비자와 사업자는 보통 이해관계가 충돌되기 마련이다. 단적인 예로 현장체험학습에 필요한 비용 산정을 함에 있어 가격 측면만 본다면 소비자로서는 최대한 낮은 가격에 협상하려 하고, 사업자로서는 높은 가격에 하려 하기 때문이다.

이러한 부분 때문에 전통적으로 협동조합은 소비자, 생산자(사업자), 노동자 등 단일한 집단이 조합원이 되었다. 즉 대부분의 협동조합은 소비자협동조합, 생산자(사업자)협동조합, 노동자협동조합으로 구분할 수 있다. 특히 협동조합에서 의사결정상의 갈등 비용을 줄이기 위해서는 조합원의 이해관계가 동질적일수록 좋다는 입장[5]에서 보면 단일한 집단이 구성원이 되는 협동조합 모델이 더 힘을 가질 수 있기 때문이다.

하지만 90년대 이후 유럽과 북미에서 소비자와 노동자, 소비자와 생산자, 생산자와 노동자 등 두 집단 이상이 조합원이 되는 다중이해관계자 협동조합이 다수 등장하기 시작했고, 그 가치를 조명받기 시작했다. 특히 사회적 목적과 공익성을 강조하는 협동조합 가운데 다중이해관계자 협동조합 모델이 많은데, 이는 소비자와 노동자와 같이 얼핏 보면 다른 이해관계를 가지고 있는 것처럼 보이는 두 집단도 사실은 공통의 사회적 목적을 추구하는 공통의 이해관계를 가지고 있을 때, 효율적이고 협력적 의사결정이 가능하다는 것을 보여주었다.[6]

특히 최근에는 한발 나아가서 다중이해관계자 협동조합을 통해서 협동조합이 공익적인 역할을 더 적극적으로 수행할 수 있다고 보는 시각도 생겨나고 있다. 이탈리아 사회적협동조합, 프랑스 공익협동조합을 중심으로 공익적인 문제를 해결하는 다중이해관계자 협동조합 모델이 그 대표적인 예이다. 즉 단일이해관계자 협동조합 모델이 의사결정 비용이 낮고, 효율적인 생산에 더 적합할 수 있으나, 한편으로는 동일한 집단의 이해관계만이 반영되면서 사업적인 속성만 강화되는 측면도 있다. 반면 다양한 이해관계자들이 참여하는 다중이해관계자 협

5. 예컨대 Henry Hansmann(1996) 참고.
6. 이러한 협동조합은 배당을 하지 않는 경우가 많았는데, 이는 소유권의 핵심적 권리인 의사결정권과 잉여수취권 중에서 후자를 절제하는 것으로, 이에 대해서 장종익(2011)은 '소유권의 절제'라고 표현하기도 했다. 한국의 협동조합기본법상 사회적협동조합은 이러한 공익성 강한 다중이해관계자협동조합을 구현하기에 가장 좋은 법인형태라고 할 수 있다.

동조합의 경우, 이러한 이해관계자들의 공통의 목적 속에서 공익성이 더욱 강화될 수 있는 측면이 있다. 자기 규제 원리를 다른 이해관계자의 목소리 반영을 통해 더욱 효과적으로 실현시킬 수 있는 것이다. 다양한 의견이 반영되고 조율됨으로써 지역사회가 안고 있는 공익적 문제 해결을 주도하면서 사업적 목적과 공익적 목적을 함께 추구할 수 있다는 장점이 있다.

현장체험학습 학교협동조합에서 소비자(학교)와 사업자(마을)가 함께 결합할 수 있는 것도 이러한 공익성 강화와 관련되어 있다. 즉 마을교육공동체라는 공통된 사회적 목표 아래 서로 간의 미세한 이해관계 차이를 조율하며 각자의 개인적인 이익을 추구하면서도 동시에 공익을 실현시킬 수 있는 지역 거버넌스가 만들어질 수 있기 때문이다. 학교와 마을 모두에게 이익이 되는 공동의 플랫폼을 학교협동조합을 통해 만들어가는 것이다.

물론 다중이해관계자 모델이 무조건 정답은 아니다. 지역마다 인적 자원의 조직화 정도에 차이가 있을 수 있고, 그에 따라 적절한 수준에서 자신의 지역에 적합한 모델을 찾아갈 수 있을 것이다. 2장의 여러 마을 사례들에서 나오겠지만 지역마다 소비자(학교)가 먼저 나서거나 중심이 되어서 한 곳도 있고, 생산자(마을)가 중심이 되어서 한 곳도 있다. 또는 지자체나 교육청에서 자원이 먼저 투입되어 공익센터가 중심이 되어 협동조합적 의사결정 구조를 지향해가는 곳도 있다. 정답은 없다. 각 지역의 자원에 맞추어서 그에 맞는 협동조합을 진화시켜나가면 된다. 우리가 원하는 목적과 상이 있다면 이를 달성할 수 있는 길은 하나만이 아니라 여러 갈래의 길이 있다. 학교와 마을이 함께하고, 학생들이 그 안에서 마을의 주인이자 시민으로서 주체적으로 현장체험학습 및 교육여행을 설계하고, 스스로 마을을 알아간다는 방향성을 잃지 않는다면 다양한 방식이 가능하다고 본다.

여럿이 함께하는 지역거점형 현장체험학습

매점 사업의 경우, 단일 학교에서 자체적으로 완결된 독립 사업으로 이루어질 수 있다. 학교에서 일어나는 다양한 소비 가운데 매점이 가장 먼저 학교협동조합으로 되고, 다른 지역으로 확산이 되는 것은 우연이 아니다. 학교 구성원들의 명확한 필요도 있었지만 학교별로 자체적으로 사업이 가능한 구조도 컸다. 더불어 방학을 제외하고는 학기 중 일상적으로 판매가 이루어진다는 점, 사업 공간으로 매장이 생기면서 조합원들의 활동 공간이 확보된다는 점도 장점이다.

이와 달리 현장체험학습은 단일 학교만으로는 완결되기는 어렵다. 앞서 살펴보았듯이 기존 시장에서 공급되는 대규모 획일화된 현장체험학습 프로그램을 탈피하고 본래의 교육 효과를 높이려고 할 때, 학교 바깥의 마을 사업자가 꼭 필요하다. 물론 매점에서도 현재 경기도와 서울에서 확산되고 있는 학교협동조합의 주요 상품은 건강한 먹을거리로 이를 공급해주는 마을 사업자와의 연계가 필요하다. 이들은 단순히 상품을 공급해주는 것만이 아닌 식생활교육도 하고 사업적으로도 인력과 여러 자원들을 연계하고 있다. 그렇지만 사업 연계성에 있어서는 현장체험학습에 비해 상대적으로 떨어질 수밖에 없다.

다음으로 매점 사업은 일상적으로 판매가 이루어지는 데 반해서 현장체험학습은 학교별로는 한 학기에 1~2차례 정도가 이뤄진다는 차이가 있다. 물론 자유학기제가 본격화되면 더욱 늘어나겠지만 매점 사업과 같은 일상성과는 큰 차이가 있다.

이러한 두 가지 특성 때문에 현장체험학습은 단일 학교만으로는 법인 운영 비용, 의사결정 비용 등을 감당하기 어려울 수 있다. 하지만 반대로 여러 학교가 결합하여 하나의 협동조합을 만들어 운영한다면 한 학교만으로는 어려운 일을 적은 비용으로 효과적으로 운영할 수 있는 가능성이 커진다. 따라서 현재 서울과 경기도 등에서 논의되는 지역거점형 학교협동조합 모델의 사업에 보다 적합할 수 있다. 이를 그림으로 비교해보면 다음과 같다.

매점 학교협동조합 모델과 현장체험학습 학교협동조합 모델의 차이점

매점 모델	현장체험학습 모델
개별 학교 소비자 조합원	마을 사업자 조합원 A 학교　　　　B 학교 소비자　　　　소비자 조합원　　　　조합원

상호 호혜를 바탕으로 지역을 연결하는
'품앗이 여행'과 '스쿨투어리즘'

학교와 마을이 이렇게 공동 여행사를 운영하더라도 남는 문제가 있다. 학교와 마을은 동일한 지역 안으로 묶일 때 결합력이 커지지만 현장체험학습을 가는 곳은 보통 자기가 사는 마을이 아닌 다른 지역인 경우가 많다. 다른 지역의 마을 주민들과 유기적인 관계를 가져가며 원거리 마을교육공동체를 구성하기란 어려운 부분이다.

이러한 구조적인 문제를 해결하기 위해서 현장체험학습 학교협동조합은 두 개 이상의 마을교육공동체를 상정하게 된다. 각 지역의 마을교육공동체는 학교와 시설 이용자가 유기적으로 결합하여 교육 프로그램을 공동 기획하고 운영한다. 다만 학교는 자기 지역의 프로그램을 주체로서 기획하고 운영하지만, 다른 지역 프로그램의 이용자가 되는 것이다. 이를 도표로 설명하면 다음과 같다.

	A지역		B지역	
학교	A지역 프로그램 기획, 운영	✕	B지역 프로그램 기획, 운영	학교
	B지역 프로그램 이용		A지역 프로그램 이용	
마을	A지역 프로그램 기획, 운영		B지역 프로그램 기획, 운영	마을

A마을과 B마을이 있을 때, A마을 학생들은 자신의 마을 역사와 문화와 경제에 대해 학습 활동을 하고, A마을 사업자들과 협력을 통해 자신의 지역에 대한 현장체험학습 프로그램을 기획한다. 그리고 B마을 학생들이 A마을을 방문하면 A마을 학생들은 호스트 혹은 가이드

로서 자신이 학습한 내용을 다른 마을 학생들에게 설명해주는 방식이다. 다른 마을 학생들에게 우리 지역을 알린다는 동기는 마을 수업의 교육 효과를 극대화할 수 있을 것이다. 이는 A마을 학생들이 B마을을 방문했을 때도 마찬가지로 이루어진다. 어느 한 지역의 학교는 자기 지역의 프로그램을 주체로서 기획하고 운영하지만, 다른 지역 프로그램의 이용자가 되는 것이다.

언뜻 생소할 수 있지만 이미 이러한 방식의 '품앗이 관광'은 추진 중이다. 한국관광공사[7]는 지난 2014년 10월 제천시, 통영시, 무주군 3개 지역의 '품앗이 관광단'을 운영하고, 상호 교류사업 발굴 및 수용태세 개선사항 도출 등을 통해 '2016 올해의 관광도시 방문의 해' 사업이 성공적으로 추진될 수 있도록 준비해나갈 계획이라고 밝혔다. '품앗이 관광'이란, 한국전통풍습인 두레, 계와 같은 상부상조 정신인 '품앗이'를 '관광'에 접목시킨 것으로, 올해의 관광도시 사업 주체가 되는 지역 주민들이 관광도시 선정 지역을 상호 방문하고 각 도시별 손님맞이 우수 사례를 서로 벤치마킹할 수 있도록 하기 위하여 추진하는 사업이다. 광주와 대구를 오가는 '품앗이 관광'[8]도 있다. 광주시와 광주문화재단은 대구시와 맺은 '달빛동맹' 공동 사업의 하나로 양 지역의 대표적인 문화상품을 체험하는 '광주-대구 문화누리로 품앗이 관광' 사업을 2013년부터 진행하고 있다.

---

7. 한국관광공사(2014. 10. 23), 보도자료 「"품앗이 관광"으로 올해의 관광도시 간 상호 교류 증진」, http://kto.visitkorea.or.kr/kor/notice/news/press/board/view.kto?id=422737&isNotice=false&instanceId=42&rnum=1.
8. dongA.com(2014. 10. 24), 「광주-대구 '품앗이 관광'으로 화합 다진다」, http://news.donga.com/3/all/20141024/67404600/1.

외국으로 눈을 돌려도 이러한 상호 호혜에 입각한 여행 방식을 찾아볼 수 있다. 대표적인 예로 카우치 서핑Couch Surfing을 들 수 있다. 이는 1999년 미국 보스턴의 케이지 펜톤Casey Fenton이 아이슬란드로 여행을 가면서 여행 경비를 줄여보고자 1,500명의 아이슬란드 대학교 학생들에게 자기를 재워줄 수 있냐는 메일을 보냈는데, 재워줄 수 있다는 답장을 50통 넘게 받으면서 시작되었다. 상호 호혜에 입각한 여행 방식으로서, 현지인의 소파에서 잠을 잘 수 있다는 의미에서 카우치 서핑이라고 한다. 현재 카우치 서핑 사이트 www.couchsurfing.org를 통해 20만 개의 도시, 1,000만 명의 회원이 가입되어 있다. 젊은 층에 인기가 많으며, 특히 유럽에서 여행할 때 주로 이용한다. 단순한 관광이 아닌 현지인의 삶을 간접적으로 체험할 수 있다는 장점이 매력적이다.

이보다 먼저 생긴 유래 깊은 품앗이 여행으로 '서바스servas'[9]를 들 수 있다. 에스페란토어로 'We Serve(봉사)'를 뜻하는 서바스는 UN 산하 유네스코에 등록된 비영리 단체로 여행을 통한 교류로 국제 평화를 실현하는 것을 목적으로 1949년 창립되었다. 우리나라도 www.servas.or.kr을 통해 운영되고 있다. 회원가입을 신청하면 각 지부 모임의 인터뷰를 통과한 후 소정의 입회금과 연회비를 납부한 뒤 이용이 가능하다. 전 세계 130여 개 나라에 지부가 있으며, 각국에 1만 5,000개가 넘는 민박 가구가 회원으로 등록되어 있다. 여행자는 보통 2박 3일간의 무료 홈스테이를 제공받는다. 숙박과 대부분의 식사, 지역 가

---

9. 밝은신문(2014. 5. 28), 「세계여행 무료로 하는 한국 서바스(Servas)를 아시나요」, http://www.goodnewsi.com/news/articleView.html?idxno=4154.

이드 등을 제공받고 삶과 가정과 사회, 관심사와 취미 등의 광범위한 주제에 대한 얘기를 나누는 '보너스'가 있다. 식사 후 설거지나 집안일도 '주인장'과 함께하며 우의를 다진다.

이렇듯 상호 신뢰 속에 호혜를 통한 품앗이 여행은 국내외 사례가 있다. 현장체험학습 학교협동조합은 이러한 품앗이 여행의 원리에 덧붙여서 학교와 마을의 연계, 그리고 그 속에 학생들 간의 가이드를 통한 상호 학습을 가미하고 있다. 이 역시 외국에서 비슷한 사례를 찾아볼 수 있다. 가장 유사한 사례로 말레이시아 학교협동조합의 스쿨투어리즘school tourism을 들 수 있다. 말레이시아 학교협동조합[10]은 다른 지역에 있는 학교협동조합을 방문해 그 지역의 문화를 배우고 서로를 이해하는 시간을 가지는 프로그램을 운영하고 있다. 학교협동조합 프로그램이라 여행 경비가 저렴하고, 학생들은 프로그램 운영을 통해 다양한 체험활동을 할 수 있다. 무엇보다 이렇게 학생들이 다른 학교협동조합을 대상으로 한 가이드를 위하여 자기 지역의 문화 공부를 체계적으로 하며 상호 학습이 이뤄지고 있다. 예를 들어 말레이시아 북쪽에 있는 페낭 주의 학교협동조합의 경우 지역의 역사적 위인에 대해 공부할 수 있고, 쌈바 주는 고장의 상징물인 개구리에 대해 배울수 있다. 개별 학교만으로는 이러한 활동을 수행하는 데 행정이나 교육 콘텐츠 마련에 있어 많은 어려움이 있다. 따라서 협동조합연합회인 앙카사를 중심으로 다양한 지원이 이뤄지고 있다. 수학여행과 관련해서도 각 지역에 대한 소책자를 마련해 학교협동조합 소속 학생들은

10. 박주희·주수원(2015), 『만들자, 학교협동조합』, 맘에드림 참조.

말레이시아 학교협동조합 교재: 말레이시아 학교협동조합 연합회 앙카사에서 학교협동조합 간의 수학여행 프로그램을 지원하기 위해 만든 각 지역의 역사적·생태적 특화 자원 안내 책자다.

타 지역 학생들을 가이드하기 위해 학습할 수 있는 교육용 콘텐츠를 보급해 일선 교사들의 부담을 덜어주고 있다.

말레이시아만이 아니다. 영국에서도 마을이 학생들의 배움터가 될 수 있도록 마을과 학교가 힘을 모으는 사례들이 많이 있다. 영국의 협동조합학교들cooperative schools에서 학생들이 주도적으로 진행하는 특히 영코아퍼러티브young cooperatives라는 청소년협동사업 프로젝트 중에는 학교의 울타리를 넘어 마을과 연결되는 프로그램이 많이 있다. 학교와 마을은 협력하여 학생들의 다양한 프로젝트 사업을 체계적으로 진행할 수 있도록 지원해준다. 학교와 관련 비영리 단체 및 협동조합 지원조직이 모여서 지역 단위 협동조직을 만들기도 한다. 이렇게 영국 위건Wigan 지역에서는 골번 중고등학교를 중심으로 로손 초등학교, 커뮤니티 대학이 모여서, 지역의 습지 보전 활동을 하는 환경단체Wigan Leisure and Culture Trust와 전국적인 협동조합 지원 기관Cooperative College과 함께 골번앤로손협동조합재단(Golborne and

Lowton Cooperative Trust, 줄여서 GoalCo라고 부름)을 만들었다.

　이러한 마을과 몇몇 학교가 함께 진행하는 현장체험학습 중에 대표적으로 습지 프로젝트wetland project가 있다. 학교 옆에 땅을 파서 물길을 만들고 빗물이 고이면서 습지를 통해 생태계가 조금씩 회복되어가는 과정을 지켜보며 교육적 체험의 장으로 활용하는 프로젝트이다. 여기서 독특한 점은 지역사회의 생태계 변화를 어른들이 아닌 초등학교, 고등학교, 대학교 학생들이 중심이 되어 어른들의 지원을 받으며 함께 협력하면서 시너지를 이끌어내는 것이다. 각 학교별 특성에 따라 다양한 방식으로 이 공간을 교육의 장으로 활용하며, 학생들이 주체적으로 여러 방식으로 참여한다. 즉 고등학교 지리 시간과 연결된 체험학습으로 생태계 회복 과정에 대해서 배우고 평생학습대학의 아이티 담당 학생들이 와서 수중사진을 찍기도 한다. 그런가 하면 초등학교에는 생태 환경을 직접 눈으로 보고 체험하는 학습의 장으로 활용하기도 한다.

　이 프로젝트가 진행되는 과정에서는 학생들이 마을 환경단체의 습지 전문가인 마을 교사의 도움을 받으며 습지 조성 계획을 기획하고 실천하는 중요한 역할을 담당하였다. 아이들은 이 마을 교사가 관리하고 있는 지역의 큰 습지 지역(the Three Sisters라는 이름의 습지 지역)을 방문해서, 희귀종인 새들과 곤충을 어떻게 학교 옆 땅을 판 공간에 끌어들일 수 있을지 배웠다. 어떤 습지를 조성하고 싶은지 고민하고 어떻게 물길을 내고 습지를 바꿔갈지에 대해 계획을 세운 것이다. 실제 땅을 파고 물길을 조성하는 공사는 지역의 조경회사가 담당했지만 그 계획은 학생들의 참여를 통해서 만들어졌다.

또한 이러한 습지 조성 계획의 부족한 자금을 모으기 위해 기금 마련 행사를 연다. 학부모와 지역 주민을 대상으로 패션쇼를 하고 부활절 장터를 하기도 한다. 이런 방식으로 지역사회와의 접점을 더 높이고 보다 많은 주민들이 이 프로젝트에 동참하며 마을과 학교가 함께 학생들의 주체적인 프로젝트를 지원하도록 하고 있다.

이처럼 말레이시아·영국 등 지역과 연계된 체험학습 프로그램 사례를 여러 곳에서 발견할 수 있다. 무엇보다 단순히 정해진 관광지만 돌고 오면서 단위 학교 아이들의 공동체 함양을 키우는 활동에 그치고 있는 데서 벗어나, 내가 사는 마을을 다른 마을 학생들에게 소개하고 교육함으로써 눈높이에 맞춘 학생 상호 간 교육 및 협력적 배움이 실천될 수 있도록 만드는 데 현장체험학습 학교협동조합의 의의가 있다. 물론 이를 위해서는 지역 간 교류 프로그램에 대한 상호 신뢰가 바탕이 되어야 한다. 또한 서로의 지역에서 제공할 수 있는 프로그램의 차별성이 정리되어야 한다. 각 지역의 마을교육공동체가 다시 연계되고 더욱 커다란 마을교육공동체를 형성할 수 있는 지점이다.

학교 구성원들의 참여 의지

그렇다면 실제 학교 구성원들은 이러한 생각을 어떻게 받아들일까?

다음 내용은 앞서 제시된 경기도 내 학생 2,035명, 학부모 1,711명, 교사(관리직 포함) 3,024명, 행정직원(행정실무사 포함) 342명을 대상으로 현장체험학습 학교협동조합 관련 온라인 설문조사를 진행한 결과

중 일부이다.

설문조사는 의외로 긍정적인 부분이 높게 나왔다. 특히 학부모나 교사집단에서는 40% 넘는 이들이 4~5점을 주었으며, 보통(3점)까지 합한다면 70% 이상의 인원이 참여 의향을 밝혔다는 점을 주목할 필요가 있다. 학생들도 부정적인 답변을 한 이들은 15%가 채 되지 않고, 긍정적인 답변을 주로 택하였다. 행정일로 바쁜 행정직원들까지 참여할 의향이 있다는 것을 보면 그들도 현재 누군가의 학부모이며 학생 때 대한민국 공교육의 현장체험학습의 한계를 몸소 겪었기 때문에 문제의식을 가지고 있는 것이 아닐까 생각한다.

이렇게 긍정적 답변은 시사하는 바가 크다. 정책이 힘을 얻으려면 현장이 움직여주어야 하는데 이러한 측면에서 현장체험학습의 학교협동조합화는 실현 가능성이 굉장히 높다고 볼 수 있다. 결국 남은 것은 정책을 실현하기 위한 집행기관의 의지와 방향이 아닐까 생각한다. 다음은 설문조사 세부 문항이다.

체험학습이 학교협동조합 형태가 된다면 참여할 의향이 있다.

학생	학부모	교사	행정직원
• 매우 그렇다(15.8%) • 그렇다(23.3%) • 보통이다(47.4%) • 그렇지 않다(7.7%) • 전혀 그렇지 않다 (5.8%)	• 매우 그렇다(9.6%) • 그렇다(36.3%) • 보통이다(40.2%) • 그렇지 않다(11.2%) • 전혀 그렇지 않다 (2.7%)	• 매우 그렇다(12.2%) • 그렇다(31.8%) • 보통이다(36.4%) • 그렇지 않다(12.2%) • 전혀 그렇지 않다 (7.4%)	• 매우 그렇다(11.4%) • 그렇다(33.0%) • 보통이다(38.6%) • 그렇지 않다(7.9%) • 전혀 그렇지 않다 (9.1%)

'체험학습이 학교협동조합 형태가 된다면 참여할 의향이 있다'는 문항에 대하여 보통이라고 응답한 비율이 학생 47.4%, 학부모 40.2%, 교사 36.4%, 행정직원 38.6%로 모든 집단에서 가장 높게 나타났다. 또한

긍정적으로 응답한 비율은 학생 39.1%, 학부모 45.9%, 교사 44%, 행정직원 44.4%로 다소 높게 나타났으며, 참여를 의사가 없다는 부정적 응답 비율은 학생 13.5%, 학부모 12.3%, 교사 19.6%, 행정직원 17.0%로 낮은 수치를 보였다 . 학교는 동질 집단이 하루를 함께 생활하는 공간으로 다양한 소비가 발생할 수 있다. 또한 학교협동조합은 기존에 시장에서 형성되지 않았던 서비스나 물건 등을 위해 힘을 모을 수 있는 장점이 있다. 체험학습도 이러한 맥락에서 협동조합 참여 의사를 밝힌 응답 비율이 높게 나타났던 것으로 생각된다. 또한 학생, 학부모, 교사, 행정직원에서 가장 많은 응답 비율로 나타난 보통 비율의 경우도 체험학습이 학교협동조합에 어떤 취지와 어떤 방법으로 운영될지 좀 더 가시화되고 홍보가 된다면 더욱더 많은 응답 비율을 기대할 수 있을 것으로 추측된다.

학생이 체험학습을 주도적으로 기획하고 운영하는 것에 대해서 가능하다고 보십니까?

학생	학부모	교사	행정직원
• 중학교 이상은 가능하리라 본다 (27.0%) • 고등학교 이상은 가능하리라 본다 (24.4%) • 초등학교 이상은 가능하리라 본다 (22.9%) • 교사가 일부 협조하고 참여한다면 학생들이 기획하고 운영하는 것이 가능하다고 본다 (18.0%) • 아직까지 우리나라 현실 여건상 교사나 학교가 주도해야 한다(6.0%) • 기타(1.7%)	• 교사가 일부 협조하고 참여한다면 학생들이 기획하고 운영하는 것이 가능하다고 본다 (34.1%) • 중학교 이상은 가능하리라 본다 (23.4%) • 고등학교 이상은 가능하리라 본다 (21.9%) • 아직까지 우리나라 현실 여건상 교사나 학교가 주도해야 한다(17.0%) • 초등학교 이상은 가능하리라 본다 (3.3%) • 기타(0.2%)	• 고등학교 이상은 가능하리라 본다 (40.5%) • 교사가 일부 협조하고 참여한다면 학생들이 기획하고 운영하는 것이 가능하다고 본다 (21.2%) • 아직까지 우리나라 현실 여건상 교사나 학교가 주도해야 한다(18.8%) • 중학교 이상은 가능하리라 본다 (17.4%) • 초등학교 이상은 가능하리라 본다 (1.5%) • 기타(0.7%)	• 교사가 일부 협조하고 참여한다면 학생들이 기획하고 운영하는 것이 가능하다고 본다(32.5%) • 고등학교 이상은 가능하리라 본다 (27.2%) • 중학교 이상은 가능하리라 본다 (20.2%) • 아직까지 우리나라 현실 여건상 교사나 학교가 주도해야 한다(16.7%) • 초등학교 이상은 가능하리라 본다 (3.2%) • 기타(0.3%)

'학생이 체험학습을 주도적으로 기획하고 운영하는 것에 대해서 가능하다고 보십니까?'의 응답으로 학생의 경우 중학생 이상 가능하다고 응답(27.0%)한 비율이 가장 높으며 이어서 고등학생 이상 가능하다(24.4%), 초등학생 이상이 가능하다(22.9%)의 순으로 나타났다. 학생은 자기 주도적으로 기획하고 운영하는 데에 본인 스스로는 무리가 없다고 보고 있고, 학생들 스스로 자기 주도적으로 할 수 있다는 강한 믿음과 의지가 있다고 생각된다. 교사의 경우는 고등학교 이상은 가능하리라 본다고 응답(40.5%)한 비율이 가장 높고, 교사가 일부 협조하고 참여한다면 학생들이 운영하는 것이 가능하다(21.2%)라고 본다. 하지만 중학교 이하의 학생들이 주도적으로 운영할 수 있다는 입장에 다소 회의적인 반응을 보이고 있다. 이는 고등학생은 책임감 있게 수행할 수 있으리라 믿지만 중학생이나 초등학생이 주도적으로 실행하기란 아직 역부족이라 여기고 있기 때문이다.

학부모와 행정실장의 경우는 교사가 일부 협조하고 참여한다면 학생들이 기획하고 운영하는 것이 가능하다고 응답한 비율이 가장 높고 뒤이어 중·고등학생 순으로 운영이 가능하다고 생각한 비율 순으로 나타났다. 아직까지 우리나라 현실 여건상 교사나 학교가 주도해야 한다고 생각한 비율 순으로 나타났다. 이러한 현상은 학교 내에서 교사는 학생자치활동을 통해 학생들의 자발성을 눈으로 직접적으로 확인한 바가 있고 믿을 수 있지만, 직접 느끼지 못하는 학부모는 학생이 자체적으로 기획하고 실행할 수 있다고 확신을 하지 못하고 있음을 알 수 있다.

현장체험학습 학교협동조합의 모델과 의미에 대해 알았다면 본격적으로 학교와 마을에서 준비해야 할 부분들을 이야기하기에 앞서 현재 학교와 마을에서 현장체험학습과 변화되고 있는 지점들을 사례를 통해 살펴보자. 아직까지 학교와 마을이 모두 어우러져 학생들의 자기 주도 기획과 상호 학습으로 완벽하게 현장체험학습 학교협동조합 상을 구현한 곳은 없다. 하지만 여러 지점에서 실마리를 주는 단초들이 있다. 윌리엄 깁슨의 유명한 말처럼 "미래는 이미 와 있다. 단지 널리 퍼져 있지 않을 뿐이다The future is already here. It's just unevenly distributed". 다음 장에서는 우선 이미 와 있는 미래의 조각들을 살펴보자.

2장

마을교육공동체형
현장체험학습 실천 사례

마을과 학교가 함께하는 현장체험학습 모델은 이미 학교와 마을에서 각기 다양한 방식으로 실천되고 있다. 먼저 학교 안의 다양한 실천 사례로서 초등학생이 스스로 탐구하는 현장체험학습을 실천하고 있는 경기도 성남 보평초등학교, 서울 신은초등학교 및 중학생 스스로 만드는 주제통합 기행을 하고 있는 경기 의정부여중, 전북 회현중 그리고 기획부터 운영까지 고등학생이 만들어가는 여행의 모습을 보여주고 있는 서울 삼각산고와 상명고, 경기 용인 흥덕고 사례를 살펴보려 한다. 또한 마을 안에서 실천되고 있는 우리 마을을 지켜가는 화성시생태관광협동조합, 지역을 위한 여행, 아이들을 위한 여행을 기획하고 만들어가는 강원도 모습, 교사가 중심이 되어 현장체험학습을 새롭게 만들어가고 있는 시흥 및 학생들까지 조합원으로 참여해 새로운 모델을 만들어가는 의정부 사례를 살펴보려 한다.

학교, 마을을 담다

세월호 사고를 계기로 대규모 수학여행의 문제점이 논의되기 전부터 학생들이 스스로 기획하고 탐구하며 교육적 효과를 극대화한 사례들이 등장했다. 단순히 관광의 대상이 아닌 마을을 탐구하고, 자신들의 문제와 연계해서 공부하며 접근하는 새로운 현장체험학습, 교육여행의 모습을 볼 수 있다.

초등학생이 스스로 탐구하는 현장체험학습
-경기 성남 보평초, 서울 신은초 사례

초등학생들의 자기주도 체험학습 계획: 성남 보평초

학생들이 스스로 기획하는 현장체험학습이라고 할 때 중학생 이상을 떠올리기가 쉽다. 하지만 초등학생들끼리 탐구할 주제를 정하고 마을에서 그 답을 찾아가는 현장체험학습을 실시하는 학교도 있다. 바로 경기도 성남의 보평초등학교이다.

사실 보평초등학교[11]는 유명한 혁신학교 가운데 하나이다. 이 학교는 2009년 9월 개교하면서 혁신학교 1호로 지정됐다. 1·2학년, 3·4학년, 5·6학년을 묶어 미니스쿨을 만들며 교사들의 협력을 강조하고 정서적 안정감을 찾을 수 있는 학교를 만들고 노력했다. 그 결과 최고학군의 강남 엄마들도 아이의 손을 잡고 이 학교 문을 두드리며 사립학교보다 좋은 공립학교로 입소문이 퍼졌다.

이곳에서는 현장체험학습도 기존과 다른 방식으로 학생들이 기획하고, 교육과정과 연계해서 장소나 주제를 선택하는 등 프로젝트의 형태로 진행한다. 학교에서는 방학분산제를 이용하여 봄, 여름, 가을, 겨울의 네 번의 현장학습 기회를 제공하고 있다. 각 학년별로 학생들에게 필요한 생태교육, 환경교육, 시민교육 등의 다양한 교육과정을 풍부한 현장체험학습을 활용하여 운영하고 있다. 특히 학년과 내용의 위계성을 고려하고 지역별 장소를 적절히 안배하여 다양하게 운영하는 것이 특징이다.[12]

이렇듯 기존의 틀에 박힌 체험학습과는 거리가 멀고, 학생들 개인 또는 공동이 스스로 해야 하는 프로젝트가 많다. 다음 도표를 통해 보평초등학교 교육과정에서 실제 진행한 내용을 볼 수 있다.[13] 배움, 나눔, 보람이란 주제로 봄, 여름, 가을, 겨울별로 재래시장, 민속박물관, 유적지 등 다양한 곳을 방문하며 살아 있는 교육이 이뤄지고 있다.

11. 오마이뉴스(2015. 2. 28), 「강남 엄마들도 아이 전학시키겠다고 와요」, http://www.ohmy news. com/NWS_Web/Mobile/at_pg.aspx?CNTN_CD=A0002005769#cb.
12. 『방학분산제 실시 적합성 분석 연구』(2013, 한국교육개발원).
13. 경기도교육청-보평초등학교 교육과정(2014) 중 발췌.

1학기	봄	여름
배움	① 생태교육(판교생태학습원) ② 환경교육(승림식물원)	① 안전재해대비교육(안전체험관) ② 환경 지역화교육(나들이 공원)
나눔	③ 생태/국제이해교육(맹산 반딧불이) ④ 경기문화사교육(유적지 탐사)	③ 문화예술교육(과천현대미술관) ④ 한국정체성교육(한국민속촌)
보람	⑤ 진로교육(잡월드) ⑥ 경제 소비자 교육(교내)	⑤ 한국문화사교육(경복궁, 중앙박물관) ⑥ 지속가능발전교육(농촌진흥청)
2학기	가을	겨울
배움	① 지속가능발전교육 용인동인체험장 ② 전통윤리교육(외갓집 체험마을)	① 안전교육(교내) ② 경제교육(교내)
나눔	③ 전통윤리교육(민속박물관) ④ 환경교육(풀향기수목원)	③ 경제교육(재래시장 나들이) ④ 환경교육(난지재생센터)
보람	⑤ 테마형 수학여행(지리산 외 8곳) ⑥ 민주시민교육(국가기관-국회, 법원)	⑤ 한국정체성교육(독립기념관) ⑥ 국제이해교육(한국국제협력단 체험관)

출처: 방학분산제 실시 적합성 분석 연구(2013, 한국교육개발원)

특히 '다빈치 프로젝트'[14]에 주목할 필요가 있다. 이 프로젝트는 아이들이 다양한 체험을 통해 통합적인 인간으로 성장하는 데 주목적을 두고 있다. 구체적으로는 아틀리에 학습, 주제통합학습, 자유탐구학습 등이 있다. 아틀리에 학습은 음악, 미술, 체육에서 학생들이 1인 1예기를 갖는 것을 목표로 한다. 주제통합수업은 한 가지 주제를 여러 과목들을 통해 통합적으로 학습하는 프로그램이다. 예를 들어 생태체험이 주제라면 국어 과목을 통해서 생태체험의 느낌을 동시로 쓰고, 사회 과목을 통해 환경 파괴의 실태를 배운다. 자유탐구학습은 학생들이 각자 연구하고 싶은 주제를 정해서 자유롭게 탐구한다. 세계 각국의 초코파이 가격을 조사한 아이도 있고, 백화점·마트·재래시장의 물건 가격을 비교한 아이도 있다.

---

14. 온돌뉴스(2014. 6. 19), 「[혁신 학교 ①] 혁신학교의 교육과정: 지식전달 수업이 아닌 줄탁동시수업」, http://www.ondolnews.com/news/article.html?no=463.

이러한 과정을 통해서 자신이 흥미를 갖는 활동에 대해 깊이 탐구하고 자기를 발견할 수 있는 기회를 갖고, 자기 주도적 학습 활동을 통해 탐구 능력의 신장을 위한 맞춤 학습을 할 수 있도록 하고 있다. 미래 사회에 대응할 수 있는 통합적 사고력과 미래의 핵심 역량 신장을 목표로 하는 것이다.

다음은 2013년에 5~6학년을 대상으로 이뤄진 자유탐구학습 및 주제통합학습 운영 계획이다.

보평초등학교 2013학년도 자유학습 운영계

기간	2013년 4월 26일~6월 21일 / 10월 18일~12월 6일		
목표	모둠 및 개인별 학습 과제를 선정하여, 각자의 역할을 정하고 중장기간 탐구함으로써 자기 주도적 탐구 방법과 능력을 익힐 수 있다.		
지도 대상	5, 6학년	지도 교사	5, 6학년
관련 교과	재량	지도 장소	학급 교실

연간 지도 계획			
날짜	활동 주제	활동 내용	준비물 및 유의점
4. 26 (10.18) 2H	탐구 주제 정하기 조 편성 계획서 작성	•큰 주제 제시, 브레인스토밍 활동 •마인드맵 활동하기 •포스트잇에 탐구 주제 기재하기 •주제 유목화하기 •자료 수집 방법 •탐구 방법의 구체화 •탐구 계획서 작성 및 피드백	※관심이 있는 분야 (탐구 주제) 미리 생각해오기
4. 27~5. 31 (10. 27 ~11. 29)	자료 수집 및 현장 체험	•주제에 관련한 전반적인 자료 검색 및 수집(가정 및 도서관 활용) •자료 및 의사소통을 통한 탐구 주제 구체화하기 •탐구 과정에 대한 교사 점검 후 피드백하기	※주제별로 모여 팀별 활동 가능하도록 안내 ※계절방학이나 토요일을 활용하여 탐구체험학습 실시
	탐구 보고서 정교화하기	•자료 추가 및 보완 탐색하기 •보고서 형태 교사와 학생 협의하기 •보고서(산출물) 제작하기	
6. 14 (11. 22) 2H	탐구 내용 학급 발표	•보고서(산출물) 제출하기 •보고서 상호 평가하기 •교사의 피드백 •학급 투표로 대표 발표팀 선정	교실
6. 21/6. 14 (11. 29/12. 6) 2H	탐구 내용 학년 발표	•학급 대표 모둠들의 발표회 •학년 최우수 자유탐구 모둠 선정 투표	시청각실

출처: 경기도교육청-보평초등학교 교육과정(2014)

보평초등학교 2013학년도 주제통합학습 운영 계획

구분	봄	여름	가을	겨울
5	진로교육 ▶한국잡월드	한국 문화사 교육 ▶경복궁 및 국립중앙박물관	테마형 수학여행 ▶테마별 수학여행지	한국 정체성 교육 ▶독립기념관
6	경제 및 소비자 교육 ▶경제와 나눔 (교내)	지속가능발전교육 ▶농촌진흥청	민주시민교육 ▶국가기관 -국회, 법원	국제이해교육 ▶한국국제협력단 지구촌 체험관

학년		주제 영역	관련 교과 및 적용	체험 장소
봄	5	진로교육	실과(4): 나는 누구인가? 창체(4): 한국 잡월드 청소년 체험관 체험하기 실과(2): 일과 진로 미술(2): 나의 보물지도 만들기	잡월드
	6	경제 및 소비자 교육	사회(6): 우리 경제의 성장과 과제 / 행복과 복지 국가 / 돈 없이 살아보기 실과(2): 나눔 교육 창체(2): 나눔 장터 도덕(2): 영화 관람 및 행복한 경제를 위한 우리 노력 생각해보기	교내 (시청각실 &체육관)
여름	5	한국 문화사 교육	사회(2): 사전 조사 활동 협력 학습 사회(2): 유교를 정치의 근본으로 삼은 조선 미술(2): 미술의 발자취를 찾아서 국어(2): 보고서 작성(견학 보고서 작성) 미술(2): 유물 제작하기	경복궁 및 국립중앙 박물관
	6	지속가능 발전교육	실과(4): 식물과 함께하는 생활 및 농사 계획 실과(4), 미술(2): 농촌진흥청 방문 미술(2): 환경 보호 실천의 마음 갖기	농촌진흥청
가을	5	테마형 수학여행	국어(4): 체험 내용 기록하기 미술(4): 아름다운 자연환경 사회(4): 문화유적지 답사 실과(6): 동물과 함께하는 생활 음악(4): 전통음악 감상 과학(2): 식물과 동물의 세계	지리산, 강원도, 전북, 제주, 남도, 남해, 섬, 템플 중 희망지
	6	민주시민교육	사회(2): 우리나라의 민주정치 국어(2): 사실과 관점, 뉴스 만드는 방법 알기 사회(4), 국어(2): 국회, 대법원 체험교육 국어(2): 인권에 관한 뉴스 만들기	대법원 국회
겨울	5	한국 정체성 교육	사회(2): 독립운동가 알아보기 사회(2): 새로운 문물의 수용과 민족운동 국어(2): 기사문 자료 수집하기 국어(2): 기사문 써서 역사신문 만들기 음악(2): UCC 만들기	독립기념관
	6	국제이해교육	사회(4): 세계 여러 지역의 자연과 문화 사회(4), 실과(2): 한국국제협력단 지구촌체험관 방문 국어(2): 문제와 해결	한국 국제 협력단 지구촌 체험관

출처: 경기도교육청-보평초등학교 교육과정(2014)

자연히 현장체험학습이 필수적으로 동반될 수밖에 없다. 전체적으로 학교학습, 현장학습, 가정학습으로 구성되며 필요한 현장학습은 학교장의 허가를 받아 학부모, 자원봉사, 전문가의 지원, 멘토를 받아 주기집중학습이 이루어지도록 하며 수업시수로 인정하고 있다. 현장학습 활동은 연구 그룹별(동아리), 또는 개별로 학부모, 전문가 등의 멘토 지원을 받아 휴일, 계절학교 시간 등을 이용하여 연구 활동을 전개한다.

이처럼 각자가 관심이 가는 탐구 주제를 생각해 와서 모둠 및 개인별로 학습 과제를 스스로 선정하는 방식을 통해 여러 교과목이 통합된 가운데 현장체험학습이 진행되도록 하고 있다. 학생들 스스로 기획하는 것만이 아니라, 각 주제에 대해 각자의 역할을 정하고 자료를 찾아가고 최종적으로 결과물을 만들어내는 일련의 프로젝트 수행 과정을 통해 상호 학습이 이뤄지는 것이다. 그럼 이에 대해 학부모의 의견은 어떠할까?

보평초등학교에서 만든 현장체험학습은 일반 학교와는 크게 차별화가 되었다는 장점이 있다. 초등학교 학생에게 기획권을 준다는 것도 참신선하고 학생 주도적으로 뭔가를 한다는 것 자체가 믿음이 없이는 불가능하다.

다만 일반화하기 위해서는 더 많은 부분의 제도적 보완도 이뤄져야 한다. 학생들에게 기획권을 주지만, 아직 실제적으로 완전한 기획권을 주지는 못하고 있다. 현실적인 여건상 일정한 범주(틀) 안에서 선택적 한계가 있다. 또한 학생들 간 선호하는 지역이나 장소가 몰리게 될 경우

선착순으로 하거나 연장자순(고학년 우선)으로 장소를 선정하게 되기도 한다. 제도적인 부분이 보완된다면 보다 아이들 중심이 될 수 있다고 생각한다.

_보평초 학부모와의 인터뷰에서

보평초등학교 사례는 초등학교에서도 일정한 범위에서 학생들이 주제를 선정해 체험학습을 스스로 기획해보며 다양화하는 것이 가능하다는 것을 보여준다. 또한 이러한 방식의 체험학습 운영에 대해서 보평초등학교 교직원, 학생, 학부모들의 만족도 또한 상당히 높은 것으로 알려져 있다. 보평초등학교의 영향을 받아 많은 혁신학교에서도 이러한 방식을 이어가고 있다.

다만 인터뷰에서도 나왔듯이 보평초의 사례가 일반화되려면 제도적으로 보완해가야 할 부분도 있다. 학생들의 실질적인 선택권을 넓히기 위해서 교육과정과 연계해서 체험학습 장소를 다양화하고, 시기별로 분산하는 것이다. 또한 일선 학교에 많은 부담이 가지 않도록 현장체험학습이 학교협동조합으로 시스템화된다면 혁신학교뿐 아니라 일반 학교에서도 보평초등학교와 같이 융통성 있게 체험학습을 운영할 수 있는 조건이 마련될 것이다. 그렇다면 혁신학교 지정 유무나 교사의 노력과 상관없이 학생들의 교육적 효과를 극대화한 현장체험학습의 활성화가 가능할 수 있다.

아이들이 기획하는 수학여행: 서울 신은초

여행 구성 사례를 찾아보자. 신은초등학교는 2011년 9월 1일에 문을 연 혁신학교[15]이다. 서울 신은초등학교 교육과정 연구 교사모임 (2015)에 따르면 열정적인 교사들은 거의 매년 교육과정을 재구성하며 학생들이 스스로 성장할 수 있고 몰입할 수 있는 교육과정을 만들기 위해 노력했다.

수학여행 역시 이러한 고민 속에 만들어졌다고 한다. 단체 여행 패키지로 인해 미리 정해진 과제를 해치우기 위해 이동하고, 빨리 밤의 자유시간이 오기만을 기다리는 여행에서 벗어나 아이들이 주도하는 여행을 만들고자 했다. 기획부터 아이들이 주도적으로 자유롭게 의견을 내세우는 여행이었다.

단 조건을 달았다. 공정여행을 주제로 해서 여행지 지역 주민들도 혜택을 받을 수 있는 여행일 것, 그리고 여행지의 견학 장소, 활동 내용, 대략적인 경비를 직접 조사한다는 조건이었다. 이를 위해 먼저 어떤 여행이 좋은 여행인지 알아보기 위해 전문 강사를 초빙해 공정여행에 대한 이야기를 듣고 아이들과 이야기를 나누는 시간을 가졌다.

배움과 나눔의 시간을 가진 뒤에는 각자 여행지를 선정하여 계획을 세우게 했다. 그렇게 서로 간의 여행지 계획을 나눈 뒤에 가고 싶은 여행지별로 자연스럽게 팀을 꾸리도록 했다. 이후 각 팀에 소속된 아이들은 다시 세부적인 조사와 계획 수립을 해나갔다. 스스로 생각해보고 팀별로 모여서 상의하며 각각 스스로가 정한 과제들을 풀어갔다. 다만 교통이나 경비 부분은 너무 상세하게 조사하느라 많은 시간이 허비되기에 좀 더 면밀한 가이드라인이 필요했다고 한다. 여행 경비 역

---

15. 서울 신은초등학교 교육과정 연구 교사모임(2015), 『리셋, 교육과정 재구성』(맘에드림), 305~323 내용 토대로 정리.

시 바자회와 같은 되살림 장터를 통해 일정 정도 스스로 경비를 만들어갈 수 있도록 했다.

계획이 완성되면 학급 내에서 발표를 해서 반별 대표 여행지를 선정하고, 반별 대표 여행지로 선정된 팀이 다시 6학년 전체 학생들이 모인 곳에서 발표하도록 했다. 이러한 발표를 듣고 나서 전체 학생들이 평가자가 되어 꼼꼼히 여행지에 대한 정보를 체크하고 투표지에 기록해서 여행지가 선정된다. 이렇게 해서 6학년 학생들 전체가 가장 가고 싶은 수학여행지로 2014년에는 강원도가 선택되었다. 2012년은 강원도, 2013년은 경주였다가 다시 강원도로 결정되었다.

아이들의 계획 수립과 여행지 선정이 끝나고 나면 본격적인 실무 작업들이 필요하다. 체험활동 및 견학 장소가 숙박지에서 가까워야 했는데 기존 수학여행 코스로는 찾기가 어려워서 관련한 전문가의 도움이 필요하기도 하다. 안전, 가격, 거리 그리고 여러 행정적인 부분 등을 고려해서 숙박과 식사 문제를 해결하기 위해 다양한 고민과 노력이 필요하다.

이렇게 해서 2014년에는 강원도 봉평 5일장, 동강, 오대산 국립공원 등을 탐방했다. 특히 봉평 5일장에서는 시장 한편에 마련된 공연마당에서 리코더로 깜짝 플래시몹 공연을 하기도 했다.

그럼 교사로서 다소 번거로울 수 있는 아이들의 자기 주도 기획과정을 거치며 수학여행지를 정하는 이유는 무엇일까? 담당 선생님은 "어떻게 하면 스스로 생각하고 자기 생각대로 행동하는 방법을 가르칠 수 있을까. 우리 아이들이 자라 훌륭한 시민이 되었을 때를 상상해본다. 그렇게 희망을 가슴에 품은 채 오늘도 '가만히 있지 않는 법'을 가르친다. 이것이 바로 또 다시 수학여행을 시작하는 이유이다"[16]라고 얘기한다.

올해에는 아이들의 자기 주도 여행에서 더 나아가 또 다른 변화가 생겼다.[17] 수학여행 숙박, 음식점 등과 관련해 전문 업체의 도움을 받았던 것에서 교사와 학부모들이 직접 나서서 답사를 다녀와서 최종적으로 선정했다. 2~3차례 사전 답사와 전화 등을 이용해 점검하고 사전 예약을 하며 수학여행을 준비했다. 담당 선생님은 "수학여행 업체를 끼지 않고 교사들과 학부모들이 직접 답사도 하고, 기획을 하여 운영하니 비용도 작년보다 2~3만 원 정도 저렴하게 운영이 되어서 좋았다. 그러나 내용은 훨씬 풍부하고 다양하여 아이들 만족도가 대단했다"고 답했다. 수학여행에도 학부모 2인이 안전 도우미 교사로 참여를 하였다. 이들의 도전은 계속된다.

중학생 스스로 만드는 주제통합 기행
-경기 의정부여중, 전북 회현중 사례

교실을 넘어 세상으로 나가는 길

다음은 경기 의정부여중과 전북 회현중학교를 통해 중학교에서 현장체험학습이 자기 주도적으로 될 수 있을지 알아보고자 한다. 특히 중학교의 경우 진로교육법이 2015년 6월 22일 공표되어 12월 23일 시

---

16. 학부모신문(2015. 4. 5), 「또다시 수학여행을 시작하는 이유」.
17. 오마이뉴스(2015. 10. 23), 「함께 만들어가는 수학여행, 이런 방식 어떤가요」.

행을 앞두면서 2016년부터 자유학기제가 전면화된다는 점에 주목할 필요가 있다. 동법 4조에서는 지역사회의 협력과 참여 속에 다양한 사회적 인프라를 활용하여 모든 학생들이 발달 단계 및 개인의 소질과 적성에 맞는 진로교육을 받도록 하고 있다. 이에 따라 2016년부터는 전국 3,200여 개 모든 중학교에서 학교장이 학부모와 교사 의견을 수렴해 1학년 1학기나 2학기, 2학년 1학기 중 한 학기를 골라 자유학기제를 운영하게 된다. 하지만 아직까지 지역사회와 함께하는 마땅한 체험 프로그램을 발굴하지 못하고 있다. 이런 상황에서 중학생들이 스스로 만들어가는 주제통합 기행은 자유학기제와도 적극적으로 연계되어 시행될 수 있는 부분이다. 실제 교육과정과 연계해서 진행할 수 있는 방식과 관련해서는 3장 '마을 수업: 학교에서 만드는 마을 교육과정'을 통해 더 자세히 설명하도록 하겠다. 그럼 여기서는 먼저 의정부여중 사례를 살펴보자.

아래 표는 수업 시간에 한 모둠의 학생들이 현장체험학습을 직접 짠 내용을 담고 있다. 학생들이 수업 시간에 현장체험학습을 직접 준비한다고? 가당키나 한 이야기인가 할 것이다. 교과서와 연결되어 있는 걸까? 교사는 이런 수업을 할 수 있을까? 학교는 이런 교육 활동을 받아들일까? 나아가 학부모들은 이런 방식으로 현장체험학습이 진행되는 것을 허락할까? 많은 질문과 의문이 있을 수 있다. 하지만 아래 사례는 위 질문과 의문에 대해 한 중학교 학생들이 차근차근 해결해나가는 이야기를 담고 있다. 물론 교사와 학교의 변화는 두말할 필요도 없다.

실제 세월호 사건 이후 소규모 테마 학습으로 학교의 현장체험학습

의정부여중 수업 시간 중 작성한 체험 계획표

주제	친구들과 더 친해지고 서로 알아가기	
구분	의논 내용	요금
숙소	• 시설: 독채 3채. 방 2개씩(방1개는 침대), 화장실 1개, 주방 있음. • 장점: 수영장 있음. 계곡이 바로 앞. 바비큐 시설과 테라스 있음.	14,800원(1인당)
교통	• 가능역 → 청평역(지하철) 1시간 30분 • 청평역 → 펜션(픽업 서비스) 20분	왕복 요금 약 3,800원
식사	• 1일 차 점심: 라면, 주먹밥 • 1일 차 저녁: 바비큐 파티 • 2일 차 아침: 김치찌개. 밥	식비 15,000원 바비큐 2,400원
프로그램	눈치 게임, 짝짓기 게임, 요리 대결, 스피드 게임 몸으로 말해요	
기타		비상금 2,000원
총 합계		총 38,000원

을 바꾸는 흐름이 조금씩 번져가고 있는 게 사실이다. 하지만 안전 문제나 인솔 문제, 행정 처리나 준비 작업의 번거로움 때문에 이도 쉬운 일이 아님을 많은 학교들이 느끼고 있다. 여전히 현재도 학교 현장체험활동 대부분은 여행사나 기획사를 통해 짜인 프로그램으로 한 학년이 한꺼번에 이동하면서 눈도장 찍고 나오는 활동들이 주를 이루고 있다.

현장체험학습은 재미와 흥미를 가지면서도 동시에 교육의 참뜻도 품고 있어야 한다. 이런 취지로 학교에서 시작하려고 한다면 교육과정과 수업이 반드시 연결되어야 한다. 그래야 별도의 일이 되지 않고 학생들의 삶과 어우러지면서 교육여행의 참뜻이 이루어지기 때문이다.

의정부여자중학교는 혁신학교 첫해부터 이러한 기행을 좀 더 의미 있는 활동으로 바꾸기 위해 교육과정과 연결시키는 시도를 했다. 먼저 교사들은 공정여행을 만들고 기획하는 사회적 기업을 운영하는 젊은 대표를 불러 함께 배우는 자리를 가졌다. 이때 교사들이 느꼈던 것은 진정한 여행의 개념이 사람과 사람이 만나고, 우리 지역과 지구를 고민하고 상상하며, 스스로 만들어가는 거라는 점이었다. 진정한 여행과 현장체험학습이 다르지 않다는 말이다. 특히나 교사들에게는 이런 배움 속에서 수업이나 교육과정에서 준비하는 과정이 중요하다는 것을 깨달았다. 물론 교사들에게 아이들과 함께 여행을 가서 1박 2일이나 2박 3일을 지내는 일은 큰 용기가 필요했다.

이듬해부터 교사들과 학생 대표들은 좀 더 나은 여행을 위해 함께 연수를 듣고 함께 고민해나가기 시작하였다. 이제 현장체험학습은 주제통합 기행으로 진화되어 교실을 넘어 세상으로 나가는 일이 되어버렸다. 이렇게 시작된 주제통합 기행은 1, 3학년은 1박 2일, 2학년은 2박 3일로 이뤄졌다. 전체 27개 반이 27개 장소와 27개 프로그램으로 모두 다르게 나타났다. 주제통합 기행은 매년 힘들지만 가장 큰 배움을 주는 교육과정으로 자리 잡아가고 있다.

학생들이 스스로 여행을 고민하게 하는 교육과정의 힘

대표적인 사례 하나로 주제통합 기행을 설명해본다. 6월의 주제통합 기행을 앞두고 국어 수업에서는 수업과 연결해 11차시 과정을 진행했다. 수업 주제는 생활국어 '여행을 떠나요' 단원을 실제 여행 준비로 연결시켰다. 국어 수업에서 여행을 주제로 수업을 진행한 데에는 사전에 밑바탕이 된 나름의 이유가 펼쳐져 있었다. 이미 학교 행사가 수업과 연계되어 진행되었다는 점, 작은 학교small school 개념의 학년부 체제에서 교사들의 논의가 활발하게 이뤄지고 있었다는 점 등이 그 이

유였다. 그때 학교는 교육과정의 비전과 철학을 '자존감'과 '배려'로 구축하고 있었는데, 이런 교과의 교육과정 계획은 잘 맞아떨어졌다. 아래는 전체 학습 목표와 내용 차시를 구성한 흐름을 보여준다.

주제통합 기행 학습 목표와 차시 내용

[학습 목표]
• 모둠별로 여행 계획을 세우고 발표할 수 있다.
• 다양한 여행지를 검색하고 정보를 수집하여 우리에게 맞는 여행 계획을 수립할 수 있다.
• 모둠별 의사소통과 의견 조율을 할 수 있고 이를 글로 표현할 수 있다.

[차시 내용]
• 1차시: 여행에 대한 새로운 생각
• 2~4차시: 여행에 대한 준비
• 5~6차시: 모둠 발표 및 투표(평가)
• 7~8차시: 여행에 대한 평가
• 9~11차시: 여행기 쓰기

여기에는 국어 수업을 진행한 교사가 자기 담임 반 학생들의 가정방문 시 느꼈던 학생들의 삶에 대한 깊은 성찰도 녹아 있었다. 가정방문 시 학생들이 아직까지 바다를 보지 못했거나 부모와 함께 여행도 가보지 못한 학생들이 있었던 것이다. 반대로 여행사를 통해 너무 짜인 여행만을 알거나 호화로운 여행이 전부로 인식하는 학생들이 있다는 것도 알게 되었다. 이런 고민 때문에 이 국어 수업은 여행에 대한 진지한 의미부여 측면에서도 의의가 있었고, 따로 학급에서 자치 시간 등을 확보하지 않으면서 수업에서 교육과정으로 펼쳐졌다.

이 수업에서 가장 먼저 시작한 내용은 '좋은 여행이란 무엇인가?'였다. 이를 모둠별로 토론해나갔다. 이때 교사가 디자인한 학습지 내용은 다음과 같다.

주제통합 기행 수업 1차시: 여행에 대한 새로운 생각

[주제통합 기행 수업 1]
좋은 여행은 나를 성장시키고, 공정한 여행은 세계를 변화시킨다

〈함께 이야기 나누기〉

1. 여행은 왜 하나요? 여행하면 떠오르는 것을 자유롭게 이야기해봅시다.

2. 가장 기억에 남는 여행은? 왜 그런가요?

3. 앞의 2를 생각하며 나에게 여행은 무엇인지 정의를 내려봅시다.
   여행은 (   )이다.

4. 여행은 가는 것일까? 하는 것일까?
   여행을 간다? / 여행을 한다?

〈함께 이야기 나누기〉

5. 여행 가서 무엇을 할까?
   여행은 어디로 가는 것보다, 무엇을 하느냐가 중요하다.

> 유적 답사: 유물, 유적, 문화재 등 조상의 얼이 담겨 있는 문화유산을 찾아
> 가는 여행
> 생태 기행: 생태계의 다양한 현상과 생물들의 삶의 모습을 관찰하는 여행
> 문학 기행: 작가의 삶과 문학 작품의 배경이 되는 곳을 찾아 문학의 숨결을
> 느끼는 여행
> 풍물 여행: 각 지방의 독특한 풍속이나 문화, 지역 축제를 찾아가는 여행
> 산천 여행: 산이나 들, 강이나 바다를 찾아 자연의 아름다움을 보고 느끼는
> 여행

6. 우리 모둠은 어떤 여행을 할 것인가? 여행의 주제를 정해봅시다.

수업 속에서 여행 계획을 세우고 직접 실천하는 학생과
이를 돕는 학교

여행에 대한 새로운 생각을 나눈 뒤에 2~4차시에 구체적인 여행 준비를 했다. 학생들은 여행 장소와 비용, 프로그램을 모두 스스로 준비해서 가는 원칙을 정했다. 모둠별로 진행된 여행 계획 수업은 결과물이 나온 즉시 각 반에서 투표에 부쳐졌다. 결국 학생들이 가장 원하는 곳으로 자기 반의 여행지가 결정되었다. 발표하고 토론하는 과정은 적극적인 '비판적 사고'와 자발적인 '토의 토론'이 주를 이뤘다. 숙박업소나 비용도 모두 알아봐야 했던 학생들은 그 과정 속에서 자신들이 결정한 것에 대해 책임감도 느끼고 자부심도 느꼈다.

한 학생은 집에서 친구들과 모여 여행 경비를 계산하고 있는 것을 보고 아버지가 "수학문제 하나 외우는 것보다 더 의미 있는 공부를 하고 있다"며 격려해주기도 했다. 물론 함께 의견을 조율하고 계획을 세워나가는 일이 쉬운 일만은 아니었을 것이다. 하지만 여행과 수업이 나의 삶과 연결되고 교육과정으로 녹아들면서 학생들은 국어 시간 이외에도 쉬는 시간이나 점심시간에도 지속적인 대화와 작업을 이어나갔다. 다음은 그때 함께 정한 원칙들인데 자세히 보면 매우 구체적이고 학생들이 자기 것으로 소화하여 제시한 내용이라는 것을 알 수 있다.

수업에서 장소가 정해지면 전화해서 숙박비를 흥정하기도 하고, 직접 답사를 가서는 인터넷과 다른 상황으로 인해 전체 계획을 수정하기도 했다. 환경을 생각하는 여행을 만들기 위해 일회용품을 안 쓰려고 밥그릇, 숟가락 하나라도 싸가지고 가고, 무거운 가방을 메고 대중교통을 이용하며, 지역에 도움을 주고자 그 지역의 장터에 가서 직접

여행을 준비하는 것부터 여행의 시작이다

1. 아는 만큼 보인다! 준비하고 떠나자!
여행지의 명소, 식당, 교통만 준비? 여행하는 곳의 사람들을 존중할 준비는
되었는지. 여행을 가기 전 준비할 것은 옷, 신발, 선크림이 아니라 여행지와 현
지인을 존중하는 마음의 준비이다.

2. 학급이 함께하는 여행의 감동을 살리자!
놀이공원에 가서 학급의 단합을? 학급이 함께하는 여행을 떠나자. 여행지의
사람을 만나는 것도 중요하다. 하지만 주제통합 기행이 더 감동적인 이유는
지금 내 곁의 우리 반 친구들을 그곳에서 '새롭게' 만날 수 있다는 사실이다.

3. 가서 무엇을 할까?
여행지보다 중요한 것은 가서 무엇을 하느냐이다. 여행 추억의 대부분은 그곳
에서 만난 사람, 그곳에서 내가 체험한 것들이다. 여행지에서 할 수 있는 프로
그램을 꼭 준비하자.

4. 이동거리는 최대 4시간을 넘지 않도록 하자!
바다에서 해수욕을 하고, 바닷가 생태 보호 봉사활동 여행을 한다고 하자. 부
산으로 여행을 간다면 가는 데 KTX로 왕복 6시간, 왕복 100,000원이 든다.
속초로 간다면 버스로 왕복 5시간, 왕복 약 35,000원이 든다. 의정부에서
서울에 가는 시간을 추가한다면 이동하는 데 걸리는 시간이 최소한 한나절은
된다.

5. 가장 중요한 건 숙소! 여행지의 관공서 사이트, 마을 공동체에 문의하자!
지역을 정했다면 지역 구청, 마을공동체 사이트 등을 최대한 찾아보고 전화해
보자. 마을회관, 지역 수련관 등 저렴한 숙소를 찾는 횡재를 할 수도 있다.

6. 배려하는 여행! 준비 단계부터 참가자를 배려해야 한다.
몸이 불편해서 체험활동에 같이 참가하기 어려운 경우, 비용이 부담스러운 경
우. 친구가 불쾌하지 않게 배려하자.

장을 보기도 하였다. 스스로 세운 계획들이기 때문에 일탈하는 아이
들 없이 서로의 약속을 지키려고 노력하는 모습들이었다.

어떤 학급에서는 수학여행을 가기로 하고 비용을 조율하던 중 2박

3일의 비용이 너무 많이 들게 되자 다른 대안이 튀어나왔다. 경제 사정이 어려울 수 있는 친구들을 위해 좋은 펜션보다는 친구 할아버지가 사시는 옆 동네 마을회관으로 결정하기도 했다. 마을 어르신들은 학생들의 수학여행을 환영하며 이틀간 마을회관에서의 숙박을 무료로 제공했다. 학생들은 이에 화답하는 의미에서 마을회관에서 잔치국수를 만들어 어르신들께 무료로 배식 나눔 행사를 열고 마을청소 봉사를 자원하기도 했다.

2박 3일 과정에서 선생님과 학생들 사이의 마찰, 학생들끼리의 다툼도 생겼다. 의견 조율이 안 되고 섭섭한 것들을 서로 나누다가 12시가 넘어서 다음 프로그램들을 시작한 반도 있었다. 버스를 대절하고 장소를 섭외하는 데 행정상의 문제도 발생했다. 준비 과정에서 예상치 못한 문제점들 때문에 곤혹을 치르기도 했다. 하지

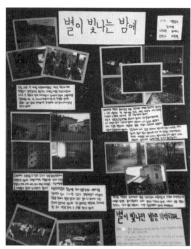

학생들의 현장체험학습 결과물 발표 사진

만 이런 과정도 우리는 모두 배움으로 받아들이기로 했다.

주제통합 기행을 다녀온 후 평가 글쓰기 역시 국어 시간에 이루어졌다. 그리고 교사들의 평가는 물론 전 학년이 자치 시간을 이용해서 자신들이 만들어낸 교육과정에 대한 평가의 시간을 가지며 이 소중한 교육과정을 좀 더 발전시켜갔다. 다음은 주제통합 기행을 다녀와서 쓴 한 학생의 평가문이다.

[주제통합 기행 평가문]

떠나는 날 아침부터 엄마의 잔소리…… 교통수단이 관광버스로 목적지까지 움직이는 것이 아니구 선생님과 대중교통수단을 이용하고 가는 것이 제일 걱정이신 것 같다. 몇 번의 당부가 어제 저녁부터 아침까지 "차 조심! 차 조심!" 말씀하시는 것에 짜증도 났지만 설레는 맘에 발걸음이 가벼웠다.

지하철에서 내릴 때쯤에 너무 좋아서 트로트를 막 불렀는데 전철에 같이 탔던 할머님들이 "애들아, 이리 와서 한번 더해봐!", "재롱 좀 부려봐!"라고 하면서 한 번 더 해보라고 하셨다. 그때 또 뭔가 난감하고 무안했다. 도착해서 물놀이를 하고 난 뒤 선생님이 '저녁 담당 팀 저녁준비해라.'라고 말씀하셨다. 저녁 담당 팀인 우리는 저녁 준비를 열심히 했다. 소란스럽게 저녁을 다 먹고 우리가 설거지를 하는데 설거지를 해야 할 게 너무 많아서 허리와 어깨가 쑤셨다. 왜 엄마와 할머니가 설거지를 할 때에 왜 허리가 아프다는 것인지 이제 이해가 되었다.

그다음엔 캠프파이어를 했는데 완전 재미있었다. 폭죽도 하고 '몸으로 말해요'도 하고 눈치게임이랑 과자 받아먹기도 했다. 가장 중요한건 다 같이 모닥불 주위에 앉아서 오늘 있었던 하루의 일을 말할 때였다. 서로의 생각을 나누는데 학교에서 그냥 이야기하는 것보다 서로의 맘을 더 잘 알고 친구들과 친해지는 시간이었다.

이런 시간을 좀 더 가지고 싶은 아쉬움 마음이었고, 또 기회가 된다면 이런 자리를 가지고 싶은 생각이 들었다. 친구들이랑 1박 2일 놀러 와서 친구들을 더 많이 친해진 것 같아서 너무 행복하고 즐거웠다. 이런 소중한 추억을 주신 선생님께 감사하고 1박 2일 동안 함께하신 선생님도 새로운 모습을 본 것 같아 더 좋았다. 집에 돌아오는 기차 안에서 이번 여행에서 공동체 속에서 서로에게 좀 더 배려하고 이해해야겠고, 공공장소에서의 기본수칙을 좀 더 잘 지켜야겠다는 생각이 들었다.

-1학년 5반 ○○○

주제통합 기행 수업, 교육과정, 평가의 실제:

'생태 갈등 지역 조사'(국어 2학년 주제통합 기행)

또 다른 주제통합 기행 수업 예를 들어보자. 다음은 2학년 국어 시간에 '생태 갈등 지역 조사'를 주제로 진행한 주제통합 기행 수업의 목적, 방침, 교육과정 재구성의 실제 내용이다. 생태 보존과 개발을 둘러

싼 갈등 상황을 이해하고 모둠별로 생태 갈등 지역 4권역을 조사하고 찬반 입장을 발표할 수 있도록 했다. 4월에는 모둠별로 협력하여 생태 갈등 지역을 조사할 수 있도록 했고, 실제 해당 지역을 탐방하되 학생들이 스스로 여행지 결정과 여행 프로그램을 준비할 수 있도록 했다. 하지만 세월호 참사로 인해 실제 여행이 9월로 미뤄지면서 수업의 흐름이 끊기기도 했고 안전과 비용 문제, 업무의 부담 등으로 인한 한계도 있었다. 구체적인 수업의 목적, 방침, 교육과정 재구성의 내용은 다음과 같다.

(1) 수업의 목적
- 우리가 살고 있는 사회에서 생태 보존과 개발을 둘러싼 갈등이 대립하고 있음을 알고, 대립되는 입장을 조사하고 토론함으로써 공존하는 삶의 자세를 가지도록 한다.
- 생태를 주제로 기행을 준비하고, 실제로 여행을 하여 현장으로 배움의 장을 확장하여 자연과 환경을 이해하고 소중함을 깨닫는 배움이 이루어지도록 한다.

(2) 수업의 방침
- 모둠별로 생태 갈등 지역 4권역을 조사하고 찬반 입장에 대하여 발표한다.
- 4권역 중 학급 여행지를 정하여 주제통합 기행을 준비한다.

(3) 교육과정 재구성의 실제

주제	공존과 배려의 생태 기행				
핵심 역량	교과	성취 기준	재구성 내용	시기	
• 자존감과 배려 • 협력적 문제 발견 및 해결 능력 • 의사소통 능력	국어	생태 갈등 지역을 조사하고, 시각적인 보조 자료를 활용하여 조사한 내용을 효과적으로 발표할 수 있다.	• 생태 갈등 지역 조사하기 (신문, 인터넷) • 보조 자료 활용하여 발표하기 • 조사 내용 듣고 정리하기	4월	
• 자존감과 배려 • 협력적 문제 발견 및 해결 능력 • 의사소통 능력	국어	여행지 결정과 여행 프로그램 준비 과정에서 자신의 의견을 제시하고 구성원과 의견 차이를 조정하여 합리적인 결론을 도출할 수 있다.	• 생태, 평화에 대해 토론한 주제를 실천하고 체험할 수 있는 여행 계획 짜기 • 여행지 선정하기 • 학급별 여행 프로그램 짜기	9월	
평가	수행평가(10점) • 모둠이 협력하여 관찰, 조사하여 보고서를 작성한다. • 각종 매체 자료를 활용하여 효과적으로 보고서 내용을 발표한다. • 적절한 성량과 자연스러운 태도로 조사 내용을 발표한다. • 보고서 내용을 충분히 숙지하고 발표를 하며 청중의 질문에 적절히 응답한다. • 발표 내용을 경청하며 정리해서 듣는다.				
성찰	• 생태 갈등에 토론하는 과정을 거쳐 인간과 자연이 공존하는 가치가 중요함을 깨달을 수 있음. • 시사문제에 대해 알고 세상을 보는 폭넓은 시각을 가질 수 있음. • 시사 문제에 대해 개략적인 내용과 원인은 파악했으나 깊은 분석이나 사회적인 접근이 아쉬움. • 선정 여행지가 비용과 안전 문제로 인해 실제 여행으로 이어지지 못하는 문제점이 생김. • 주제통합 기행이 학생 여행 보류(세월호 참사) 문제로 6월에서 9월로 미루어지면서 수업의 흐름이 끊겨 주제 탐구가 힘들어짐. • 시간 부족과 업무 과다로 담임선생님과 긴밀한 협의가 어려워 기행 준비에 어려움을 겪음.	• 사회문제와 삶의 문제에 대해 관심을 갖고 알게 됨. • 사회 교과와 연계가 되지 않음 (2학년 사회 교과 없음). • 정보 검색과 수집이 어려움(도서관 협력 수업 필요). • 토론하고 보조 자료를 만드는 과정을 즐거워하나 어려운 내용에 대해 고민하고 생각하는 것은 하기 싫어함. • 안전과 비용 문제가 현실적인 제약으로 작동함.			

도시문화체험 프로젝트: 전북 회현중학교

다음은 전북 회현중학교의 도시문화체험 프로젝트를 중심으로 한 새로운 현장체험학습 구성 사례이다.

전북에 있는 대표적인 혁신학교인 회현중학교는 학생들이 주도적으로 하는 현장체험학습을 몇 년 전부터 진행하고 있다. 일명 '도시문화체험 프로젝트'이다. 문화체험을 위해 도시로 가는데 그곳에서 벌어지는 일들을 여러 교과들과 통합하여서 진행하고, 그 과정의 일들을 기록으로 남기는 프로젝트이다.

이를 위해 2학년은 현장체험학습을 국어, 역사, 과학, 미술, 기가, 영어 교과통합 프로젝트로 진행한다. 3월에 전체 여정을 교사와 학생이 함께 계획하고, 수학여행 가기 일주일 전에 관련 프로젝트를 진행한다. 특이한 점은 여정 중 역사와 관련된 단종 유배지, 서원 등과 관련해 역사 시간에 수업을 하고 아이들이 자료를 더 찾아서 자신만의 자료집을 만드는 부분이다. 또한 국어 시간에는 박경리 문학공원에 대해서 배우거나 바다열차를 타기 때문에 동해와 관련된 시를 배우기도 한다. 그런가 하면 기술가정 과목은 피자 만들기 레시피, 과학은 에버랜드에서 역학적 에너지와 관련된 놀이기구 찾기와 같은 자료집을 학생들이 각자 일주일 동안 만든다. 담당 교사는 "자료집을 만들면서 배경지식을 알 수 있어 수학여행 기간 중에 진짜 배움이 일어나기도 한다"고 말한다. 수행평가는 자료집 한 권으로 6과목의 수행평가를 대체한다고 한다.

3학년 도시문화체험 프로젝트를 들여다보면 2학년처럼 도시문화체험을 떠나기 일주일 전에 관련 프로젝트 수업을 진행한다. 역사와 관련하여 5, 6개의 코스와 미션을 준다. 예를 들면 경복궁이면 명성황후가 시해된 장소를 찾아가 인증샷 찍어서 단체 카톡방에 올리기 같은 것이다. 문화와 관련한 5, 6개의 코스와 미션도 있다. 서울시청에 있는 세월호추모관을 찾아 추모하고 인증샷을 찍은 뒤 시민청을 관람한 소감 정리하기, 이태원에서 외국인 3명과 영어 인터뷰하기 등이 그 예이다. 끝으로 진로와 관련한 5, 6개의 코스와 미션을 살펴보면 대학을 찾아가 대학생 3명 이상을 만나 전공 및 진로와 관련한 인터뷰하기가 있다. 각 모둠에서 세 개의 코스에서 하나씩을 골라내고 지하철 동선 및 제한시간을 고려하여 모둠의 여정을 짠다. 이 내용을 바탕으로 자료집을 사전에 제작하고 이동방법 등도 미리 연습해둔다. 당일에 서울에 가서 대학로에서 아이들을 모둠별로 풀어놓으면 바로 미션 활동으로 들어간다. 다니면서 점심도 알아서 해결해야 한다. 저녁엔 다 같이 모여 뮤지컬을 한 편 보고 하룻밤 자고 근처 관광지를 하나 정도 들렀다가 내려오는 과정을 거친다. 자세한 세부 계획은 다음과 같다.

전북 회현중학교 도시문화 프로젝트 일정

1. 세부 활동 일정

▶ 행사 전 오리엔테이션: 2015. 5. 4(월) / 모둠 구성 및 도상 훈련

▶ 본 행사 일정

가. 1일차(5월 21일)
  07:00-학교 출발
  10:00-서울역 도착
  10:30~16:30-모둠별 문화체험활동
  17:00~18:30-공연장 집결 후 공연 관람
  18:30~ 20:00-모둠별 저녁식사

20:00~24:00-숙소 이동 및 취침

나. 2일차(5월 22일)
07:00~08:30-기상 및 조식
09:00~12:30-한국민속촌 견학
12:30~13:30-점심식사
13:00~-출발 및 학교 도착

▶ 체험 후기 전시 및 시상
모둠별 미션 과제 및 체험 포트폴리오 제출, 우수 모둠 시상

세부 활동 일정만으로 보면 다른 학교의 현장체험학습과 크게 달라 보이지 않는다. 방문하는 장소와 프로그램이 특색이 있다기보다, 이를 학생들이 모둠 활동을 통해 스스로 계획하고 직접 미션을 수행한다는 점에서 차이가 있기 때문이다. 따라서 조별 이동 코스 및 과제와 관련한 다음 계획에서 특색이 드러난다.

예를 들어 역사 체험 코스와 미션은 서대문 형무소 및 역사관, 북촌 한옥마을, 경복궁, 덕수궁, 창경궁과 창덕궁 등 일반적인 코스로 짜였지만 학생들이 일주일 전 프로젝트 수업을 진행하며 각자 조사를 한다는 특징이 더해진다. 특히 직접 현장체험학습을 하면서 각 공간별로 학생들이 직접 관련한 역사 자료를 조사하고 정리한다는 특징이 있다.

조별 이동 코스 및 과제 (1): 역사 체험 코스와 미션

(1) 서대문 형무소 및 역사관
-서대문 형무소 사형장 앞에서 인증샷. 사형장의 나무와 관련된 이야기 조사.
-역사관에 재현해놓은 고문실을 찾아가 인증샷. 수형기록표를 찾아 10명의 독립운동가의 수형 기록을 적어 올 것.

(2) 북촌 한옥마을
 -북촌문화센터, 화문석공방, 김형태가옥, 가회동 31번지, 그릇박물관, 장신구박물관, 티벳박물관, 헌법재판소 중에서 3곳 이상을 꼼꼼히 살펴보고 어떤 곳인지 간단히 정리한 뒤 인증샷.
 -외국인 관광객 1명을 만나 한국에 온 소감을 듣고 북촌 한옥마을을 아는지 물어볼 것.

(3) 경복궁
 -명성황후가 시해된 건물을 찾아 건물의 이름 및 건물에 대한 소개 내용을 정리하고 인증샷.
 -연못 근처에 있는 건물을 찾아 건물의 이름 및 건물에 대한 소개 내용을 정리하고 인증샷.
 -외국인 관광객 1명을 만나 한국에 온 소감을 듣고 경복궁을 아는지 물어볼 것.

(4) 덕수궁
 -일반적인 궁궐의 모습과 많이 다른 건축물을 찾아 건물의 이름 및 건물에 대한 소개 내용을 정리하고 인증샷.
 -덕수궁에서 이루어진 역사적인 사건에 대한 안내표지판을 찾아 사건의 이름을 쓰고 내용을 정리.
 -외국인 관광객 1명을 만나 한국에 온 소감을 듣고 덕수공을 아는지 물어볼 것.

(5) 창경궁과 창덕궁
 -서로 연결되어 있는 두 궁을 모두 관람하고 각각의 궁궐에서 임금이 정치를 펴던 건물을 찾아 건물의 이름 및 건물에 대한 소개 내용을 정리하고 인증샷.
 -외국인 관광객 1명을 만나 한국에 온 소감을 듣고 창경궁과 창덕궁을 아는지 물어볼 것.

문화 체험 코스 역시 이와 같다. 교보문고, 인사동 거리, 이태원, 서울시민청, 동대문 디자인 플라자 및 쇼핑몰, 강풀 만화거리 등을 돌아다니며, 필요한 내용을 조사하고 인증샷을 찍기도 한다.

(1) 교보문고
 -교보문고에서 베스트셀러 도서명을 찾아 적고(1~10위), 그중에서 좋아하는 책 1권의 서문(머리글)을 읽고 줄거리를 요약해오기. 또한 한 달에 어떤 장르의 책 몇 권을 읽는지 적어보기.

(2) 인사동 거리
 -인사동에서 외국인 3명으로부터 이름과 국적을 확인하고 한국과 한국인에 대한 인상 및 한국에 온 이유를 물어오기. 또한 군산시에 대해 알고 있는지 알아오기.
 -예쁜 간판 1~5위를 정하여 찍어오기.

(3) 이태원
 -이태원에서 외국인 3명으로부터 이름과 국적을 확인하고 한국과 한국인에 대한 인상 및 한국에 온 이유를 물어오기. 또한 군산시에 대해 알고 있는지 알아오기.
 -경리단길을 걸으면서 대사관을 하나 정하여 찾아가서 그 나라에 대해 알아오기.

(4) 서울시민청
 -옛 시청 건물에 들어선 시민도서관을 둘러보고 세월호 추모관을 찾아 추모의 마음을 전하고 인증샷.
 -지하에는 어떤 곳들이 있는지 정리하고 인증샷.

(5) 동대문 디자인 플라자 및 쇼핑몰
-현재 진행되는 전시행사를 확인하고 그중 하나를 선택하여 꼼꼼히 관람하고 인증샷.
 -쇼핑몰로 가서 마음에 드는 물건을 사거나 사진을 찍는다.
 -외국인 관광객 1명을 만나 한국에 온 소감을 듣고 군산을 아는지 물어볼 것.

(6) 강풀 만화거리
 -마음에 드는 그림 1~5위를 정하여 사진 찍어오기.
 -그림에 있는 인물과 똑같은 포즈로 모둠원 전원이 사진 찍어오기.

　진로 체험 코스의 경우 여러 대학 중 하나를 선택해서 진로에 대해서 물어보는 방식을 택하고 있다. 이는 미국 등에서도 필드 트립field trip 방식으로 진학을 희망하는 대학에 학생들이 방문하여 실제 관심 있는 학과에 다니는 대학생들의 안내를 통해 자신들의 진로를 구체적으로 설계할 수 있는 기회를 갖는 방식이기도 하다.

조별 이동 코스 및 과제 (3): 진로 체험 코스와 미션

(1) 성균관 대학교, 연세대학교, 고려대학교, 서강대학교, 이화여대, 홍익대, 경희대, 외국어대
(2) 위의 대학 중에서 1개의 대학을 선택한 뒤,
(3) 3명 이상의 대학생을 만나 전공 및 졸업 후 진로에 대해 물어보고, 자신의 장래 희망과 비교해서 적어오기. 또한 대학교 교정과 학생들을 보고 느낀 점 적어오기.

이러한 현장체험학습은 각자의 관심사에 따라 역사 체험, 문화 체험, 진로 체험 등 다양한 모둠으로 구성되며, 모둠별로 각 코스별로 1군데씩 3개의 코스를 결정하는 형태로 이뤄진다. 학생들이 제출한 코스를 보고 교사들의 포스트를 이후에 결정하고, 미션의 내용을 반영하여 최종적으로 자료집을 제작한다.

조 모둠별 프로젝트 진행 계획

(1) 한 모둠당 6명씩 10개 모둠 편성
(2) 모둠별로 각 코스별로 1군데씩 3개의 코스를 결정한다. 이동 거리와 소요 시간, 희망 코스 등을 고려하여 결정한다.
(3) 학생들이 제출한 코스를 보고 교사들의 포스트를 이후에 결정한다.
(4) 미션의 내용들을 반영하여 자료집을 제작한다.

기획부터 운영까지, 고등학생이 만들어가는 여행
-서울 삼각산고와 상명고, 경기 용인 흥덕고 사례

그렇다면 보다 적극적으로 학생들이 현장체험학습 활동에 참여할 수 있는 고등학교 사례를 살펴보자. 많은 혁신학교가 이전부터 소규모 테마형 현장체험학습을 운영하며 학생들이 주도적으로 기획하고 참여할 수 있도록 운영해왔다. 그중 서울의 삼각산고등학교와 용인의 흥덕고등학교, 특별한 공정여행 방과 후 수업을 진행하고 있는 서울의 상명고 사례 등을 살펴보겠다.

삼각산고등학교의 특별한 소규모 테마형 교육여행

삼각산고등학교는 서울 강북구 삼각산동에 위치한 2011년에 개교한 서울형 혁신학교이다. 당시에는 혁신학교가 대부분 초등학교를 중심으로 운영되고 있어 삼각산고의 행보는 주목을 받았다. 고등학교는 대학입시가 존재하고 있어 혁신학교의 철학을 바탕으로 성공하기가 어렵다는 의견이 강했기 때문이다. 하지만 1인 1프로젝트 연구대회를 통해 학생들이 앞으로 하고 싶은 일을 스스로 찾게 하고 문제 해결 능력을 길러주는 교육은 학생, 학부모, 교사 모두를 만족시켰다. 학생 중심의 교육철학은 학교협동조합 매점까지 이어졌다. 2014년 12월 학생, 교사, 학부모가 주인인 삼각산고 사회적협동조합 창립총회를 했다. 학생들은 협동조합을 공부한 뒤, 조합을 꾸리기 위한 학생 발기인을 모집했다. 30여 명의 학생이 참여하겠다고 밝혔다. 이들은 삼각산고만의 '나도 선생님' 프로젝트 수업을 활용해, 1~2학년 모든 반에서 1시간씩 협동조합을 소개하는 수업을 진행했다.[18] 그렇게 2015년 3월 '먹고가게'가 오픈했다.

삼각산고는 2011년 개교하면서부터 소규모 테마형 교육여행[19]을 시행했다. 2011년에는 1학년뿐이었기에 전교생을 소규모로 나눠서 테마여행을 갔고, 지역도 전국에 분산해서 갔다. 그다음 해에는 지도 교사 수급을 원활하게 하려고 학급별로 테마 여행을 갔다. 한 학급이 30명 정도이기에 다른 학교의 소규모 수학여행과 비교해도 굉장히 적은 숫자이다.

모든 여행은 학생들이 직접 계획한다. 다음 표처럼 대표를 선정하고 모든 학생들이 각자 세부적인 역할을 맡도록 한다. 준비팀 구성은 학급의 상황에 따라 다양한데, 다음의 첫 번째 사례는 삼각산고 교사가 서울시교육청 직무연수 자료집에 소개한 사례이다. 학생들은 여행에 필요한 교통, 숙박, 식사, 레크리에이션, 기록, 회계 등의 담당자를 정하고, 각 담당자의 역할도 정한다. 그리고 두 번째 표에서 보면 학생들이 진로에 따라 다소 장난기 있게 역할을 정하기도 한다.

'교사' 진로를 선택한 학생은 해운대 등 설명 및 목적지에서 아이들 줄을 세우는 역할을 하고 있다. '패션'을 진로로 선택한 학생은 옷 사진 5장 찍기와 어울리는 옷 골라주기를 자신의 미션으로 삼고 있다. 그런가 하면 '사회복지과' 진로를 선택한 학생은 응급약 가져오기와

---

18. 오마이뉴스(2015. 4. 3), 「'잡스런 빵' 없앴더니, 학교에 '롯데월드' 생겼다」, http://www.ohmynews.com/NWS_Web/View/at_pg.aspx?CNTN_CD=A0002095486&CMPT_CD=P0001.
19. 서울특별시 교육청은 2015학년도 수학여행이란 용어 대신 '소규모 테마형 교육여행'으로 바꾸기도 했다. 관광·관람 형태로 이뤄지던 수학여행을 '깊이 있는 체험과 배움이 있고 안전한 교육여행'으로 틀을 바꾸겠다는 의지의 표명이기도 하다.

또래 상담을 맡고 있다. 각자의 흥미와 적성에 따라 역할을 나누고, 이를 진로로 연결해서 경험의 장으로 생각해보는 게 무척 신선하다.

삼각산고 소규모 수학여행에서 학생들의 역할 분담 사례 1

담당	역할
준비팀장(1)	각 담당의 역할을 조율하고 준비회의를 진행한다.
코스 담당(4)	코스를 알아보고 대략의 동선을 작성하여 선택안을 제시한다.
교통 담당(3)	동선에 따라 알맞은 교통편을 조사하여 선택안을 제시한다.
숙박 담당(3)	
식사 담당(3)	식사 방식과 메뉴를 조사하여 선택안을 제시한다.
레크레이션 담당(5)	학급 공동체 놀이 프로그램을 계획 준비한다.
기록 담당(4)	학급회의, 수학여행의 내용을 기록 또는 촬영한다.
회계 담당(2)	계획에 따른 예산안을 작성한다.
약품&안전 담당(3)	구급약을 관리하고 안전질서를 유지한다.
발표 담당(3)	자료를 취합하여 발표대회를 준비한다.

출처: 서울특별시교육청(2012), 『2012 소규모 테마형 수학여행 직무연수』

삼각산고 소규모 수학여행에서 학생들의 역할 분담 사례 2

	진로	목표
학생 1	교육학과	부산과 서울의 도시 비교 후 보고서 작성
학생 2	교사	해운대 등 설명, 목적지에서 아이들 줄을 세운다
학생 3	패션	옷 사진 5장 찍기, 어울리는 옷 골라주기
학생 4	경영	리더쉽, 인원 체크, 사람 숫자 세기
학생 5	포토그래퍼	먹는 거 사진 맛나게 찍기
학생 6	사회복지과	응급약 가져오기, 또래 상담
학생 7	힘이 세다	짐 나르기, 잡일 할 것
학생 8	경영	돈 관리, 물품 목록, 역할 배분
학생 9	경영	장보기, 영수증 관리, 물품 목록
학생 10	요리사	짐 나르기, 토스트, 담임 선생님 어깨 담당
...	...	...

출처: 삼각산고 김버들 교사 제공

삼각산고는 또한 수학여행의 교육적 성과를 높이기 위해 사전에 국어, 사회, 역사 등 다양한 과목들과 연계해서 교과통합수업을 진행한다. 아래는 2011년 1~2주 전 (중간고사 직후) 진행된 공동체성 강화를 위한 통합교과를 운영한 사례이다. 예컨대, 과학과의 「생물의 진화」와 관련하여 단세포생물에서 다세포생명체로 진화의 이점을 설명하면서, 다세포 생명체의 조직들이 분화된 기능을 갖고 협력해야 공동체를 이룰 수 있음을 이해하고, 학급(학교)이라는 유기체를 이루기 위한 구성원의 기능(역할)을 적어보는 식으로 진행되었다. 또한 국어과에서는 문학작품을 통해 공동체에서 나타나는 문제와 해결 방식을 '생활고민상담소' 활동지를 적어보면서 진행하였다.

삼각산고 공동체성 강화를 위한 통합 교과 운영 과정 사례

교과	교수학습 방식	차시	주제	목표
생물의 진화	조별 토론	1차시	다세포 생명체의 유익 : 다세포 생명체의 조직들이 분화된 기능을 갖고 협력해야 공동체를 이룰 수 있음을 이해하고 학급(학교)라는 유기체를 이루기 위한 구성원의 기능(역할)을 적어본다.	공동체의 유익한 점을 생각해본다.
진로	놀이 도구를 이용한 수업	2차시	함께 몸과 마음을 모아 도전하는 놀이 체험과 느낌 나누기 -소그룹 게임(4인 1조) -중그룹 게임(15인 1조) -대그룹 게임(학급 전체)	공동체의 협동 과정을 이해한다.
생활과 철학	과제물 발표	1차시	규칙, 법, 예절, 도덕을 깊이 들여다볼까? -우리의 규칙, 법, 도덕과 예절의 현주소/문제점 짚어보기, 대안의 제시	공동체 생활에서 규칙, 법, 예절, 도덕의 필요성을 인식한다.
국어	통합 학습	1차시	문학작품을 통해 공동체에서 나타나는 문제와 해결 방식 이해하기 -통합 활동: 공동체 고민 상담소	문학을 통해 공동체의 삶에 대해 성찰하고 자신의 삶의 문제에 적용할 수 있다.

체육	단체 줄넘기	1차시	7~8명 소규모 줄넘기 15명 중규모 줄넘기 30명 대규모 줄넘기	단체 줄넘기를 통해 협동심을 기른다.
사회	조별 조사 발표	1차시	사회집단으로서의 공동체 -사회집단의 의미와 요건, 유형 -집단의 기능 유지를 위한 유기적 분업체계	공동체의 이론적 이해
역사	조별 토론	1차시	역사 속에서 공동체의 유지와 파괴	역사 속에서 공동체를 유지시키는 요인, 파괴시키는 요인을 말할 수 있다.

출처: 서울특별시교육청(2012), 『2012 소규모 테마형 수학여행 직무연수』

　삼각산고는 혁신학교로서 수학여행 준비를 위한 교과 통합수업만이 아니라, 기후변화 주제 범교과 프로젝트 수업을 비롯해 다양한 주제로 통합 교육과정[20]을 시도하고 있다. 이는 개별적인 교과지식 위주의 학교교육과정, 전달식 수업, 표준화된 지식 평가제도로는 청소년들이 미래 사회에 나아가 접하게 될 사회적 변화와 삶의 문제를 풀어갈 힘을 키워줄 수 없다는 문제의식 때문이었다. 교사들은 학교교육계획 워크숍을 통해 통합교과적 교육과정 운영과 참여와 협력 중심의 수업 혁신 방안들을 합의하고 이를 진행했다. 그리고 1단계 통합주제 선정, 2단계 주제 관련 내용 학습 및 아이디어 수집, 3단계 아이디어와 교과 내용 연계, 4단계 아이디어와 교과 내 논리적 관련성 찾기, 5단계 아이디어와 교육과정 목표 수준 연계, 6단계 종합 활동 계획안 작성, 7단계 실행, 8단계 평가 등을 통해 통합 교육과정들을 만들어갔다.

　또한 학생들에게 워크북을 제작하게 하기도 한다. 바로 '테마가 있

20. 김정안 외(2013), 『교사와 학부모가 함께 읽는 주제통합수업』, 맘에드림.

는 학급별 수학여행을 위한 브로슈어 만들기' 프로젝트이다. 워크북 기획과 작성은 학생들이 자체적으로 진행하게 하고 교사는 처음 가이드와 마지막 인쇄의 역할을 해준다. 교과 교사들이 회의를 하면서 자연스럽게 워크북 제작과 관련된 교과 수업을 논의하는데, 아래의 사진은 교사들이 워크북 제작과 관련된 교과 수업을 논의할 때 사용했던 자료이다. 문학 교과에서는 "수학여행 가는 지역의 작가 소개하기, 수학여행 가는 지역을 배경으로 한 작품 소개하기, 수학여행 가는 지역과 문학작품과 관계있는 유적지나 가옥, 식당 등 소개하기"와 같은 가이드를 예로 제시했다. 또 학생들이 자유롭게 구성할 수 있되, 3가지 필수 사항으로 ① 여행지의 특징이 잘 나타나는 브로슈어의 제목, ② 쉽게 파악할 수 있는 지도, ③ 사진 등을 제시하고 있다.

이렇게 아이들이 자체적으로 만드는 워크북은 반별로 천차만별이다. 간단하게 하는 반도 있고, 게임을 넣거나 감상을 쓰게 하는 반도 있다. 하루를 마치며 한 아이가 워크북의 시트지에 "둘째 하루를 마치며"라는 시트지에 적은 소감문을 보면, 아이들은 여행지에서의 경

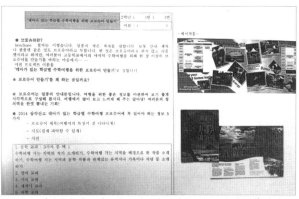

삼각산고 '테마가 있는 학급별 수학여행을 위한 브로슈어 만들기' 안내문

험만이 아니라 같은 팀의 친구들과 함께 일하고 충돌하기도 하고 또 풀기도 하면서 자신의 대화 방식에 대해 깨닫는다는 것을 알 수 있다. 공동체 활동 속에서 배우는 배움이다. 교사만이 아니라 학생들도 충분히 준비된 교육여행은 교육적 효과도 크고 학생들의 만족도도 높다.

둘째 날을 마친 후 학생의 소감문. 여정, 견문, 소감, 역할, 반성, 계획에 따라 그날 하루의 일을 정리할 수 있도록 하고 있다.

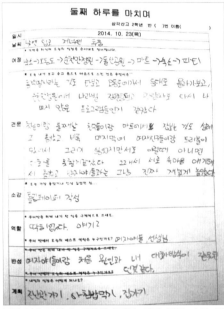

둘째 날을 마친 후 학생의 소감문. 여정, 견문, 소감, 역할, 반성, 계획에 따라 그날 하루의 일을 정리할 수 있도록 하고 있다.

물론 학생들이 모든 것을 다 할 수는 없다. 장소와 숙박시설 등이 정해지면 구체적인 계약은 교사가 펜션 전화 예약과 계약금을 지급하며 절차를 밟아나간다. 사실 위탁업체를 통해서 하면 이러한 계약과 정이 모두 한 번에 해결되는 데 반해 소규모 테마형으로 진행할 경우 교사가 개별 계약을 일일이 진행해야 하는 어려움이 있다. 또 경우에 따라 예약금을 교사가 먼저 지급하고 행정실에서 완불하면 다시 예약금을 환불받는 형태로 진행되기도 한다. 선생님의 업무 피로도가 큼에도 불구하고 이렇게 구성하는 것은 학생들의 만족도가 높고 교육적 효과가 크기 때문이다.

학생들이 이러한 학생 주도의 소규모 테마형 교육여행에 느끼는 만족도는 매우 높으며, 교사들도 이러한 교육여행의 교육적 효과에 대해서 여러 번 강조했다. 이는 삼각산고에서 정리한 〈소규모 테마 여행의 장점과 단점〉에 대한 표에서도 볼 수 있다. 또한 저자의 인터뷰에서도 확인할 수 있었다. 학생들이 스스로 계획하고 결정하는 소규모 테마형 교육여행에 대한 학생들의 만족도는 매우 높다. 교사들도 학생들이 자기 주도적으로 기획을 하고 실행하면서 많은 것을 배운다는 것을 강조했다. 공동체 생활의 습득, 자발적이고 상호적인 배움의 효과는 아이들이 능동적으로 참여하면 할수록 커질 수밖에 없다는 것이다.

하지만 교사들의 업무 과중과 소규모 팀별로 하다 보니 비용이 부담스러울 수 있다는 점은 단점으로 지적되었다. 특히 학생들의 교육적 성장을 위한 교과 과정을 짜고 실행하는 부분만이 아니라, 실무 행정적 업무 부담이 부담스럽다는 점이다.

이것은 다른 학교에서도 공통적으로 얘기되는 것으로 마을교육공동체 방식으로 함께 해결해나가야 할 부분이다.

삼각산고 소규모 테마형 교육여행의 장점과 단점

학생 평가	**장점** •재미있고 행복했다. •가고 싶은 곳에 갈 수 있다. •소규모라 단합이 잘되고, 인원 체크가 쉽고 이동이 편했다. •복잡하지 않고, 자유롭고 여유가 있다 •체험활동과 자기 주도적으로 계획을 세우면서 많이 배웠다. •기억에 남고, 잊지 못할 추억이 많았다. •지역에 대한 이해와 공동체 생활을 배웠다. •숙소가 마음에 들었다. •교관에 의해 억압당하고 버스만 타고 다니는 여행보다 훨씬 유익한 여행이었다. **단점** •비용이 많이 들고 교통이 불편하다. •계획을 세우고 준비하기가 힘들다. •단체 레크리에이션과 장기자랑이 없어서 아쉬웠다. •체계적이지 못한 것 같고, 역할 분담이 잘 안 되면 힘이 든다.
교사 평가	**장점** •학생들과 가까워지고 소통할 수 있었다. •소규모라서 많은 학생들의 참여를 이끌어낼 수 있었다. •학생들이 능동적으로 참여하고 협력하였다. •버스를 대절하여 자기 주도적인 의미가 다소 부족할 수 있었으나, 대신 많은 곳을 보고 경험하는 장점이 되었다. •사전 계획대로 여행을 마칠 수 있어서 다행이고, 만족스럽다. •현지의 조력자가 있어 진행이 편안하였고, 고립된 지역이라 학생 관리가 수월하였다. •여행을 다녀온 직후, 아이들의 만족도가 너무 높아서 교사로서 행복했다. **단점** •체력적으로나 정신적으로 교사의 업무가 과중되었다. •금전적인 문제를 교사 한 명이 책임지는 게 부담스러웠다. •학생 한 명 한 명의 의견을 반영하는 것이 힘들었다. •현지 답사를 하지 않는 한, 교통편을 짜는 게 많이 힘들었다. •교사의 개입이 많아질수록 아이들이 소극적이 되는 것 같다. •좀 더 적극적인 학생들의 참여가 필요하다. •사전 준비가 더 치밀하게 많이 필요하다.

출처: 서울특별시교육청(2012), 『2012 소규모 테마형 수학여행 직무연수』

흥덕고등학교의 자랑거리, 통합 기행

용인의 흥덕고등학교 역시 서울의 삼각산고등학교와 비슷한 시기인 2010년에 개교한 대표적인 혁신학교이다. 다양하고 창의적인 수업 방식과 혁신적인 교육 프로그램으로 혁신학교의 성공적 모델로 언론에 많이 소개되었다. 또한 학생 체벌을 금지한 학생인권조례가 제정되기 전부터 '체벌 없는 교육'을 실천해왔다. 교내 생활과 관련된 규범 대부분은 전교생의 투표로 선출된 학생회에서 결정하는 학생자치 운영을 강조한다. 삼각산고와 마찬가지로 학교협동조합 매점을 2015년 4월에 오픈해 학생, 교사, 학부모가 함께 운영하고 있다. 학교 구성원들이 함께 협동조합을 통해 소통과 협의를 배우고, 살아 있는 경제교육으로 새로운 교육적 효과를 얻고 있다. 장병국 교장 역시 협동조합을 통해서 학생과 학부모 그리고 교직원들 모두 소통할 수 있는 기회가 되고, 또 학생들도 참여를 통해서 '협동조합의 교육적 효과가 이런 것이구나' 하는 것을 날마다 깨닫고 느끼고 있다고 말한다.[21]

학교협동조합 학생 운영위원회 모습.
정기적으로 회의를 하며 협동조합 활동을 논의하고 결정한다.

이러한 학생 중심의 교육, 학생들의 자율적인 활동을 대표적으로 보여주는 흥덕고의 상징 중의 하나가 바로 '통합 기행'이다. 2010년 개소부터 흥덕고는 여느 학교들이 수학여행을 다녀오는 것과 달리 매년 5월 2박 3일간 통합 기행을 진행해왔다. 통합 기행은 25명씩 한 팀을 이뤄 자전거 여행이나 생태기행, 오지 탐험 등을 다녀오는 프로그램으로, 방문 장소와 숙박지, 교통편, 여행 프로그램 등은 모두 학생이 스스로 결정한다. 팀별로 교사가 1~2명 참여하지만, 이들의 역할은 학생들을 인솔하거나 여행이 계획대로 진행되도록 돕는 데 한정된다. 여행을 갔다가 온 뒤에는 프레젠테이션과 보고서로 여행을 정리한다.[22]

이렇듯 학생들이 스스로 기획하고 전 과정을 스스로 준비, 운영함으로써 '앎'과 '삶'을 통합하는 계기를 마련하는 데 목적을 두고 있다. 또한 동료와의 연대와 협동을 통해 배움의 공동체의 의미를 배우고, 여러 갈등 상황을 통해 배려와 나눔, 문제 해결력을 기를 수 있다. 무엇보다 같은 진로를 계획하고 있는 친구들과의 교류를 통해 진로에 대한 진지한 모색을 꾀할 수 있다. 따라서 학급별 일괄된 체험학습이 아니라 학생들의 진로나 관심에 따른 주제를 선정하고 그 주제에 따라 스스로 팀을 선택하는 방식으로 운영한다. 차량, 숙박, 식사, 입장료 등도 일괄로 한 개의 업체에 위탁하여 계약 운영하지 않는다. 다만 고비용이 요구되는 주제와 장소는 위화감을 조성할 수 있으므로 지양하며, 통합 기행의 취지를 살려 불참하는 학생이 최소화될 수 있도록

21. 연합뉴스TV(2015. 7. 25), 「협동조합 만든 용인 흥덕고… 매점에 정크푸드 사라져」, http://www.yonhapnewstv.co.kr/MYH20150725002300038/.
22. 경기일보(2012. 10. 31), 「'혁신학교를 가다' 용인 흥덕고등학교」, http://www.kyeonggi.com/news/articleView.html?idxno=619997.

노력한다.[23]

물론 결코 쉽지 않은 과정이다. 단순히 한 번의 여행으로 생각한다면 결코 진행하기 어려운 일일 것이다. 하지만 이러한 준비과정 자체가 내가 정말로 하고 싶은 게 뭔지 파악하고, 비슷한 관심사를 가진 학생들끼리 우리의 꿈을 나누고 함께 인생에 다시없을 우리만의 프로젝트를 과감히 실행해보는 일이라면 어떨까? 아래와 같은 3개월간의 통합 기행 과정을 거치고 나면 학생들은 훌쩍 커져 있다고 한다.

흥덕고 통합 기행 준비 일정

일시	준비사항
3. 19(목)	학급 대표 1차 회의를 통해 전체 계획 설명
3. 20(금)	학급 대표가 통합 기행 진행 과정을 설명하고 의견을 모은다. 학급 대표 2차 회의
3. 23(월)~26(목)	통합 기행을 기획하고 싶은 학생이 '팀장' 신청서를 제출한다 (온라인 접수).
3. 27(금)	팀장 회의를 통해 20개 팀으로 조정, 확정한다.
3. 30(월)~4. 1(수)	팀별 12명~17명/팀장은 팀 소개를 담은 모집 공고를 게시하고 학생들은 자신이 원하는 팀에 신청서를 제출한다(온라인 접수).
4. 2(목)~4. 3(금)	팀원 조정과 결정 후 학년 게시판에 공지
4. 6(월)~7(화)	동행 교사 섭외 및 결정
4. 8(수)	팀별 1차 회의(팀별 역할 정하기/주제 선정/기획서 초안 작성)
4. 15(수)~22(수)	교통편 파악, 숙박 가능 펜션 및 민박 파악, 팀별 체험활동 내용 파악, 식사 장소 및 식재료 파악, 필요 물품 파악 및 정리, 보고회를 위한 준비 사항 미리 점검
4. 23(목)	중감 점검: 팀장이 그동안 진행된 중간 결과를 발표하고 개선점에 대한 의견을 나눈다.
4. 24(금)~5. 7(목)	세부 일정 및 예산안 확정
5. 13(수)	팀별 통합 기행 기획서 완성/제출
5. 20(수)~22(금)	통합 기행 실시
5. 25(월)~28(금)	통합 기행 보고서 작성
5. 29(금)	통합 기행 발표회

출처: 2015 통합 기행 운영 계획

23. 흥덕고, 「2015 통합 기행 운영 계획」.

이러한 활동 자체가 소중한 배움이 될 수 있게, 활동지를 활용한다. 다음은 팀별 활동지에 들어가는 항목들이다. 통합 기행 자체가 협동을 배워가는 과정이라는 것을 잘 보여주는 항목들이다. 팀별 활동일지는 자연스레 많은 전제들을 두고 있다. 아이들끼리 서로 활동을 정하고, 그 활동에서 모두가 각자의 역할을 한다. 하지만 이러한 과정이 마냥 술술 풀리지만은 않는다. 작은 일에 서로 의견이 충돌하기도 하고 마음을 상할 때가 있다. 하지만 그러는 와중에도 생각지 못한 어느 아이의 우스갯소리로 갈등이 풀리기도 한다. 그렇게 함께한다는 것에 대해 배운다. 아이들은 단순히 여행을 준비하는 것이 아니라 삶을 배우는 것이다.

팀별 활동일지 항목

- 주요 활동
- 오늘 활동을 통해 새롭게 배운 것
- 오늘 내가 맡은 일
- 내가 맡은 일을 하면서 느낀 것
- 갈등을 빚은 일이 있다면, 원인과 결과는?
- 감사한 일 혹은 사람
- 전체 소감

아이들이나 교사들만 만족도가 높은 것은 아니다. 흥덕고의 곽현주 교사는 "아이들이 방문했던 지역에서도 수학여행이 이런 형태로 변해야 한다는 피드백을 많이 받는다"고 말한다. 예술가를 지원하는 학생들은 강릉에 가서 거리 공연도 하고, 전주에 간 아이들은 한옥마을의 상업화가 어느 단계에 이르렀는지 인터뷰도 하고 대안을 제시하기도 했는데, 진지한 학생들의 모습이 지역 주민들에게도 깊은 인상을 준

것이다.

최근에 학교협동조합 매점이 생긴 이후에는 다른 유형의 협동조합과의 연계도 이루어지고 있다. 예컨대, 최근에는 아이들과 함께 아이쿱 생협의 생산가공 단지가 있는 구례 자연드림파크에 갔다온 통합기행 팀이 있다. 요리에 관심 있는 학생이 먼저 요리 관련 체험학습을 가고 싶다는 얘기를 했고, 친환경 쪽으로 공부를 해보고자 교사와 학생들이 여러 차례 상의 끝에 우리밀과 친환경제품을 공부해보고 싶은 13명의 아이들이 모여 가게 된 것이다. 자연드림파크의 공방 견학, 연구원 면담, 친환경 생산자와의 면담 등을 할 수 있었다.

흥덕고의 통합여행이나 다른 체험학습의 힘은 학생들이 기획에 참여한다는 데서 온다. 곽현주 교사는 "진로에 초점을 두든, 공동체 활동에 초점을 두든, 혹은 지역에서의 생생한 체험을 통한 배움에 초점을 두든, 학생들이 기획에 참여할 때 배움의 효과가 클 수 있음"을 강조한다.

의료생협을 방문해서 설명을 듣는 모습. 협동조합 활동을 하며
학생들의 관심사에 따른 접점은 더욱 확대되고 있다.

상명고, 특별한 여름 방과 후 수업

학생들이 스스로의 문제의식으로 기획하고 운영하며 좌충우돌하면서 삶을 배워가는 여행. 그것만으로도 충분히 의미가 있다. 하지만 최근 들어 한걸음 더 나아가고 있다. 함께 살아가는 사회를 위해 학생들이 협동을 배우는 공정여행을 하고 있다. 그중 하나로서 상명고의 특별한 여름 방과 후 수업 내용을 소개해보고자 한다.

상명고등학교는 1937년 개교한 역사가 오래된 사립학교이다. 다른 학교와 다른 점은 유네스코학교UNESCO ASPnet, UNESCO Associated Schools Project Network[24]로 가입되어 다양한 유네스코 활동을 한다는 점이다. 유네스코학교는 평화와 인권, 국제이해, 지속가능발전이라는 유네스코의 이념에 기반하고 있는 글로벌 학교 네트워크이다. 유네스코학교가 다루고 있는 4가지 중심 주제는 1) 범지구적 문제와 유엔 및 유네스코와 같은 국제기구의 역할, 2) 지속가능발전교육, 3) 인권, 평화, 민주주의, 4) 문화 간 학습이다. 한국은 1961년 4개 중·고등학교가 유네스코학교로 가입하면서 유네스코학교 활동을 시작해서 2015년 현재 251개교가 유네스코학교로 활동하고 있다.

이러한 철학을 바탕으로 상명고는 2012년부터 공정여행을 가고 있다. 2012년 지리산 둘레길, 2013년 울릉도&독도, 2014년 서울문화유산 답사 그리고 2015년에는 원주와 횡성을 방문했다. 2013년부터는 여름 계절 방과 후 수업을 통해서 사전 학습 및 여행 준비 활동을 진행하고 있다.

24. http://www.unesco.or.kr/asp.

2013년의 경우[25] 유네스코반 학생들이 중심이 되어 3월부터 공정여행을 공부했다. 학생들은 레인보우 프로젝트의 7가지 주제 가운데 '평화'를 공정여행의 주제로 정하고, 그 행선지로 독도를 택했다. 학생 38명, 교사 7명으로 구성된 공정여행단을 꾸리던 중 교육청에서 '서울학생 독도 탐방 공모'가 진행되어 높은 경쟁률을 뚫고 지원 대상 학교로 선정됐다. 이를 통해 전교생을 대상으로 여행단을 모집한 결과 총 45명의 사제동행 독도 공정여행단이 결성됐다.

단순히 여행지만 방문하는 것이 아니라 학생들과 함께 자료를 공부하고 토론하는 시간을 가졌다. 공정여행의 사전 활동으로 '독도 공정여행'이라는 여름방학 방과 후 수업을 개설하여 3주간 7차시에 걸쳐 공정여행단 학생들이 독도와 울릉도에 관한 지리, 역사, 정치적 의의를 배워나갔다.

2013년 상명고 공정여행, 「독도, 지금 만나러 갑니다」
서울 상명고등학교는 2015년 8월 12일~14일 독도 공정여행을 실시했다.
출처: 김현모

25. 김현모(2013. 10. 7), 「상명고, 독도 탐방여행 실시」, https://www.unesco.or.kr/news_center/sub_01_view.asp?articleid=3104&cate=.

2박 3일간 울릉도와 독도에서의 현장학습이 이뤄졌다. 방과 후 수업 동안 『우리 역사 독도』를 교재로 공부했는데, 마침 저자인 호사카 유지 교수님을 여행단 학생들이 직접 만나 간담회를 갖기도 했다. 마지막 날에는 전지 6장을 맞대어 스크린을 만들고 각 조별 미션 수행 결과를 발표하는 자리를 가졌다. 개학 후 9월 중순에는 조별 보고서를 제출받아 보고서 발표대회를 하고 여행단이 찍은 사진을 선별하여 사진전도 개최했다.

　2015년에도 공정여행을 콘셉트로 한 상명고만의 특별한 여름 방과 후 수업이 진행되었다. 특히 이번에는 학생들이 협동조합을 이해하고, 협동조합의 메카로 불리는 원주와 횡성을 방문해 협동조합 등 사회적 경제의 실제 모습을 보면서 여러 가지 대안 경제를 체험하는 시간을 가졌다. 공정여행설명회와 협동조합 영화 관람을 통해 이번 방과 후 수업과 여행의 목표를 공유했다. 이후 학교협동조합을 비롯한 협동조합을 이해하는 시간을 가졌다. 방과 후 수업료는 협동조합 이해에 필요한 교재, 영화 관람료, 밀짚모자, 단체 티 등 준비물 구입에 사용되었다. 현수막도 이틀에 걸쳐 직접 학생들이 만들었다. 담당 교사인 김현모 교사는 10만 원 주고 맞출 수도 있지만, 10만 원어치 재료를 사서 직접 함께 만들어보면서 우리 학생들이 100만 원의 가치를 가진 경험과 즐거움을 맛보았을 거라고 얘기한다. 학생들이 기획하는 여행, 준비하는 여행의 장점을 잘 보여주는 점이다.

　이렇게 여름방학 동안 알차게 준비한 후 8월 12일부터 15일까지 3박 4일 동안 공정여행이 시작되었다. 첫날은 원주협동사회경제네트워크에서 오리엔테이션을 갖고 중앙동 무위당 기념관에서 '할아버지가

2015년 상명고 공정여행 현수막 제작 과정
상명고 학생들이 2015년 공정여행을 앞두고 현수막을 직접 만들고 있다.
출처: 김현모

들려주는 원주 협동조합 이야기'를 들은 뒤 중앙동 일대에서 협동조합 탐방 및 미션을 수행하는 프로그램을 실시했다. 횡성 한살림 납품 농산지인 횡성군 공근면 봉화마을에서 농활을 진행하기도 했다. 이 활동에 참여한 학생은 "농촌 일손을 돕는다는 뜻깊은 일과 오랜 기간 친구들, 선생님들과 동고동락하면서 서로 알 수 있었고, 모든 활동에 대해 공동으로 고민하고 결정하고 발표하고 실행하는 것의 의미를 직접 알게 되어 기뻤어요"라고 얘기한다.[26] 더불어 중간중간 협동조합 워크숍을 가지며 우리의 필요 파악하기, 우리의 필요 우리의 힘으로 해결하기, 지속가능한 해결책을 우리의 사업으로 계획하기 등의 과제를 학생들과 함께 토론하고 정리해갔다. 협동조합에 대한 지식과 경험은 일회성 경험으로 끝나는 것이 아니라 이후 학교에서 협동조합을 설립해가는 과정에서도 활용될 예정이다.

---

26. 해피노원(15. 11. 13), 「우리들의 필요는 우리의 힘으로 해결한다. 상명고등학교 유네스코반이 만드는 사회적경제 이야기」, http://happynowon.tistory.com/m/post/510.

지금까지 살펴본 학교의 다양한 사례들에서 보듯이 현장체험학습, 교육여행은 중고등학생은 말할 것도 없고 초등학생에게도 훌륭한 교육적 성장의 장이 된다. 학생들은 소그룹 모둠 활동을 하며 상호 학습과 공동체적인 삶에 필요한 양식들을 스스로 배워나가게 된다. 이러한 기존의 활동에 덧붙여 학교협동조합 현장체험학습은 자기 마을을 먼저 배우고 탐방하여 다른 지역에 전수해줄 것을 제안한다. 이와 관련해서 자세한 부분은 3장에서 다룰 것이다. 자기 마을을 탐사해보고, 남의 마을도 여행을 하는 게 될 수 있어 두 배의 현장체험학습이 된다. 이전 현장체험학습처럼 인솔 교사가 따라다니며 보호하고 전문 가이드가 설명해주는 방식으로 전개되는 것이 아니라 아이들끼리 묶어주고 같이 움직일 수 있는 활동이 되게 구상해야 한다. 교사와 마을교사는 '인솔자'보다는 '조력자'로서 함께하는 것이다.

　학생들이 자신이 사는 마을에 대해 스스로 배워갈 수 있도록 교육과정을 재구성하고 교과 수업 속에서 마을을 인지하고 탐색할 수 있게 해야 한다. 물론 지금까지는 혁신학교를 위주로 이러한 수업들이 기획되어 적극적으로 시행되었다. 하지만 소규모 테마형 현장체험학습, 교육여행은 몇 년 전부터 교육청에서 적극적으로 시행을 장려하고 있으며, 세월호 사고 이후로 안전성 문제와 교육적 효과 제고를 위해 더욱 강조되고 있다.

　따라서 무엇보다 스스로 배우고 알게 된 내용을 활용하는 프로젝트 미션으로 현장체험학습과 연계시켜 교육 콘텐츠 발굴, 프로그램 구상 등 교육적 효과를 극대화하는 차원으로 구상해야 한다.

마을, 배움터로 거듭나다

학생, 교사가 교육 프로그램을 적극적으로 기획을 했더라도, 실제 현장체험학습이 이뤄지기 위해서는 숙박시설, 식당, 차량 등 여러 가지 시설 이용 문제가 해결되어야 한다. 기존에는 교육 프로그램은 새롭게 구성을 했더라도 이러한 타 지역의 시설 이용에 있어서는 여전히 제한된 선택지에 갇힐 수밖에 없었다. 또한 그 제한된 선택지를 활용하는 과정에서도 행정적인 면에서 교사에게 많은 부담이 되었다.

하지만 최근 들어서는 마을 기업, 사회적 기업, 자활 기업, 협동조합 등 다양한 사회적 경제기업들이 설립되고 운영되며 기업으로서의 생존과 이윤 못지않게 사회적 목적, 지역과의 연계를 고민하는 기업들이 많아지고 있다. 아울러 앞서 얘기했듯이 마을의 여러 시설 사업자, 프로그램 공급자 입장에서도 지역사회의 중요한 소비 주체인 학교와 연계해서 사업으로서 안정성과 확장을 더욱 꾀하려 하고 있다. 그럼 마을에서 변화의 움직임을 살펴보자.

우리 마을은 우리가 지키고 가꾸자

-화성시생태관광협동조합 사례

화성시생태관광협동조합[27]은 화성 내의 생태해설사들, 지역의 생산 자분들, 지역 주민들이 모여서 협동조합을 만든 다중이해관계자 협동 조합이다. 각 그룹별로 이사를 선출해 서로 간의 이해관계를 조정하도 록 하고 있다.

지난 2012년 말 협동조합기본법이 시행되면서 지역 주민, 생산자, 생 태해설사 등 각 분야의 10여 명이 모여 공룡알 화석지와 시화호 등 인 근의 자연환경을 잘 보존하면서 지역문화를 체험하는 생태관광을 위 해 설립의 뜻을 모았다. 몇 개월의 준비과정을 통해 2013년 6월 협동 조합을 설립했다. 이들이 이렇게 협동조합을 만들면서까지 새로운 생 태관광, 공정여행을 모색하게 된 데에는 기존 대규모 여행사의 문제점 이 있었다. 기존 여행사의 경우 대규모 관광을 진행하면서도 여행 수 익이 지역으로 환원되지 못하는 구조였기 때문이다. 결국 지역 주민들 에게 남는 것은 환경 파괴와 소음, 쓰레기뿐이었다.

협동조합의 우물을 파는 정신으로 지역 주민들이 힘을 모아서 지역 의 인적 자원과 자연환경이 결합된 생태관광을 만들어낸다면 지역의 환경과 문화를 보존하면서도 지역 주민의 일자리 창출로 소득에도 기 여하지 않을까란 생각이었다. 이러한 문제의식으로 다양한 여행 프로 그램을 개발해서 지역 주민과 함께하고 있다. 더불어 여행이 일상일

---

27. 경기신문(2015. 3. 17), 「피플: 화성시생태관광협동조합」, http://www.kgnews.co.kr/ news/articleView.html?idxno=410905.

수 없는 사회적 취약 계층과 여행 나누기 사업, 생태관광 정착을 위한 시민교육 등을 통해 설립 1년 6개월 만에 부처형 예비 사회적 기업으로도 지정됐다.

더불어 이들은 학교의 현장체험학습의 문제에도 주목했다.[28] 화성의제21과 함께 2013년 한 해 동안 '화성시 창의체험학습장'을 파악해 본 결과 습지, 산, 공룡, 농어촌, 유적지, 문화예술, 자원순환 등 다양한 체험활동장이 있지만 잘 활용되지 못하고 있다는 것을 알게 되었다. 알지 못해서 신청을 못하는 경우도 있었지만 교사들이 현장체험학습을 진행하기 위해서는 프로그램 신청과 함께 교통편 선정 등 여러 행정적 업무가 많아 피곤한 사업으로 치부되기 때문이었다.

그렇다면 학교 안의 예산을 모으고 다양한 현장의 해설사들과 마을의 여러 사업자들을 연계하는 네트워크를 구성한다면? 각 학교별로 산재된 예산들을 모아서 이러한 조정 역할을 할 수 있는 사무국을 운영할 수 있다면? 학교는 현장체험학습을 행정적인 부담 없이 요청해 원스톱으로 해결할 수 있고, 지역의 여러 단체들도 학교와의 관계를 통해 체험활동의 장을 보다 활성화할 수 있지 않을까란 생각이 들어 여러 지역 단체들을 포괄하는 '화성창의체험교육네트워크'라는 비영리 단체를 구성하게 되었다. 여러 단체들을 포괄하는 지역의 좋은 파트너가 생기자 지자체도 적극적으로 호응해 예산을 지원해주고 현장체험학습 프로그램을 활성화시키게 되었다. 현장체험학습과 관련한 지역의 좋은 플랫폼 역할을 하게 되었다.

---

28. 「지역이 함께 만들어가는 2014 내 고장 창의체험활동 보고서」(화성시 평생교육과, 화성창의체험교육네트워크, 2014. 12) 참조 및 관련자 인터뷰.

이렇게 화성에 있는 6개 단체가 참여를 했었고, 12개 프로그램이 운영되기 시작하여 숲, 갯벌, 공룡, 공예 등 다양한 프로그램이 운영되었다. '화성시생태관광협동조합'이 '화성창의체험교육네트워크'라는 비영리 단체 구성의 출발점이 되었고, 더 많은 지역의 단체들이 참여해서 같이 활동할 수 있는 장을 만들었으며 사무국을 운영하고 있는 형태가 되었다. 네트워크를 구성하면서 지역에 개방되다 보니 지역의 좋은 인력풀들이 많이 들어왔다.

하지만 그렇다고 또 아무 프로그램이나 할 수는 없다. 실제 프로그램 준비가 안 되어 있는데도 "나도 끼워줘" 하면서 들어오는 단체도 있었다. 그런 단체들 같은 경우는 사실 전체 프로그램의 질을 떨어뜨리고 어렵게 쌓은 학교와의 신뢰를 훼손하고 궁극적으로는 브랜드 가치를 떨어뜨릴 수 있다. 예를 들어 유아 수준의 프로그램을 초등학생한테 적용하려 하는 경우가 있다. 또 모든 프로그램의 기본을 3시간짜리로 했는데, 프로그램 운영 능력이 안 되는 단체가 2시간짜리 프로그램을 억지로 3시간으로 늘리는 경우도 있다.

이를 방지하기 위해서 '소통과 협력으로 배우며 성장하는 공동체'를 비전 삼아 구체적인 목표로 1. 소통에 기초한 교육 거버넌스, 2. 협력하는 학습 공동체, 3. 인권을 존중하는 민주시민 양성을 세우고 다음과 같은 5개 세부 지표를 작성하였다.

① 교육 주체들에 대한 의견 수렴에 대한 만족도
② 지자체의 학교교육에 대한 행·재정적 지원 만족도
③ 자발적인 교사연구회, 학생동아리 운영 실적
④ 학교와 지역사회의 협력적 교육문화
⑤ 인권·생명·평화교육을 통한 학생의 긍정적 변화의 정도

또한 다음과 같은 만족도 조사 등 내부 모니터링을 바탕으로 품질 관리 및 강사 역량 강화교육을 꾸준히 해나갔다. 사실 서로 간에 지적하기가 쉽지는 않지만 객관적인 지표들이 있기 때문에 지표들을 제시해서 보완이 되게끔 하고 있다. 한 해 거친 뒤 서로 의논하여 객관적인 지표를 바탕으로 해서 인기 없는 프로그램은 제외하기도 한다. 전혀 선택되지 못한 프로그램, 진행해보고 나니 학생에게 효과가 없다고 판단된 프로그램도 제외한다.

화성 내 고장 창의체험활동 교사 만족도 조사 양식

프로그램명	보고 느끼고 체험하는 자원순환 교육		날짜	2014. 12. 2. 화요일
			담당 교사	심○○
사업 개요	학교명	상봉초등학교	학년, 반	1학년 1반
	체험 장소	화성시에코센터	참여 인원	29명
	단체명	화성시에코센터		

분야별 항목을 읽어보신 후 해당 칸 숫자 옆에 V 표로 체크해주시기 바랍니다.

분야	항목	매우 그렇다	그렇다	보통 이다	그렇지 않다	전혀 아니다
프로그램	1. 강사와 학생 수는 적당하였다.(강사:학생=15:1)	①	②	③	④	⑤
	2. 일정과 시간은 학생 기준에 적당하였다.	①	②	③	④	⑤
	3. 내용은 학생 수준과 능력과 적합하였다.	①	②	③	④	⑤
	4. 학생들은 강사들의 지도에 따라 잘 집중하였다.	①	②	③	④	⑤
	5. 필요한 도구와 준비물이 잘 준비되었다.	①	②	③	④	⑤
	6. 교과와 연계한 학습이 이루어졌다.	①	②	③	④	⑤
	7. 체험비는 적절하였다.	①	②	③	④	⑤
지도자	1. 강사는 학생 도착 전에 미리 와서 준비하였다.	①	②	③	④	⑤
	2. 본인을 나타내는 강사증을 착용하였다.	①	②	③	④	⑤
	3. 적극적인 자세로 체험활동을 이끌었다.	①	②	③	④	⑤

지도자	4. 학생들을 잘 배려하고 인격적으로 대우하였다.	①	②	③	④	⑤
	5. 활동을 원활하게 이끌어 전반적으로 만족스럽다.	①	②	③	④	⑤
	6. 교사와 협력수업이 잘 이루어졌다.	①	②	③	④	⑤
	7. 담임교사는 수업에 적극적으로 협조하였다.	①	②	③	④	⑤
시설/환경	1. 활동장은 체험활동을 진행하기에 적절하였다.	①	②	③	④	⑤
	2. 편의시설(정자, 화장실 등)이 잘 되어 있다.	①	②	③	④	⑤
	3. 시설 이용에 대한 불편함이 없었다.	①	②	③	④	⑤
	4. 체험활동을 하기에 위험한 요소가 없었다.	①	②	③	④	⑤

출처: 「지역이 함께 만들어가는 2014 내 고장 창의체험활동 보고서」

특히 세월호 사고 이후 답사와 안전요원에 대한 기준이 강화되었기에 이러한 요건을 맞추기 위해 지역에서도 '청소년수련활동 인증제'를 통한 프로그램 검증을 하고 있다. 이러한 노력을 바탕으로 2014년은 어려운 여건 속에서도 관내 초등학교의 283학급, 7,500여 명의 학생들과 내 고장 창의체험을 진행하였다.

이처럼 화성 사례에서도 알 수 있듯이 이러한 협동조합이 활발한 활동을 할 수 있도록 하기 위해서는 지역의 인력풀들을 확보하고 공동체 의식을 묶어주며 적절한 관리를 통해서 서로 간의 시너지 효과를 극대화해야 한다.

또한 학교의 여건에 맞춰서 맞춤형 서비스를 개발해나갈 필요가 있다. 학교는 연간 스케줄에 따라 매뉴얼대로 움직이는 체계이다. 꽉 짜인 스케줄이 있고 학생들과 함께 움직이기에 행정관리의 중요성은 더욱 크다. 경기도 시범사업으로 시작된 학교협동조합 매점과 관련하여 선생님들로부터 가장 많이 듣게 되는 불만 요인 중의 하나는 정해진 매뉴얼이 없다는 것이다. 이 점은 단순히 문서가 필요하다는 것이 아니라, 선생님들 입장에서 이 사업이 어떻게 운영이 되고 어느 시기마다 어떻게 해결하면 되며, 각 상황이 발생했을 때 어떻게 해결하고 어디에 연락을 취해야 할지에 대한 전반적인 지식 제공이 부족하다는 것이다.

따라서 아래 화성 창의체험활동의 예처럼 연간 스케줄을 기획하고, 각 프로그램 운영을 원활하게 연계해주는 사무국 내지 코디네이터가 필요하다. 초기에는 이 부분에 대해서 교육청이나 지자체가 적극적으로 인건비 지원을 해서 마중물이 되어줄 필요가 있다.

화성창의체험활동 연간 일정표

기획	접수	운영	평가 및 정산
1~2월	2~3월	4~11월	12월
• 관계 기관 및 단체간담회(1. 3) • 계획 수립 및 운영방안 논의 • 프로그램 취합 (31개 프로그램) • 프로그램 연중 추진	• 청소년수련활동 인증 • 단체별 운영 담당자 교육 및 응급처치 교육 • 프로그램 접수 (1·2차) • 보조금 신청 및 교부 • 각종 계약 완료 (실무자, 버스, 보험 등)	• 창의체험활동 운영(4월 초~12월 초) • 창체넷 운영위원회를 통한 상시 협의구조 • 프로그램접수(3차) • 프로그램 모니터링 및 관리(창체넷) • 교사만족도 조사	• 사업 평가 및 정산 • 성과분석 및 보고서 작성 • 사업보고회 –명사 초청 강연 –보고회 및 발전 방향 제언 –2015년 사업 계획

출처: 「지역이 함께 만들어가는 2014 내 고장 창의체험활동 보고서」

물론 이것은 현재 마을 기업 및 협동조합 기업만으로 모두 갖추기란 쉽지 않은 부분이다. 인력과 자원이 많지 않은 가운데 당장의 구체적인 사업에 매몰되어 행정적인 체계, 조직적인 체계를 잡아가고 있기 때문이다. 개별 기업만으로는 하기 어려운 부분이며 교육과 관련한 협동조합들이 많이 생겨나고, 마을교육공동체를 구성하고자 하는 욕구들이 많아질 경우 협의회가 이러한 역할을 수행할 수 있다. 협동조합 간 협동으로 개별 협동조합이 할 수 없는 일을 해내며, 관리 비용을 더욱 떨어뜨리는 방식이다. 앞서 화성시생태관광협동조합의 경우에도 개별 협동조합에서 시작했지만, 실제로는 '화성창의체험교육네트워크'를 통해 이러한 연합회 방식으로 확장된 경우이다. 남양주도 협동조합연합회 차원에서 이러한 현장체험학습 및 자유학기제와 관련한 협동조합 교육 프로그램 개발 및 학교에의 적용을 시도하고 있다. 남양주 협동조합이 60개 정도 되는데 현재 25개가 연합회에 가입해 있고, 그중 이 프로그램을 7~8명이 함께하고 있다. 경기도 전체적으로 같이 가야 더 효과가 있기에 경기도 협동조합협의회에 제안하고 있다. 마을교육공동체의 필요성과 확장에 따라 각 지역에서의 협동조합협의회 및 사회적 경제조직들 간의 연계, 그리고 지역의 생태해설사, 시설 공급자들 간의 연계 및 공동의 플랫폼은 점차 활성화될 것이다.

그럼에도 불구하고 화성 사례에서도 물론 여전히 남는 과제가 있다. 이와 관련하여 「지역이 함께 만들어가는 2014 내 고장 창의체험활동 보고서」에서 '화성창의체험교육네트워크'가 지적하는 아쉬웠던 점은 교사와의 협력수업 부분이다. 대부분 학교는 자체 사전 수업을 통해 현장체험학습을 준비하였으나 체험활동에 대한 사전 수업 없이 현장에 나올 경우 이는 교사의 무관심으로 이어졌다. 학생들의 1회적 체험활동이 아닌 교사와 현장 강사의 유기적 소통을 통해 사전-현장-사후(활동 및 평가)로 이어지는 연계 활동이 필요하다. 이를 위해 단체에서는 프로그램 준비 단계부터 철저하게 교과 과정 연계를 준비해야 하며 보다 적극적으로 교사에게 안내할 필요가 있다. 이를 바탕으로 사전 수업 후 현장체험에 임할 것과, 현장 활동 이후 진행될 사후 프로그램은 어떤 것이 좋을지 등 나름대로 체험활동의 효과를 높일 수 있도록 교사들과 적극 소통할 것을 제안하고 있다. 이에 관해서는 뒤에서 학교가 보다 중심이 된 모델로서 시흥 사례를 참고할 수 있다.

지역을 위한 여행, 아이들을 위한 여행을 만들자
-강원도 사례

마을이 중심이 되어서 새로운 여행을 만들어가는 사례는 강원도에서도 찾아볼 수 있다. 강원도 지자체 및 교육청에서도 서울, 경기도 등과 같이 적극적으로 소규모 테마형 현장체험학습을 위한 정책을 펼치고 있다. 이를 위해 2015년 3월 18일에는 강원도교육청에서 지역의 사회적 경제조직(협동조합)과 청소년 체험학습 프로그램 개발 및 교육복지 확산을 위한 업무협약을 체결하기도 했다. 업무협약을 통해 지역경제 활성화를 위하여 체험학습 및 수학여행 등을 강원도에 유치하거나, 강원도 아이들이 참여할 수 있는 다양한 무료 체험 프로그램을 운영하는 교육 기부를 위해 노력할 예정이다.[29] 그런가 하면 강원도 내의 협동조합 등과 마을 기업 등이 네트워크를 구성해 공동으로 테마여행 프로그램을 개발하고 있다. △김유정의 이야기를 걷다 △정동진,

---

29. 뉴스창(2015. 3. 18), 「'강원도교육청' 수학여행과 체험학습의 새로운 패러다임을 선보인다」, http://m.newswin.co.kr/a.html?uid=4650.

통일공원과 접목한 농촌체험 △2박 3일 코스인 동해안 관광지 일주 △ 박경리, 김유정, 이외수, 이해인 등 한국 근현대 문학 거장의 발자취 학습 등이 그 예이다. 이후에는 광역 차원의 여행사 협동조합 설립과 스마트폰 어플리케이션 개발 등의 프로젝트도 진행 중이다.[30]

하지만 이러한 흐름을 단순히 지자체와 교육청의 관 주도적 흐름으로만 볼 수는 없다. 마중물을 부으며 이러한 흐름을 가속화하는 것은 지자체와 교육청이지만, 첫 시작은 지역에서 다른 경제, 다른 교육을 만들고자 시도했던 사회적 경제인들이었다. 이들이 주목한 것은 지역과 여행 그리고 아이들이었다.

앞서 강원도 내 공동 테마 여행 프로그램 개발 등을 진행하고 있는 협동조합 중 춘천동네방네협동조합, 강원도체험학습협동조합의 감자 여행을 통해 이들은 왜 협동조합을 만들었고, 지역에서 어떤 일을 기획하고 있는지 살펴보자.

현재 먼저 구 춘천시를 되살리기 위해 팔을 걷어붙인 지역의 청년여행 사업가를 살펴보자. '춘천동네방네협동조합'[31]이 그 주인공이다. 춘천 근화동은 원도심으로 시외버스터미널로 인해 유동인구가 많았으나, 터미널이 2002년 온의동으로 이전을 하면서 주변 상권도 침체되기 시작했다. 자연스럽게 근처에 난립해 있던 여관촌도 쇠락하게 되어 폐업하거나 월세 방으로 전락한 숙소도 여러 곳이었다. 청년들은 오래된 숙박시설을 리모델링하여 지역융합형 게스트하우스로 바꾸면 지

30. 강원도민일보(2015. 5. 21), 「소규모 수학여행단 강원 유치 나선다」, http://www.kado.net/news/articleView.html?idxno=732602.
31. 시사인(2014. 9. 29), 「여관 문을 열자 동네가 살아났다」, http://m.sisainlive.com/news/articleView.html?idxno=21310.

역이 다시 살아나지 않을까 생각했다. 단순히 게스트하우스만이 아니라 지역과 연계된 문화체험을 만들고 지역의 점들을 연계하면 선이 되지 않을까 생각했다. 그렇게 문을 닫고 방치되던 여인숙을 싼 값에 빌려, 직접 공사를 하여 비용을 줄여가며 공간을 꾸몄다. 이름은 공모를 통해 '봄엔 게스트하우스'로 정했다. 2015년 6월 1년의 시간이 지나고 4,000명이 다녀갔다. 조한솔 대표는 사람들을 원도심에 다시 오게 한 것이 좋았다고 얘기한다. 게스트하우스 투숙객에게 주변 상가에서 사용할 수 있는 3,000원짜리 상품권을 제공하고 있으며, 상품권 사용처를 넓히기 위해 지역 상가와 네트워크를 확대할 계획이다.[32]

동네방네협동조합이 지역경제를 되살리기 위해 팔을 걷어붙였다면 강원도체험학습협동조합 감자여행[33]은 현장체험학습여행의 문제를 적극적으로 해결하기 위해 만든 협동조합이다. 전직 교사, 교육행정 공무원, 여행업계 종사 등이 뜻을 모았다. 지역자원과 연계해 지역의 관광과 연계된 숙박업소와 음식업소에 실제적인 소비가 이어져 지역경제가 활성화될 수 있도록 하는 것도 목표지만 중심 가치는 교육적 가치 구현으로 두고 있다. 즉 학교 울타리를 벗어난 다양한 삶의 현장에서 아이들이 스스로 진로를 탐색하고, 삶에 대해 되돌아볼 수 있는 계기를 가질 수 있는 교육적 가치가 담긴 프로그램들을 만들고 이를 실현하는 데 목적을 두고 있다.

32. 강원희망신문(2015. 6. 11), 「청년협동조합 숙박업소 운영 1년 동안 4,000여 명 다녀가」, http://www.chamhope.com/news/bbs/board.php?bo_table=news&wr_id=7416&sca=%EA%B2%BD%EC%A0%9C.
33. 강원곳간이야기, 길 위에서 자라는 행복 ①, http://033mart.net/?m=rssM&bid=storyblog&uid=238.

홈페이지 http://gamjatour.com/를 통해 현장체험학습·교육여행에 대해 선택형/완성형/테마형으로 구분해서 프로그램을 운영하고 있으며, 상품 선택 ⇨ 장바구니 담기 ⇨ 주문서 작성 ⇨ 견적서 및 기획서 회신 ⇨ 계약 체결 ⇨ 사전 준비 ⇨ 실행 ⇨ 평가 및 정산 등을 통해 원하는 프로그램을 선택할 수 있게 하고 있다. 다음은 1박 2일 속초에서 체험학습을 할 수 있는 다양한 프로그램, 음식 메뉴, 숙박, 저녁 시간 활동에 대해 각기 선택할 수 있도록 하고 있다.

1박 2일 체험학습 속초(선택형)

• 프로그램 선택(1박 2일 프로그램)
- 원하시는 프로그램 2개(1일 차 오후, 2일 차 오전)를 선택해주세요. 프로그램을 선택(체크)하시면 왼편에 관련 사진과 정보가 나옵니다.
- 워터피아 온천 체험과 물놀이, 아바이마을과 갯배 / 속초관광수산시장 탐방, 설악산 탐방-비룡폭포 코스와 권금성(케이블카), 국립산악박물관 체험(인공 암벽, 고산 체험 등), 영랑호 용(dragon) 카누 체험 / 두 바퀴로 영랑호 답사하기, 속초시립박물관, 발해역사관 탐방 / 설악산자생식물원 숲 체험, 청초호 요트 체험 / 석호 탐방과 철새 탐조 설악산 탐방-울산바위 코스, 영랑호화랑도체험장(승마, 활쏘기, 봉술, 마상무예 관람), 테디베어박물관(델피노) / 석봉도자기박물관 도자기 만들기, 장사체험마을, 오징어맨손잡기 체험 / 속초등대와 동명항, 영금정 탐방

• 원하시는 음식 메뉴
- 3식(1일 차 점심과 저녁, 2일 차 점심)을 선택하세요. 2일 차 아침 식사는 숙소에서 제공합니다.
- 산채비빔밥, 순두부정식, 황태구이정식, 물회, 함흥냉면, 막국수(메밀국수), 실향민 음식 체험(순대, 냉면 등), 생선매운탕, 생선구이, 생선찜, 생선회, 대구탕(지리), 보리밥정식, 홍게정식, 토종닭백숙, 뷔페(법대로, 영랑호, 애슐리), 돈가스(닭강정 맛보기, 속초 명물 닭강정을 간식이나 식사 메뉴로 추가하세요. 별도로 준비해 제공해드립니다).

• 숙박 선택
- 개별 숙박업소 정보는 상단 메뉴 ⇨ 여행 정보 ⇨ 잠자리를 살펴봐주세요. 희망하는 시설로 1개 이상 선택하실 수 있습니다.

- 콘도미니엄, 설악동 숙박단지, 청소년수련관, 유스호스텔, 호텔, 펜션, 농촌 체험관 민박.

- •저녁 시간 활동*
- 공연 관람, 영화 감상, 레크리에이션, 자체 프로그램.

이러한 성과들이 이어져 2016년 8월 8일에는 강원도사회적경제 체험학습·수학여행 콜센터『모락모락』http://gwtour.kr/ 온라인 플랫폼의 운영을 시작했다. 단순히 홈페이지만 있는게 아니라 전화 한 통화1577-4606로 강원도 체험학습·수학여행의 코스 설계부터 인솔,여행후기까지 맞춤식 테마 여행을 각 급 학교에 제공하는 플랫폼이다. 이 모락모락에는 앞서 언급한 사회적경제조직인 춘천 동네방네협동조합, 원주 길터여행협동조합, 강릉 커뮤니티워크, 속초 강원도협동조합 감자 등이 함께 참여하고 있다. 강원도에서는 2018 평창동계올림픽을 맞아 2017년부터는 강원도 체험학습을 더욱 홍보하며 각 학교별 맞춤형 체험학습을 안정화할 수 있는 방안을 모색중이다.

교사가 중심이 되자 –시흥행복교육지원센터

그럼 이제 교사가 중심이 된 사례를 살펴보자. 앞선 사례들이 마을이 뭉쳐서 학교와 연계를 가져갔던 경우라면, '시흥행복교육지원센터'(이하 센터)는 학교가 중심이 되어 현장체험학습의 문제를 풀어간

예이다. 시흥행복교육지원센터는 2014년 준비를 거쳐 2015년 4월에 문을 열었다. 하지만 벌써부터 인천, 성남 등에서 벤치마킹하러 올 만큼 모범 사례로 회자되고 있다.

'교육지원센터'는 시장의 정책 공약이기도 했다. 혁신교육지구사업이 2015년 종료됨에 따라 우수 사업을 승계하고 교육공동체 거버넌스 구축 및 교육경비 지원 예산의 효율적인 운용을 위해 이를 추진할 교육지원센터를 설립하고자 했다. 특히 2016년부터 본격화되는 자유학기제 등 학교가 자체적으로 해결하기 힘든 다양한 교육 요구를 지원하고, 시흥시와 경기도교육청, 시흥교육지원청의 협력의 기반 위에서 마을과 학교가 함께 풀어가고자 했다.

센터가 주목한 문제[34]는 크게 세 가지였다. 첫째, 행정 절차 문제의 개선이다. 센터는 교사들의 행정 업무를 줄이고 이용을 촉진하기 위해 예산을 일원화했다. 그동안 시청(평생교육과, 하수과, 교육청소년과, 환경과, 진로 도서관 등), 출연기관(학교급식지원센터, 생명농업기술센터, 맑은 물 관리센터, 자원봉사센터, 시흥문화재단 등), 청소년복지관, 지역복지관, CYS-net, YMCA, 여성의 전화, 시흥 환경운동연합 등에서 교과, 창의적 체험활동 등을 통한 교육과정을 지원하는 프로그램을 만들어 사업을 해왔다. 그러나 교육지원청을 통한 공문 발송 및 홍보가 어려웠고, 학교가 적극적으로 활용하지 못하거나 학교에서는 몰라서 지원을 받지 못하는 문제점이 있었다. 따라서 시행하고 있는 모든 프로그램을 수집하고 있다. 해당 교사가 프로그램을 선택해 전화로 상담

34. 조현경, 「마을은 배움터로, 아이들은 마을 주인으로」(한겨레, 2015. 5. 4), http://www.hani.co.kr/arti/economy/economy_general/689751.html?fr_=mb2.

하고 신청하면 나머지 행정 절차와 비용은 센터가 담당하도록 했다. 둘째, 품질관리 문제를 개선했다. 교육 프로그램의 '업그레이드' 및 지역의 교육 사회적 경제기업들의 교육 역량 강화를 위한 정기 연수 역시 센터에서 담당해서 하고 있다.

사실 이 두 부분은 앞서 지역의 중심이 된 화성의 예와 크게 다르지 않다. 특이할 만한 것은 학교와의 연계성 강화 부분이다. 학교로서는 사회적 경제기업 교육 프로그램이 학교의 기본 교육과정과 잘 연계되고 충분한 내용을 갖추고 있는지 알기 어렵다. 이를 위해 교사들이 중심이 된 '교육혁신연구회'가 프로그램을 수집하고 사전에 검토를 해서 의견을 내고 이에 맞춰 지역의 사회적 경제기업들이 프로그램을 수정 보완했다. 이렇게 정리된 교육 프로그램을 웹을 통해 다시 홍보했다. 이러한 교사들의 적극적인 참여와 연계가 가능했던 것은 기존의 혁신교육지구 사업에 참여했던 혁신학교연구회 교사들이 함께 결합했기 때문이다.

시흥이 비교적 빠른 시간 동안 학교와 마을을 유기적으로 연계해가는 데 성공한 데에는 지역 교육청 장학사, 시청 관계자, 학교에 전문적 지원이 가능한 교사 등이 함께 팀을 이뤄 사업을 추진했기 때문이다. 지역사회는 인적·재정적 지원을 하고 교육청은 행정적 지원을 하며, 하나의 팀을 이룰 때 공동의 계획, 실천, 지원, 평가, 순환적 흐름이 만들어질 수 있다. 더불어 이러한 팀에서 결정된 사항에 대해 실질적으로 지원하고 일을 할 수 있는 지역 협의체도 필요하다. 지역의 다양한 사람들이 모여서 이러한 협의체를 구성할 수 있어야 한다.

결국 마을과 학교 중 어느 누군가는 나서야 하고, 또한 한쪽이 나섰다고 해도 다른 한쪽이 같이 결합되어야 진정한 마을교육공동체가 만들어질 수 있다. 그래서 시흥의 혁신교육지구 교사는 "누군가는 제3지대의 역할을 해야 한다"고 지적한다. 학교는 지역이 도와주지 않는다고 하고, 지역은 학교가 문을 열어주지 않는다고 하지만 내가 필요해서 해야 하는 것인데 그런 것들을 아무도 연결해주지 않기 때문이다.

또한 마을과 학교가 만나기 위해서는 만날 수 있는 방법이 마을과 학교 모두에게 매력적으로 제시될 수 있어야 한다. 그러기 위해서는 마을 주민만으로도 부족하고, 교사들만으로도 부족하다. 함께 참여해서 이 방법을 모색해야 한다. 그렇지 않고서는 교과서만으로 마을을 배우게 되고, 학생들은 학교에만 머무르게 된다. 혁신교육지구 사업에 참여한 교사는 이와 관련해 어렸을 적 경험과 비교해 설명한다. "초등 2~3학년 같은 경우는 마을도 많이 돌아다니고 기관도 방문해야 하는데 그런 것이 없는" 상황을 지적한다. 그로 인해 동네 뒷산도 한 번 안 올라가 본 아이들이 많다고 한다. 교육과정에는 동네 뒷산에 올라서 동네 전체를 바라보는 것도 있고 계절의 변화를 보는 것도 있는데, 머리로 끝나는 공부를 하는 안타까운 상황이다.

이러한 상황을 해결하기 위해 현장체험학습을 둘러싼 소비자조직과 생산자조직이 유기적으로 결합된 마을교육공동체 형성을 위해서는 각 주체 간의 연결고리가 만들어져야 한다. 앞의 말을 인용하자면 제3지대를 마을과 학교가 모두 역할 분담을 하며 1/n씩 일을 나눌 수 있도록 되어야 한다. 하지만 어느 누가 시작한단 말인가? 분명 새로운 변화가 필요하지만 그렇다고 내가 나서서 시작하자니 짐을 몽땅 맡을 것 같아 선뜻 나서기를 주저할 수 있다. 하지만 화성에서는 뜻있는 마을 주민이, 시흥에서는 학교의 교사가 나서기 시작해 동조자를 만들어냈다. 결국 3의 법칙이 작용되는 지점이다. 3의 법칙이란 같은 행동을 하는 사람이 3명이 되면 사람들의 관심을 끌고 그 행동에 동참할 수 있게 만든다는 심리학의 동조 현상을 말한다. 예를 들어 횡단보도에서 한 사람이 아무것도 없는 하늘을 처다보면 대부분의 사람들은 관심을 갖지 않지만 3명이 처다보면 가던 길을 멈추고 아무것도 없는 하늘을 올려다보는 사람들이 증가한다. 처음의 시작점이 다를 뿐 우리가 만나는 지점은 동일하다.

여행을 통한 배움을 만들다-의정부 꿈이룸배움터 사례

시흥처럼 교사들이 중심이 되어 청소년들의 여행을 더욱 적극적인 배움의 공간으로 활용하는 마을공동체 사례를 더 살펴보자. 바로 의정부의 꿈이룸배움터이다. 시작은 교사들이 중심이 된 마을학교였다. 청소년들이 원하는 배움이 무엇이고, 그것을 마을에서 실현하기 위해 교사와 마을 주민 그리고 청소년들이 무엇을 할 것인지를 함께 모여 고민하자는 취지였다. 그렇게 '학교너머 배움터'가 시작되었다. 새로운 교육의 패러다임을 꿈꾸는 청소년들을 중심으로 다양한 사람들이 모여, 마을에서 스스로 하고 싶은 일을 찾아갔다. 무엇보다 일방적인 수업이나 강의로 이루어지는 것이 아니라, 함께 기획한 '프로젝트'에 참여함으로써 상호 학습의 효과를 높였다.

이렇게 2011년부터 시작된 행복동네프로젝트를 기반으로 2015년 2월부터 꿈이룸배움터를 위한 준비가 시작되었다. 꿈이룸배움터 카페 만들기, 마을책 만들기, 소식지 발간 등 다양한 청소년 자치 프로젝트를 진행했으며, 이 중 여행도 청소년들이 함께 기획하고 운영하기도 했다.

우리 지역을 공부하며 공정여행을 할 수 있는 방법을 모색해가는 '다 같이 돌자 동네 한바퀴' 프로젝트에는 시장팀, 도보팀, 답사팀, 템플스테이팀 등 각자의 관심사에 따른 다양한 여행 기획 활동들이 이뤄지고 있다. 10월 15일 있었던 활동 내용을 살펴보자. 각 팀별 활동 진행 상황을 공유하고 이후 프로젝트 계획을 세운다. 또한 공동의 문제에 대해서 함께 의견을 제시하며 풀어가는 방법을 모색한다. 이날은 여행팀 내 규칙을 재선정하는 문제가 진행되었다. 그동안 서로 아쉬웠던 점, 고민되었던 점들을 털어놓으며 총 10가지 규칙을 이야기하고, 새롭게 마음을 다졌다.

프로그램명	다 같이 돌자 동네 한바퀴! -우리 마을(의정부)에서 공정여행하기		프로젝트 팀	길에서 배우다
사업 개요	2015. 10. 15(목)	시간 18:00-22:10	장소	2층 공부해방
활동자	전체 인원: 50명 참여 인원: 11명(청소년 7명, 어른 4명)		작성자	○○○
활동 내용	• 여행팀 팀장 모임: 축제 회의 → 과거에서 현재로 이어지는 데 포커스를 두자! 1) 시장팀: 현수막과 리플릿을 활용해 시장 둘러보기 - 종이에 본뜨기 - 그림 그리기 - 상인회 인터뷰 등 그간 일련의 과정을 통해 얻은 것들을 방문객들에게 알리고, 그림의 경우, 그림 그린 것들 중 주요 상점의 특징을 잡아보는 걸로 정리. 2) 도보팀: 소풍길이라는 공통 소재는 같지만 이를 홍보할 것인지 단순히 걸을 것인지를 놓고 목적의 충돌이 있었고 교사뿐만 아니라 팀원들 모두 소통의 부재라는 문제가 있었음. 소풍길의 다양한 코스를 답사하고 이 중 몇 개를 추려 방문객들에게 홍보해야 하는데 단 두 군데만 답사한 걸 잘 포장해 홍보하는 게 과연 우리 취지에 맞는 것인가라는 의문에 대해 이야기 나눔. 홍보할 거리가 없어 답사팀이나 시장팀과 합류할까 아니면 포기할까 여러 의견이 나온 끝에 답사한 삼림욕길을 스토리가 있는 길로 만들어 부각시키는 데 합의. 도보팀은 한 번 더 삼림욕길을 답사하는 걸로.			

활동 내용	3) 답사팀: 서계 박세당이 머물렀던 서계 고택과 함께 서계의 생애 되돌아보기, 우리가 그간 답사한 수많은 묘의 공통점과 차이점을 분석해보고 이 중 의순공주묘의 역사와 특색에 대해 알리기. 4) 템플스테이팀: 템플스테이 1기 친구들의 활동 사진을 영상으로 묶어 보여주고, 소금 만다라 체험 준비. 5) 그 밖의 활동: 과거부터 현재까지 의정부를 보여주는 상징적인 사진을 각 시기별로 나누어 다양한 세대가 가지고 있는 추억거리들을 롤링페이퍼 형식으로 기재하게 함.
논의, 결정사항	• 이후 프로젝트: 축제 준비 – 답사팀은 마지막 답사인 석굴암 답사 후 시장팀과 합류하기로 함. – 도보팀은 일요일 아침에 삼림욕길 답사하기로 예정. – 예산과 사진에 대한 부분은 길잡이 교사들이 맡아 하기로. • 활동 사진(첨부)
소감 건의 및 보완점	1. 여행팀 내 규칙 재선정 1) 한 달에 3번, 사정이 있으면 최소 사흘 전에 미리 교사와 팀장에게 이야기 해주는 걸로(아무런 말 없이 3번 연속 불참할 경우, 팀에서 빠지는 걸로~), 교사 역시 이와 마찬가지. 2) 팀장의 지위를 갖는 것보다 모두 평등한 팀원으로서 활동하자. 3) 여행에 어떤 의미를 두지 말고 즐겁게 다니자. 4) 모임 10분 전에 옵시다!(10분 후까지는 봐줍니다~) 5) 사내 연애 금지(하고 싶으면 고등학교 졸업하고 해~! 썸까진 봐줍니다~^^) 6) 카톡 읽씹 금지~! 7) 신규 팀원들의 면접을 봅시다. 8) 먹을거리 중 배달음식, 일회용품을 배제하고 텀블러나 개인 컵을 들고 다닙시다. 9) 기존에 있는 친구들은 길팀 대표팀에게 연락해 가입 여부 확인하기. 10) 회식은 한 달에 한 번 반드시!
다음 활동 계획	1. 10월 말까지 주중·주말 가리지 않고 연이어 축제 준비!!

　한편 5월부터 꾸준히 활동을 해온 역사팀의 그간의 주요 활동 내용을 살펴보자. 의정부 내에서 역사 여행을 함께하고 싶은 친구들끼리 만나서 어떤 곳을 탐방하고 싶은지 알아보고, 함께 자료도 조사하며 계획을 세운다. 단순히 여행만 하는 것이 아니라, 지역 문화재에 대한 접근성이 얼마만큼 용이한지도 살펴보며 우리 마을을 입체적으로 이해해가는 마을 수업을 기획하고 진행한다.

일시	주요 활동 내용
5월 10일	• 팀 내 역사 여행을 담당하고 싶은 친구들끼리 만남 가짐 • 의정부에 있는 문화재에 대해 의견 나누어보기
5월 17일	• 길잡이 교사가 처음으로 역사팀에 참여 • 다음 주 만나게 될 문화 해설자께 드릴 질문 작성 • 지도를 보면서 지역별로 흩어져 있는 문화재를 한데 묶기
5월 24일	• 내일(5. 25) 답사할 코스 다시 한 번 재확인 • 만나는 시간과 장소를 변경 • 의정부 지역에서 활동하고 계신 역사 해설가 모시고 시장팀과 함께 강연 듣고 질의 응답하는 시간 가짐
5월 25일	• 먼저 1코스로 선정된 금오동 지역에 분포되어 있는 문화재 답사 : 함태영선생 묘, 정문부 묘, 인성군 묘, 해원군 묘, 정빈민씨 묘 • 지역 문화재에 대한 접근성이 얼마만큼 용이한지에 대한 검토 • 답사 자료로 사용한 지도와 책자 등의 내용과 위치가 실제로 맞는지 확인
7월 30일	• 그간 메르스 때문에 중단되었던 답사 계획 수정·보완 • 답사는 9월 말 캠프 직전에 종료하기로 함
7월 2일	• 1코스의 유적들 중 메르스 때문에 놓친 유적(송산사지, 신숙주 묘, 신항 묘)들을 다시 한 번 답사
8월 22일	• 1코스에 답사하지 못했던 정빈민씨 묘 답사
9월 30일	• 자료 정리 시작 • 그동안 답사했던 장소들을 한데 묶어 서로 연관성 찾기&시대별 구분
10월 18일	• 석굴암 답사 • 석굴암의 특징과 김구 선생 암각문 찾기

또 다른 팀으로 '시장 지도 그리기' 팀의 활동 내용을 살펴볼까? 이 팀은 우리 지역의 멋진 시장을 다른 학생들에게 잘 알려주고 싶다는 의도에서 시작되었다. 이 활동에 참여한 학생 얘기로는 "시장에 가보았을 때는 어디가 어딘지 모르겠고 넓디넓은 시장에서 '이러다 길 잃어버리면 어쩌지?'라는 생각이 들 정도로 우리 지역 제일시장은 광범위"했기 때문이라고 한다.

학생들은 직접 의정부 제일시장 상가를 돌아다니며 상인분들로부터 이야기를 듣고, 제일시장 내부 지도 만들기에 쓰일 그 가게들을 표현할 수 있는 그림을 그리기도 했다. "지도의 목적을 생각하며 어떻게 그러면 시장에 가서 실용적으로 활용할 수 있고 길을 안 잃어버릴 수 있을까"라는 생각을 하며 그리기도 하고, "특정 가게의 홍보가 될 수 있기 때문에 상호를 적기보다는 분식 골목이면 떡볶이를 그리는 등의 특징을 그려야"한다는 고민도 했다고 한다. 그런가 하면 "약 한 세대 차이의 길잡이 선생님들과 시장이라는 이야기로 같은 시간을 나누어 가진다는 공통점에 감동을 받기도"하는 등 하나의 프로젝트를 진행하며 다양한 문제 상황을 경험하고, 이를 해결하기 위해 서로 간 협력하며 많은 것을 느낄 수 있었다. 다음은 이러한 프로젝트를 진행한 학생의 소감이다.

시장은 우리들이 조사한 것 외에도 숨겨진 보물들이 많이 있는 곳이라고 생각하는 만큼 답사팀이 만든 시장 지도가 다른 사람들의 시장 방문에 도움이 되길 바란다는 생각이 들었다. 만약 이 글을 읽는 사람들 중에 네모난 건물의 틀 안에서 카트를 끌고 물건을 집어넣고 카드를 긁고 매일 같은 장보기에 답답함을 느꼈다면 전통시장 방문을 적극적으로 추천하고 싶다. 시장은 단순히 장만 보는 곳이 아니라 어릴 적 엄마 손을 잡고 장보던 느낌이나 잊고 지낸 따뜻함을 발견할 수 있는 곳이기 때문이다. 아, 온누리 상품권도 챙겨 가면 좋다는 건 깨알 팁!

물론 이러한 과정이 결코 쉬운 것만은 아니었다. 처음의 취지대로 어른들 중심이 아닌 학생들 중심의 자치 프로젝트로 구성하기가 쉽지 않았다. 또한 여러 사람들이 모이면서 교육을 중심에 두고 사고하기가 쉽지 않은 부분도 생겼다. 그럼에도 불구하고 아이들을 위한 자치 공간, 아이들의 꿈이 여물어가는 배움터를 만들기 위해 선생님들이 힘을 모았고, 뜻에 공감하는 마을 주민들과 함께 이전에 없던 길을 만들어가고 있다. 그리고 10월 7일 이들은 사회적협동조합을 만들기 위한 발걸음을 내디뎠다. 다음은 사회적협동조합 꿈이룸배움터의 창립 취지문이다.

사회적협동조합 꿈이룸배움터 창립 취지문

꿈이룸 학교는 경기 북부 청소년들이 배움을 스스로 찾아가는 과정을 통해 꿈을 찾고 키우며 더불어 행복을 느끼는 새로운 배움터입니다.

그렇다고 학교와 상관없는 곳이 아닙니다. 모든 학교의 아이들이 참가하고자 하면 언제든지 열려 있습니다. 하나의 학교가 아니라 여러 학교의 아이들을 품는 마을학교이자 지역 학교입니다. 학교의 배움과는 내용과 형식이 다를 뿐이지 진정한 배움의 원리를 찾아가는 학교이기 때문에 어쩌면 학교가 제대로 가야 할 길을 비쳐주는 배움터입니다.

꿈이룸 학교를 통해 청소년들은 스스로 꿈과 행복을 찾아가는 놀라운 모습을 보여주고 있습니다. 혼자가 아닌 여럿이 함께 살아가는 법을 마을에서 배우고 있습니다. 청소년들은 스스로가 꿈이룸 학교와 같은 마을학교를 얼마나 절실히 원하는지 알게 되었습니다.

이를 바라보고 있는 길잡이 교사들은 행복한 배움을 찾을 수 있게 길을 비쳐주고자 노력하고 있습니다. 마을 서포터스 어른들은 청소년 자치 배움터로서의 꿈이룸 학교를 굳건히 지켜주어야겠다는 마음을 먹게 되었습니다.

그래서 모두가 다 같이 꿈이룸 학교의 지속가능성을 위해 사회적협동조합을 추진하게 되었습니다. 꿈이룸 학교를 넘어 꿈이룸배움터 사회적 협동조합으로 청소년들의 행복한 자치 배움터를 만들 수 있게 함께 노력하기로 했습니다.

오늘 이 자리에서 그 출발을 알리고자 합니다.

청소년, 길잡이 교사, 마을 서포터스 모두 함께 출발합니다.

모두 함께해주세요!!

2015. 10. 7.

사회적협동조합 꿈이룸배움터를 세우며

앞서 설명한 대로 이 책에서 구상하고 있는 현장체험학습 학교협동조합의 모습은 조각조각으로 나뉘어 있다. 꼭 하나의 상이 있는 것도 아니다. 학생들의 자기 주도적인 기획과 상호 학습, 마을 주민들의 참여와 외부로 빠져나가지 않고 마을로 순환되는 흐름이 만들어질 수 있다면 책에서 제시하는 모델이 아닌 다른 여러 상도 가능할 것이다. 마을교육공동체의 모습이 하나로 국한된다고 보지는 않는다.

다만 본 책에서는 소비자로서 학교와 사업자로서 마을이 함께 어우러져 만들어가는 학교협동조합 상을 구상해본다. 기존의 매점 중심의 학교협동조합이 학생, 교사, 학부모로 국한되었다면 본 모델에서는 마을의 다양한 사업자까지 함께 조합원으로서 포함되는 다중이해관계자 모델이다. 물론 화성과 시흥의 사례에서 보듯이 학교와 마을 중 어느 쪽이 먼저 나서서 시작하느냐, 먼저 준비가 되어 있느냐는 다소 차이가 있을 것이다. 그럼 구체적으로 학교와 마을에서 어떤 준비를 하고 어떻게 시작하느냐를 3장과 4장에 걸쳐 각각 얘기해보고자 한다.

3장

마을 수업
학교에서 만드는 마을 교육과정

이번 장에서는 현장체험학습 학교협동조합의 구체적 모델을 구상하기 위해 소비자에 해당하는 학생들과 학교 입장에서 교육 프로그램을 기획하기 위한 수업 진행 사례를 소개해보려고 한다.[35]

교육 프로그램 기획의 일환으로 진행할 마을 이야기 수업의 처음 구상은 교육과정과 수업을 통해 지역을 이해하는 수업이 자기이해, 우리 알아가기, 사회로 나아가기의 학교 목표를 이루는 일환으로 진행되었다. 마을 이야기를 수업에서 녹이면서 아이들이 자신이 살고 있는 마을의 역사, 문화, 환경을 조사하게 되었고, 이에 대해서 또래 동년배로 구성된 다른 지역 아이들에게 설명해주는 가상 장면을 구상하고 실행해보게 하는 활동을 하였다. 즉, 우리 마을을 찾아오는 또래 아이들에게 동년배의 시각과 관점으로 마을을 소개할 수 있게 되며, 더불어 다른 지역도 같은 아이들과 상호작용을 통해 현장 체험학습이 이루어진다면 수학여행의 교육적 효과도 살릴 수 있을 것이라는 생각이 들었다.

마을 이야기 수업은 수학여행이나 일일 소규모 테마 학습에 적절한 교육 콘텐츠를 또래의 시각으로 만들어나갈 수 있는 교육 소재가 될 수 있다는 것을 확인하게 되었다. 또한 이는 중학교 자유학기제의 프로젝트 수업으로도 훌륭하게 접목될 수 있다. 이에 학교에서 출발하는 현장체험학습의 대안으로 비룡중학교 마을 이야기 수업의 실천적 과정을 공유하고 현장체험학습의 교육적 기능과 연계되어 운영될 수 있는 방안을 고민해보고자 한다.

---

35. 교육적 의미가 살아 있는 현장체험학습을 마련을 위한 '우리 마을 알아가기' 주제통합 프로젝트 수업 사례: 비룡중학교(2015년 1학기).

학교 공동체의 협의로 만들어가는
마을 교육과정

학교의 철학을 공유하고 만들어가는 과정은 단위 학교 교육공동체의 구성원이 모두 모여 합의를 통해 이루어내야 하는 가치이다. 자기가 참여하고 만든 학교의 가치와 철학은 스스로 수용하고 실천하기 위해 행위한다. 참여민주주의란 이러한 방식에서 도태될 수 있다. 학교 수업에서든 교육과정에서든 학교 문화 전체를 주도하고 있는 주체라고 인식되고 있는 교사들에 의한 학교철학은 그래서 중요하다. 단위 학교에서 교육과정을 고민하는 전문가는 우선적으로는 교사이며, 따라서 교육과정에서 뼈대로 작용할 교육철학 만들기에 교사가 주도하는 면이 존재한다. 차후에 학부모와 학생들의 의견을 반영하는 교육철학과 교육과정을 모색하는 단계가 포함되거나 공유 차원에서 이들의 요구를 수용하여야 할 것이다.

학교철학이 수립된 이후 학교교육과정 속에서 집중해야 할 교육 내용이나 중점 사업들을 선정하고 이를 학년 단위 교육과정에서 실천할 수 있어야 한다. 현재 비룡중학교의 학교철학은 꿈과 예의가 중심이며, 나-우리-사회라는 연결고리를 학년 단위로 키워나가면서 꿈과 예의를 키우기로 합의하였다. 2학년 단위에서 우리를 알아가면서 기본적으로 갖추어나갈 가치로 타인과의 관계 속에서 경청, 소통, 배려 등의 인성을 갖추어가기로 하였다. 또한 교육의 내용으로도 우리를 알아가기 위해 마을이라는 주제를 정하였다. 다음은 마을을 알아가기 위한 수업 실천을 위해 교육과정을 구상하는 과정을 단계별로 소개하고자 한다.

학년 교육과정 목표와 마을 교육과정 재구성

학년 교육과정을 구상하는 가운데 마을 교육과정을 재구성해보는 단계로 진행하였다. 따라서 학년의 교육 목표가 무엇이며, 이에 따라 마을 이해를 위한 교육과정을 어떻게 재구성할지를 정리해볼 수 있다. 아래 내용은 학년 교육과정 운영 중점 목표이다. 이것은 학년 교육과정 목표를 정리한 것으로, 꿈과 예의라는 학교철학을 '우리'라는 2학년의 중점 매개 가치로 풀어가고자 하였으며, 이를 위해 비룡중학교 교육공동체 구성원 사이에 합의 과정을 2015년 2월 교육과정 재구성 연수 시간을 통해 가지게 되었다. 이 과정에서 다음과 같이 3가지의 학년 목표를 설정하였다.

학년 교육과정 운영 중점(목표)

가. 공감과 경청을 통한 존중하고 예의 있는 태도 기르기
나. 갈등을 평화롭게 해결하는 민주적 의사결정 과정 이해하기
다. 학급 및 학교생활에서의 배려와 나눔의 문화를 확산하기

공감과 경청은 2학년 전체 교과의 수업이 모둠 활동 속에서 전개되는 활동이며, 이 과정에서 행위로 체화되어 얻어지는 가치는 예의와 바른 태도이다. 또한 모둠 속에서 발생하는 사회적 관계의 갈등을 해결하는 과정에서 민주적 의사결정을 이해하는 것으로 설정하였으며, 마지막으로 학급 및 학교생활에서의 배려와 나눔 문화를 만들어가는 것도 모둠 방식에서 익혀야 할 학년 가치로 설정하였다.

여기에서 모둠이라는 수업 방식은 인지적 배움에 중심을 두고 사회적 관계를 풀어가는 데 그 키워드를 상정해볼 수도 있는데, 먼저 공감과 경청이라는 태도를 익숙하게 하고, 잦은 갈등 상충 상황에서 어떻게 친구들하고의 관계를 풀어나갈지에 대한 고민을 하지 않으면 안 된다. 1학년 학년 교육 목표는 자기 이해를 통한 자아 정체성 확립으로 주위의 관계를 살펴보기 위해 우선적으로 학습이 되어야 하는 내용이었으며, 2학년에 진급하여 시선의 방향을 밖으로 향하게 하여 자기에서 보다 더 확장하여 우리라는 개념으로 나아가게 학년 목표를 설정하였다. 그리하여 3학년에 이르면 학년 목표로 사회와 연관된 가치를 설정하고 아이들이 시간적으로 공간적으로 사회 구성원으로서의 정체성을 확립해나가게 되는 것이다. 2학년 과정에서 우리를 이해하는 것은 나를 둘러싼 사회적 관계를 배우는 것에 더하여 현재 살아가고 있는 우리 마을을 알아가는 것이 교육 내용으로 적절하다고 합의하였다.

학교 전체 수업이 모둠으로 이루어지고 학습 동료 간 관계가 설정되지 못한 상황에서는 학습적인 부분도 습득할 수 없는 학교 문화 속에서 '우리'라는 매개 가치를 아이들에게 잘 정착해야 하는 과제가 존

재한다. 단순히 친구들하고 잘 지내라, 서로 간에 민주적인 의사소통
이 이루어져야 한다든지 교훈적, 주입적, 설교적 형태의 가르침으로는
이들 가치를 아이들에게 내재화하기 어렵다. 아이들이 학교생활 속에
서 가장 중요하게 다루는 핵심적인 활동은 '배움'이며, 배움 속에서 이
러한 학년 가치들을 경험하고 익혀야 할 잠재적 교육과정인 것이다.

　다음은 2학년 주제를 '우리 마을의 역사와 문화 알기'로 아래와 같
이 설정하고 그에 따른 성취 목표를 3가지로 정리해보았다.

학년 주제 프로젝트

가. 학년 주제: 우리 마을의 역사와 문화 알기
나. 성취 목표:
　　1) 마을 속에서, 마을을 통해서 배움을 넓혀간다.
　　2) 마을에의 참여 활동을 배워나간다.
　　3) 마을과 소통하여 마을 구성원으로 성장해나간다.

　마을 속에서, 마을을 통해서 배움을 넓혀간다는 것은 마을이 학교
와 아이들이 자리 잡은 환경 이상의 의미를 지닐 수 있음을 살피고
이를 교육 내용으로 접목하여 수업해보겠다는 취지이다. 마을은 삶
공동체 그 자체이다. 그리고 마을을 알아야 내 삶의 미래를 그려볼 수
있다. 성장하면서 마을을 벗어나는 아이들은 많지 않다. 학력이 우수
한 아이들 가운데 중고등학교 시절부터 마을을 벗어나 학업을 지속하
는 경우도 있으나, 대부분의 경우 대학으로의 진학이 아니라면 대체로
마을 속에서 성장기를 보내고 가정을 이루며 직장을 잡아서 정착한
다. 따라서 내가 살고 있는 곳에 대한 이해가 필요한 지점이다.

　다음으로 마을에의 참여 활동을 배워간다는 것은 프로젝트 수업이

라는 방법에서 오는 성취 목표이다. 마을을 학교 안에서, 교실 수업으로만 배운다는 것은 인지적 교육 활동만 한다는 것을 의미하는 것으로, 실제 마을 교육을 통해서 우리가 체화해야 할 교육 내용과는 거리가 멀다. 따라서 사회참여적 수업 방법인 프로젝트 방법을 적용하게 되는데, 이는 마을을 알기 위해 직접 마을 속으로 뛰어 들어가, 조사하고 정리하고 발표를 통한 공유를 하는 방식이다. 마을 속에서 큰 테두리의 교육환경 속에서 이루어지는 이러한 자기 주도적 학습 양태는 인지적 내용뿐만 아니라 경험의 폭을 넓혀주는 다양한 활동이며, 따라서 학습자에로의 체화, 생생한 교육 내용의 습득 등 기대 이상의 교육 효과가 나타날 수 있다.

결국 마을을 배우는 최종 목표는 마을 속에서 참여적 구성원으로 살아가기 위한 훈련을 미리 체험해보는 것이다. 참여적인 마을의 사회 구성원으로 성장하여 마을의 다양한 사회적 문제를 고민하고 다른 마을 구성원과 이에 대해 소통하면서 성장해나가는 것이 마을 교육과정이 지향하는 최종 성취 목표라 할 수 있겠다.

학년에서 합의한 주제와 성취 목표를 이루기 위해 교과 교육과정 속에서 어떤 내용을 구상하여야 할 것인지를 다음과 같이 토의해보았다. 이때 각 교과의 전문성을 최대한 인정하고 수용하는 차원에서 논의가 진행되었다.

역사과에서는 자기 이해를 통한 정체성 교육에서 출발하여 가족 및 마을 이야기로 국가 정체성 교육의 다양화 및 다변화 시도라는 방향을 가지고 교육 내용을 재구성하고자 하였다. 실행 시기는 교과 내용의 특성상 교과 간 통합을 통해 주제를 교육 활동으로 선정하였을

학년 주제에 따른 교과 교육과정 재구성

교과	내용	시기
역사	자기 이해를 통한 정체성 교육에서 출발하여 가족 및 마을 이야기로 국가 정체성 교육의 다양화, 다변화 시도	3~4월
국어	매체 활용하여 발표하기 및 보고서 쓰기	4월
체육 (표현 활동)	우리 마을의 역사와 문화를 알아보고 그중에서 하나의 주제를 선정 하여 줄거리와 대본을 만들고, 창의적으로 춤과 노래로 표현하기 완성된 창작 뮤지컬 작품 발표하기	4~5월
미술	파쇄기에서 버려지는 종이를 이용해서 안성 8경의 모습을 그림으로 표현하기	5월
과학	안성의 소리(여러 가지 전통 악기의 소리 탐구-소리의 3요소)	4월
정보	우리 마을의 역사 알아보기 미디어 활용	6월
영어	안성 방문 권유의 글쓰기	6월

때, 다른 교과와 통합을 고려하여 내용 정리가 우선적으로 진행되어야 하므로 3월에 실행되어야 할 것이다. 다음으로 국어과에서 매체 활용하여 발표하기 및 보고서 쓰기를 통해 알아온 내용을 정리하는 시간을 갖기로 하였다. 이때 다양한 매체를 사용할 경우 정보 교과와 협의하여 겹치지 않도록 논의하였다.

체육과의 경우 무용을 전공하신 교사의 전문성이 가미되어 우리 마을의 역사와 문화를 알아보고 그중에서 하나의 주제를 선정하여 줄거리와 대본을 만들고, 창의적으로 춤과 노래로 표현하기라는 활동이 가능하였다. 완성된 창작 뮤지컬 작품을 발표하기까지 마무리하여 마을 이해를 감성적으로 접근하는 부분도 토의하면서 활기찬 교과 교육과정 논의가 진행되었다. 이에 더해 미술 교과는 파쇄기에서 버려지는 종이를 이용해서 안성 8경의 모습을 그림으로 표현하기로 함에 따라 표현 교과의 마을 수업들이 알차게 진행될 수 있을 것으로 구상되었다. 과학과의 안성의 소리(여러 가지 전통 악기의 소리 탐구-소리의 3요소) 알아보기는 다소 교과 통합의 주제와는 거리가 멀지만, 전체 학년 주제로 맞추어 안성의 소리를 알아보는 수업 시간을 만들기로 하였으며, 정보 교과도 국어과와 협의하여 보고서를 정리하고 발표하는 방법 면에서 교과 간 협의를 통해 교육적 효과를 극대화하는 방법으로 수업을 진행하기로 하였다. 영어과에서는 영어로 안성을 소개하는 글을 표현하는 수업을 하기로 하였다. 외국인에게 소개하는 회화에서 출발하여 몇몇 글로도 표현하는 방식으로 수업을 진행해보기로 하였다.

이러한 교과 간 협의와 논의가 단위 학교에서 가지는 의미는 교과 간 단절되지 않는 교육 활동을 구상함에 따라 다양한 방법과 내용이 들어올 수 있는 점, 일관된 교육 주제가 한 가지 들어옴에 따라 아이들이 집중적으로 주제를 학습할 수 있다는 점, 평가에 반영된다면 평가 시기가 겹치지 않고 한 주제로 평가에 집중할 수 있다는 점 등 그 교육적 효과가 크다는 것이다. 그리고 이때 이루어지는 여러 차례의 협의 과정은 민주적 의사결정 과정을 경험하는 학교 문화로의 전환에도 일익을 담당한다고 볼 수 있겠다.

교과 간 주제통합수업 실천

수업 변화를 고민하는 교사들의 관심은 교과서로 고정화된 내용 지식보다 현재의 삶과 가치에 따라 한층 의미 있는 지금 교육 활동의

'주제들'이었다. 여기에는 사회적 이슈 등 학교 밖으로부터 주어진 주제들도 있었으며, 교육의 본질적 목적으로 다시 돌아와 반드시 추구해야 할 포기할 수 없는 주제들도 있었다. 예를 들어, 혁신학교에서 가장 많이 통합 주제로 등장하고 있는 소통, 평화, 인권 등이다. 이들은 사회적 이슈이기도 하며 대체로 교과목에 내용적으로 충실히 기술된 주제이기도 하다. 그런데 국어과나 사회과에서 기능이나 내용에 치중하여 가르쳐왔으며 그것이 학생들에게는 삶의 원리로 체험되지 않았던 주제이다.

이것을 경험적이고 실제적인 교육 활동을 통해 추진하고자 하였을 때 교과의 벽을 넘어야 함을 교사들은 절감하였다. 소통을 잘하는 학생들을 키우기 위해 국어과에서만 열심히 가르친다고 학생들이 의사소통을 원활히 할 수 있는 민주시민이 되는 것이 아님을 느꼈다. 그리고 인권을 사회과에서 내용적으로 충실히 배웠으나 친구의 인권을 소중히 하는 모습이 생활에서 잘 드러났는지, 그 교육 결과에 대해 의문을 가졌다. 따라서 교사들은 새로운 변화를 위해 이를 범교과 차원에서 접근하여 교육할 필요성을 느꼈으며 체험과 활동으로 학생들에게 체화됨을 고민하였고, 이를 위해 통합 교육과정을 시도하였다. 결국 통합 교육과정은 교과 간 교사들의 협의 문화를 이끄는 매개이기도 하였으며, 그리고 학생 중심의 교육과정을 고민하게 하고 수업 중심의 교사 문화를 정착시키기도 하였다.[36]

비룡중학교의 마을 이야기를 중심으로 한 주제통합 교육과정과 수

---

36. 황현정(2014), 「중등통합교육과정의 교육적 함의」, 청람사학 22.

업 고민도 같은 흐름을 지닌다. 아래 내용은 논의의 결과에 따라 문건화한 통합 교육과정 내용이다.

교과 통합

가. 통합 교과: 역사-국어-체육-영어-미술
1) 통합 주제: 우리 마을의 역사와 문화 알아보기
2) 수업 내용과 수업 이야기

교과	내용	시기
역사	우리 마을의 역사/ 지역사 프로젝트 수업을 통해 "우리 마을 알아가기"	3월
국어	우리 마을의 역사 알아보기: 미디어 활용/ 매체 활용하여 발표하기 및 보고서 쓰기	4월
체육	우리 지역의 역사와 문화 알아보고 대본 만들기/ 우리 마을의 역사와 문화를 창의적인 몸짓으로 표현하기	4월
미술	안성 8경의 아름다움 알아가기/ 파쇄기에서 버려지는 종이를 이용해서 안성 8경의 모습을 그림으로 표현하기	5월
영어	안성 방문 권유의 글쓰기	6월

마을이 살아온 이야기를 역사 시간에 배우고, 이를 국어 시간에 보고서나 다양한 미디어를 활용하여 정리하였다. 정리한 내용을 바탕으로 체육과 미술 교과에서는 몸으로 표현하고 다양한 소재를 활용하여 마을을 구체화해보는 것으로 통합하였다. 수업 시기는 내용을 알고 난 이후 다른 교과의 활동이 가능하기 때문에 3월과 4월에 역사 교과의 수업이 이루어진 후 4월에 국어과가 정리하는 시간을 먼저 가진다. 체육과 미술에서 그 내용을 바탕으로 표현을 하고 모든 것을 정리하는 단계로 영어과에서 영어로 소개하기, 영어 문장으로 작성해보기 등의 수업을 진행하였다.

이렇게 수업이 진행되는 것에 대해 아이들의 반응을 살펴보면, 마을 이야기가 얼마나 중요한데 여러 교과에서 강조하여 배우느냐는 질문이 가장 많았고, 한 주제로 수업이나 수행평가가 이루어져서 번잡하지 않아서 좋다는 의견도 많았다. 그리고 교과서에도 안 나오는 것을 왜 배우느냐는 예상되는 질문이 가장 많았다. 교과서에 안 나오는 내용인데, 시험에 낼 예정인지를 묻기도 하였다. 질문에 대한 답을 해주면서 왜 우리 교과서에는 내가 사는 곳의 이야기가 담겨 있지 않은지, 왜 서울을 중심으로 한 내용만을 배워야 하는지, TV에 줄이어 나오는 서울 이야기가 나와 얼마나 상관있는지 등을 토의하면서 마을 수업의 의미를 한번 되새기는 시간을 가지기도 하였다.

마을 역사를 알아가는 수업 실천

마을 역사 수업의 목표와 내용

역사 교과에서 마을의 역사 수업을 진행하였다. 수업의 목표 설정으로 지역 정체성 함양과 이를 통한 참여민주시민 의식 함양이다. 마을 역사는 이제까지 중등 역사과 교육과정에서 배제되어온 내용이다. 국가사 위주의 교육과정만이 교과서에 서술되고 이를 현장에서 가르쳤을 때, 학생들은 국가 공동체에 필요한 구성원을 양성하기 위한 목표에는 부합할 수 있다. 그러나 이 과정에서 다루어지지 못하는 개인의 정체성, 이와 연계되어야 할 매개 정체성이 될 수 있는 지역사회 공동체의 일원으로 형성되어야 할 정체성은 놓치게 되며, 따라서 개인의 자기 인식도 부족하게 되었다. 개인의 정체성, 나아가서는 지역민으로서 공동체 안에서의 정체성을 갖는 것은 국가 공동체의 일원으로 성장하는 데에 필요한 중요한 교육 활동이 될 수 있어, 국가 교육 목표에도 부합하는 것이라고 본다.

이러한 교육 활동이 전개되기 위해서 교사 수준에서 교육과정을 재구성하고자 하였다. 지역 역사, 즉 마을 이야기라는 교육 내용이 현 교육과정에 부재한 상황에서 교사에 의한 교육과정 재구성 단계에서 고려해볼 가치가 있는 교육 소재인 것이다. 이러한 수업은 유익한 점이 많다. 우선 아이들이 살고 있는 지역에 대해 수업을 진행한다면 아이들과 한층 더 생동감 있는 수업을 진행할 수 있는 동기 유발의 역할이 강하게 작동할 수 있다. 마을 이야기 수업은 교수자나 학습자 모두에게 의미가 있으며, 그 교육의 결과로도 삶의 맥락을 반영할 수 있다는 차원에서 마을교육공동체의 출발이 될 수 있는 교육 소재이다. 이를 토대로 구체적인 수업의 내용으로는 주제를 '우리 마을 알아가기'로 정하였다. 안성을 크게 사회, 경제, 문화라는 주제로 분류하고 문화 변화와 연동하여 이끌어낸 주제 추출이다. 현재 국가 교육과정에서 부족하게 제시되고 있는 문화의 영역을 보완하여 교육과정 주제를 추출하고자 하였다. 이러한 작업은 교사에 의해 이루어지는 것으로 지역의 역사에 대한 연구 성과를 검토하고 교육 내용으로 재구성하는 활동이 필요하다. 이 주제를 중심으로 수업 시간에 활용할 수 있도록 활동지를 구상해보았다. 이 과정에서 아이들로부터 나온 다양한 주제도 수용하여 제시한 주제와 그 이외에 알고 싶은 주제를 아이들이 스스로 선정하게 하였다.

사회사 부분을 다룰 때, 안성 양성의 해주 오씨 집안을 외가 혹은 친가로 친족 관계인 학생들이 있었다. 명성황후의 외가가 되는 해주 오씨 집안이 이 지역에 소재하고 있는 역사적 사실을 정리하면서 여전히 양성의 해주 오씨 집성촌에서 살고 있는 친구들에게 근현대 마을의 역사 이야기를 들려줄 수 있었다. 특히 해주 오씨 집안의 학생들에게는 주제 선정을 유도하여 자기 조상 및 현재 살고 있는 마을의 형성과 역사 등에 대한 이야기를 더 조사하고 다른 아이들과 공유할 수 있도록 안내하였다.

아이들에게 가장 친숙한 것은 현재 안성시 지자체에서도 지역 축제 문화로 자리 잡은 남사당놀이 공연이다. 이 공연에 주인공으로 등장하는 바우덕이와 남사당놀이 공연의 역사, 놀이 공연의 구성 등을 조사하여 다른 모둠의 아이들과 공유할 수 있도록 조사할 내용의 방향을 설정하는 데 도움을 주었다. 가을이면 열리는 마을의 축제에 대해 구체적으로 알게 되는 계기가 될 수 있도록 지도하였다.

또 아이들은 안성시청에서 홍보를 지속적으로 진행한 안성 8경에 대한 관심이 컸다. 지역의 관광자원을 발굴하고 관리하여 지자체 경제 활성화를 위해 선정되어 홍보되었던 내용들이 다시 수업 속 교육 내용으로 들어와 마을 알아가기의 교육 활동이 되었다. 자료 구하기가 쉽고, 현재 삶 속에서 체험적으로 익숙한 것으로 수업 동기 유발에 유리하였다. 또한 미술 교과에서 통합으로 마을 알아가기 수업을 진행할 때 안성 8경을 중심으로 풍경을 그리는 작업을 하기에도 이미지화된 내용들이 유의미했다. 이 외에도 학생들의 다양한 의견들이 반영되어 수업 내용을 선정하도록 노력하였다.

마을 역사 탐구 프로젝트

본 수업은 학생들의 마을 역사를 대 주제로 정하고, 학생들이 소주제의 내용을 선정하게 하여 이를 중심으로 직접 자료를 수집하고 분석하면서 진행될 수 있게 하였다. 이는 교육 내용의 생산자로서의 체험을 하게 한다. 생산되는 과정을 경험하는 것은 수많은 교육 내용을 단순히 암기하고 되새겨보는 교육 소비자의 입장을 벗어나는 것으로 자기 사고를 따라가보는 것이다.

1차시 우리 마을 얼마만큼 알고 있나

1차시에는 전체 5차시의 여는 시간을 가졌다. 아이들이 안성이란 우리 마을에 대해서 어떤 생각을 가지고 있는지 자유롭게 이야기를 나누고 이를 정리해볼 수 있도록 했다.

◆ 1차시 시작하기 ☞ 우리 마을 알아가기

1-1) 우리는 어떤 마을에 살고 있나요? 자유롭게 이야기 나누고 기록해봅니다.

2차시 계획 세우기

모둠별 과제 선정

먼저 학생들이 얼마나 마을 문화에 대해 알고 있는지를 알아보는 활동을 하였다. 모둠별로 모여서 마을 이야기를 나누는데, 주변의 어른들을 통해서 생활 속에서 들었던 다양한 이야기들이 쏟아져 나왔으나, 조금 더 상세하게 알고 있거나 궁금한 것이 있을 때 해결되지 못하는 부분들로 인해 호기심이 생겨나기 시작했다. 이를 위해 다음과 같은 2가지 질문을 던져보았다.

◆ 2차시 시작하기 ☞ 우리 마을 알아가기

2-1) 우리 마을, 안성 하면 떠오르는 단어는?

2-2) 우리 마을을 알아야 하는 이유는?

우리 마을을 알기 위한 사전 조사로, 단어와 이유를 써보게 한 것은 학생들이 어느 정도 마을에 대해 알고 있는지, 어떻게 생각하고 있는지를 묻기 위한 질문이었다. 사전 학습 진단 단계이다. 이 질문에는 바로 생각나는 단어를 적는 방식이어서 학생들이 쉽게 써 내려갔다. 대체로 발전이 안 되었지만 나름의 자랑거리를 찾아보려는 학생들의 응답이 많이 보였다. 오랜 역사, 현재 도시화가 덜 진행된 농촌 마을이라는 낮은 자존감이 보였지만, 과거 역사에서 자랑거리를 찾아보려는 시도가 많았다. 그리고 현재 안성시에서 관광 상품으로 개발하고 홍보하고 있는 안성 8경이나 본인이 어린 시절 많이 가본 안성맞춤랜드 등 현장체험의 경험을 통해 기억해내는 것들이 많았다. 다음은 실제 아이들이 이 질문에 답하여 작성한 내용이다. 우리 마을 하면 떠오르는 단어들은 학생들이 이제껏 마을에서 살아오면서 접해왔던 내용들이 서술되어 있다. 그리고 우리 마을을 알아야 하는 이유로는 살아가고 있는 곳이기 때문에 당연히 알아야 한다는 것으로 여기고 있고, 우리 마을을 다른 누군가에게 소개하고 싶은 활용의 용도도 담고 있는 답변들이다.

모둠별 과제 선정 활동지 중 답변 내용

우리 마을 안성 하면 떠오르는 단어?	우리 마을을 알아야 하는 이유
쌀, 포도, 유기, 바우덕이, 안성맞춤	우리가 사는 마을이니까.
안성맞춤, 인심, 시골, 편함, 친근함.	우리가 안성에 살고 있기 때문에.
바우덕이, 유기, 배, 칠장사, 문화축제, 비봉산, 시장, 비룡중학교	타지에서 온 사람들에게 소개하고 홍보하기 위해서.

이것은 또한 수업 목표를 학생들에게 인지하게 하는 질문지로, 의외로 내가 안성이라는 마을에 대해서 고민을 해본 적이 없다는 학생들의 반응이 가장 많았다. 왜 내가 사는 지역을 알아야 하는지에 대한 질문도 쏟아졌다. 수업을 진행하면서 마을 이야기가 학생들에게 어떤 의미가 있는지를 구체적으로 설명해주는 수업 활동이 전개되었다. 마을 공동체의 구성원으로 살아가기 위해 당연히 마을을 알아야 한다는 교사의 응답에 대해 고개를 끄덕이는 학생들을 보면서 수업은 학생의 삶과 맥락이 닿아 있어야 의미가 있음을 알게 되었다.

시작하기 질문을 통한 모둠 활동 이후에는 첫 번째 탐구 과제로서 "우리 마을 알아가기: 안성의 역사"로 모둠 논의를 했다. 이 질문은 앞으로 마을 역사를 알아가기 위한 학습 동기 유발의 단계를 질문지로 작성하여 학생들에게 제공하였다. 첫 번째 질문과 관련하여 학생 자신이 알고 있는 내용이 어디에서 온 것인지 근거를 찾아보도록 하였다. 이것은 앞으로 자신이 마을 이야기를 조사할 때 어떤 부분을 보완해야 하는지, 방법적으로 어떤 것들이 활용될 수 있는지를 미리 생각해 보게 한 질문이었다.

◆ 2차시 탐구 과제 1 ☞ 우리 마을 알아가기: 안성의 역사

2-1) 모둠원이 알고 있는 안성 지역 역사에 대해 이야기를 나누고 적어봅니다.

주제:

누구, 혹은 어디에서 들었나요?

2-2) 나눈 이야기를 역사가의 입장에서 기록하여 정리하기

사실적인 내용:

들었던 생각:

2-3) 안성의 역사에 대한 각자의 생각

알고 있는 내용, 알게 된 경로 등은 대체로 유사하였다. 특히 알게 된 경로는 주변 어른, 지자체의 안성 관련 문화 행사나 홍보 활동 등으로 비슷했다. 두 질문에 대한 정리 이후 다시 안성의 역사에 대한 각자의 생각을 정리해보게 하였다. 부끄럽다, 많이 아는 것이 없다, 더 조사해보아야겠다, 등의 반응이 가장 많았다. 이후 학습 동기가 스스로 유발되어 마을 이야기를 조사해볼 의지를 가지게 되었다. 다음 표는 질문에 답한 아이들의 서술 내용을 발췌해보았다.

모둠별 과제 선정 탐구하기. 우리 마을 알아가기: 안성의 역사 활동지 중 답변 내용

주제	누구, 혹은 어디에서 들었나요?	역사가 입장에서 기록하기 (사실적인 내용)	역사가 입장에서 기록하기 (들었던 생각)	각자의 생각
안성 특상품	부모님, 인터넷, 책	안성 특산품에는 포도, 배, 쌀, 한우, 유기가 있다.	안성유기가 옛날 왕들이 썼다는 게 믿기지 않았다.	나는 옛날에 안성이 거대해서 좋았지만 지금은 작아서 안타깝다.
양성 만세운동	책	안성의 양성이란 곳에서 만세 운동이 일어났다.	우리가 사는 안성에서 일제에 맞서 만세 운동을 한 것에 대해 자부심이 느껴진다.	안성에 대해 더욱 자세히 알 수 있게 해서 고맙고 알면 알수록 자부심이 더욱 느껴진다.
칠장사	인터넷 검색, 친구, 부모님	안성 장터국밥이 생각난다. 유기가 예쁘다. 바우덕이가 생각난다. 절이 많다.	은근 안성에 유명한 게 많다.	조사하기 전에는 무슨 역사가 있을까 고민했는데 찾아보면 찾아볼수록 역사가 나오는 것을 보고 생각보다 많다고 생각했다.

모둠별 주제 정하기

구체적인 수업의 전개 양상에서 반별 모둠으로 나누어 단계 및 각 모둠별 주제를 배정한 뒤 모둠별로 조사하여 내용을 정리하는 시간을 수업을 통해 자리를 마련하도록 하였다. 주제를 조사하기 전에 그리고 모둠원과 대화를 통해 어떤 주제를 선정하는 합의 과정을 기록하도록 활동지를 제공하였다. 이 과정에서 각 모둠원의 역할이나 조사 계획 등도 아울러 구상할 수 있도록 하였다.

마을 알아가기 수업은 지역사회 이해, 지역사회 참여활동 의식 함양 등이 교사가 구상하고 있는 교육 목표이다. 결국 참여민주시민 의식을 기르기 위한 단계적 수업인데, 당연히 수업 과정도 민주적인 합의와 토의 방식으로 진행되어야 한다. 이 협의 과정을 기록하게 하는 것과 협의 내용을 정리하게 하는 것은 학생들이 배우는 방식이 민주

적이어야 함을 강조하기 위한 것이다. 이 과정에서 자기 주제가 관철되지 않은 학생들이 어떤 방식으로 의견을 일치해가야 하는지를 지도하는 것도 교사의 수업 지도 몫이다. 구체적으로는 다음과 같은 탐구 과제-주제 정하기 시트지를 통해 학생들이 정리하도록 했다. 이러한 활동에서 가장 많이 나온 주제로, 남사당 놀이패를 중심으로 지역 축제가 만들어진 덕분에 가장 궁금증을 유발했다고 볼 수 있는 바우덕이의 삶과 남사당 공연 문화였다.

◆ 2차시 탐구 과제 2 ☞ 주제 정하기

※ 제시된 주제를 참고하여 우리 모둠의 주제를 정하기 위해 모둠별로 회의를 하고 정리해봅니다.

2-1) 각 모둠원의 의견이 반영될 수 있도록 대화를 나누고 다음 표에 기록해봅니다.

이름	주제를 제안하는데……	이 주제를 제안한 이유는……

2-2) 각 주제 가운데 모둠의 의견을 모으고, 대화를 나눈 후 주제를 정해봅니다.

선정 주제:

선정 이유:

모둠별 역할 나누기

이렇게 나온 주제를 정리하고 이에 따른 구체적 조사 방법이나 역할 분담을 하게 하는 질문을 다음으로 던졌다. 학생들의 역할 나누기는 모둠 활동에서 중요하다. 한 주제를 같이 공부하지만 서로 간 역할이 불분명할 경우 발생할 수 있는 갈등과 충돌을 미연에 조금 줄여보자는 의도이다. 그리고 수업은 평가와 연계된다. 정확한 역할 나누기는 평가에 연계되어 공평성을 얻기 위함이며, 무임승차의 부정적 교육 효과를 줄이기 위함이다.

◆ **2차시 탐구 과제 3** ☞ 함께 배우기 위해 역할 나누기

2-1) 우리 마을 알아가기 프로젝트 수업에서 함께 배우고 함께 성장하기 위해 역할을 나누어봅니다.

우리 이름	하고 싶은 일	해야 할 일

3차시 내용 정리하기

모둠별 자료 정리하기

앞에서 계획한 주제 조사는 전체 5차시 가운데 1번째 차시로 할당하였다. 조사 활동을 실시할 시간을 2주 정도 준 뒤에 조사한 내용을 다시 모둠별로 모여서 이야기 나누면서 정리하게 하였다. 조사 방법으로는 도서관 문헌 자료 찾기, 시청 홈페이지 검색, 박물관이나 현장 답사, 주변 인물 인터뷰, 구술 자료 정리 등으로 다양하게 제시하였다.

아이들은 도서관과 현장 답사를 대체로 많이 진행하였고, 부모님에게 들은 이야기를 정리해온 친구들, 현지 박물관 안내자의 설명을 정리한 친구들도 있었다. 각자 조사하면서 있었던 재미있는 에피소드를 정리하고 조사하면서 어렵고 힘들었던 과정 부분을 정리하게 하였다.

먼저 3차시에도 본격적으로 탐구 과제로 들어가기 전에 시작하기 과제로 각자 자신들이 해온 일과 스스로 생각했을 때의 마을의 특징을 적어보도록 했다.

◆ 3차시 시작하기 ☞ 알아온 우리 마을

3-1) 우리 모둠이 정한 주제를 알아보기 위해 본인이 각자 한 일을 적어봅니다.

3-2) 조사해온 자료를 통해 살펴보니, 우리 마을은 어떤 특징이 있었나요?

다음으로는 본격적인 탐구 과제로서 각 모둠원들이 조사한 과정을 모둠 내에서 공유했다. 다음 활동지처럼 모둠원이 함께 조사하거나 개별로 조사한 과정을 기록하고, 이와 관련한 에피소드 및 느낌을 적도록 했다.

◆ 3차 탐구 과제 1 ☞ 우리 마을 알아가기: 안성의 역사

3-1) 모둠원이 함께 조사하거나 개별로 조사한 과정을 기록해봅니다.

1단계 개별 조사과정 이야기:

2단계 함께 조사과정 이야기:

3-2) 조사과정에서 있었던 우스운, 재미난, 어려운, 기억나는 에피소드를 기록해봅니다.

3-3) 조사한 내용을 정리하고 친구들과 함께하면서 들었던 생각이나 느낌도 정리해봅니다.

다음은 이 질문에 답변한 학생의 서술을 발췌해보았다. 학생들은 과정을 정리하는 경험이 생소하다고 하였다. 결과로서 내용을 많이 아는 것이 중요한 것이 아니냐는 질문을 하면서도 기억을 되살려보는 이 경험이 재미난 듯했다. 친구들끼리 학교 밖 활동을 한 경험을 추억하면서 협력과 배려를 고민하게 하였다.

개별 조사과정	함께 조사과정	조사과정 에피소드	생각이나 느낌
○○가 한우와 배, ○○가 인삼, ○○가 쌀, ○○가 유기, ○○가 포도를 조사해서 ○○한테 보내서 ○○가 프린트로 해왔다.	우리끼리 의견을 모았다.	안성이 별로 유명하지 않아 자료를 찾기 어려워 다들 많이 쓰지 못했다.	안성이 조금 더 유명해졌으면 하는 안타까운 느낌이 든다.
집에서 컴퓨터를 켜서 인터넷에 바우덕이에 대하여 조사하였다. 조사하던 중 어떤 내용이 거짓인지, 진실인지 궁금하였다.	친구들과 조사해온 내용을 공유하면서 공통된 조사 내용이나 중요 내용에 밑줄을 쳐놓거나 적어놓았다.	약속 시간이 없었고 시간이 있는 친구들이 있더라도 다 같이 만나기가 어렵고, 날씨나, 버스 시간 맞추기도 어려웠다.	조사하면서 조사 내용이 사실인지 아닌지 궁금하기도 하였다. 그리고 우리 마을에 대하여 알고 있으니 뿌듯하기도 하고 신기하다.

이러한 내용을 토대로 다음처럼 모둠 내의 마을에 대한 자료를 정리해볼 수 있도록 했다. 각 모둠원이 고루 반영될 수 있도록 대화를 나누고 각각의 내용들을 표에 기록했다. 또한 다음 차시에 다른 모둠과 공유할 수 있도록 하기 위해 모둠의 주제, 모둠 선정 이유, 조사과정, 핵심 내용 등을 바탕으로 발표 자료를 만들 수 있도록 틀을 제시했다.

◆ 3차시 탐구 과제 2 ☞ 우리 마을 알아온 자료 정리하기

※ 조사해온 자료를 내용 정리하기 위해 모둠별로 토의를 하고 정리해봅니다.

3-1) 각 모둠원의 의견이 반영될 수 있도록 대화를 나누고 다음 표에 기록해
봅니다.

모둠 이름	발표 내용
내용 1	
내용 2	
내용 3	
내용 4	

3-2) 조사하여 정리한 위 내용을 다른 모둠과 공유하기 위한 발표 자료를 고
민해봅니다.

• 우리 모둠의 주제는:

• 우리 모둠이 이렇게 선정한 이유는:

• 조사는 어떻게 하였으며, 이런 내용을 여러분과 공유하고자 합니다.

• 우리가 알아본 우리 마을 이야기 가운데 가장 중요한 것은:

4차시 내용 공유하기

모둠별 주제 발표 공유

4차시 모둠별 공유를 하기 앞서 시작하기 과제로 각자 마을의 역
사, 문화에 대한 생각을 다시 정리해보고, 다른 아이들에게 한 문장으
로 소개하면 어떤 내용을 얘기하고 싶은지 적어보는 시간을 가졌다.

◆ 4차시 시작하기 ☞ 알아온 우리 마을

4-1) 우리 마을의 역사, 문화에 대해 어떻게 생각하나요?

4-2) 다른 마을 아이들에게 우리 마을을 한 문장으로 소개하면?

시작하기를 마친 뒤에 본격적으로 발표를 공유하는 시간을 가졌다. 이렇게 각 모둠별로 조사해온 주제를 한 반의 아이들이 공유하였을 때, 대체로 4~5가지 정도의 마을 이야기를 알아가게 되었다. 각 학급에서 조사하고 정리하여 공유한 내용을 표로 정리해보게 하였다. 서로가 마을 이야기를 통해 하나가 되었던 느낌도 공유하게 하였다. 다음 표와 같이 각 모둠이 발표하는 주제를 경청하며 들으며 정리하고, 이에 대한 소감을 두 문장으로 표현하도록 했다.

◆ 4차시 탐구 과제 1 ☞ 우리 마을 알아가기: 다른 모둠의 주제 공유하기

4-1) 각 모둠이 발표하는 주제에 대해 정리해봅니다.

모둠 이름	발표 내용

4-2) 각 모둠의 발표를 듣고 난 소감을 두 문장으로 표현해봅니다.

소감은 대부분 우리 마을이 이런 곳이었구나 하는 새로운 발견, 좋

우리 마을 알아가기: 다른 모둠의 주제 공유하기와 관련해서 발표하고 있는 모습. 바우덕이, 양성 만세운동 발표문이 붙어 있고, 발표문 하단에 조그맣게 발표자를 드러낸 문구들도 재미있다.

은 마을이구나 하는 생각, 우리 마을이 더 발전해갔으면 좋겠다, 등의 내용이 대부분이었다. 다음 제시된 사진 자료들은 모둠별로 조사해온 내용을 정리하여 발표하면서 서로의 내용적 지식들을 공유하는 과정을 담아보았다. 서로 대화 나누면서 정리하는 것, 발표의 경험과 경청의 태도 등은 본 마을 수업이 얻고자 하는 교육 목표 이외의 교육 성과라고 생각된다.

두 명이서 함께 발표하겠다는 아이들, 모둠 이름을 들으면서 박장대소하는 아이들, 그리고 열정적으로 질문을 해대는 아이들 등 이 모든 활동들을 사진으로 모두 담기에는 부족하다. 일상의 수업은 단조롭고 따분한 것같이 느껴진다. 그런데 이런 사진 자료에 남은 순간의 학생들의 표정들은 생생하게 살아 있고 더없이 활기차다. 아마 모든 일상의 수업을 밀도 있게 배우고 의미 있게 다져지는 가운데 학생들은 성장해가는 것이다. 그래서 매일 진행되어 단조롭다고 느껴지더라도 그 속에서 학생들은 알아가고 관계 맺고 배려하고 성숙한다.

각 모둠의 발표 공유가 모두 끝난 뒤에는 다시금 다른 모둠의 주제

다른 모둠의 발표를 경청하는 학생들의 모습. 활동을 통해 발표의 경험과 경청의 태도를 배워간다.

를 다음과 같은 활동지에 따라 주제별로 다시 정리할 수 있도록 했다. 제시한 주제는 역사, 문화, 경제, 경치 및 관광자원이다. 이러한 정리 작업과 상호 학습을 통해 아이들이 우리 마을에 대해 보다 입체적으로 알아갈 수 있는 시간이 되었다.

◆ 4차시 탐구 과제 2 ☞ 우리 마을 자료 정리하고 활용하기

※ 다른 모둠의 주제를 분야에 따라 정리하면서 우리 마을을 알아갑니다.

1. 주제: 역사

2. 주제: 문화

3. 주제: 경제

4. 주제: 경치 및 관광 자원

5차시 여행 일정 짜기

모둠별 현장체험학습 미션 수행

배운 내용을 바탕으로 하여 우리 마을에 오는 다른 지역 학우들을 위한 일정 구성을 해보았다. 모둠별로 알게 된 내용을 활용할 미션을 수행하기 위해 우리 마을 이야기를 누군가에게 소개하는 과정으로 '타 지역 학생 현장체험학습 일정 구상하기'라는 아이디어를 제안하였다. 즉, 우리 마을을 찾아오는 다른 지역 학생들에게 4~5가지 주제로 정리된 우리 마을 이야기를 서로 소개해주고 같이 답사하는 2박 3일의 일정을 구상해보게 하였다.

수업을 진행하였을 때, 아이들이 수업 시간에 활발한 모습을 두 번 보여주었다. 처음엔 답사를 어디로 가고 무엇을 조사할지를 계획하는 단계였다. 교실을 벗어나서 배움을 찾는다는 생각만으로도 아이들은 즐거운 기분이 되는 것이 아닌가 하는 생각이 들었다. 또 한 번은 마을에 대해서 알게 된 내용을 활용하기로 하고 타 지역 아이들이 안성 지역을 방문하였을 때, 그 아이들의 현장체험학습 일정을 구상해보라는 미션을 주었다. 친구들이 언제 오는가, 어떻게 안내할 것인가, 같이 집에서 자고 놀면 안 되는 것인가, 우리 학교 급식을 같이 먹고 우리 마을을 돌아보면 좋겠다, 안성의 어떤 먹을거리를 제공할 것인가 등등 활기찬 수업 참여 모습을 보여주었다.

다음은 시작하기 과제로 제시한 2박 3일 일정 짜기를 위한 활동지이다.

◆ 5차시 시작하기 ☞ 수학여행 일정 짜보기

※ 우리 마을로 수학여행을 오는 다른 지역 학우들이 있다면, 어떤 내용으로 여행 일정을 구상하여 제안할 수 있을까요? 모둠별로 의논하여 일정을 작성해봅니다.

수학여행 주제	발표 내용
첫째 날 일정	
둘째 날 일정	
셋째 날 일정	

결국 또래 간 현장체험 학습 프로그램을 구상하고 교육 콘텐츠를 마련하고 같이 활동할 계획을 짜보면서 단위 학교 소규모 현장체험 학습이 이렇게 이루어진다면 교육의 의미도 살리고 안전도 보장하며, 상업성을 억제하는 방향으로 추진될 수 있을 것이라는 하나의 대안을 엿볼 수 있었다. 그리고 학생 상호 교환 프로그램으로 환원될 수 있는 현장체험학습이 구상되어 교육과 놀이와 관계를 동시에 얻을 수 있는 기회가 마련되는 경우도 있을 것으로 생각된다. 다음은 이렇게 진행한 2개 모둠 활동의 결과물이다. 이제까지 배운 내용을 활용하고자 하는 질문에 대한 학생들의 답변이다. 마치 자신들이 수학여행을 가기라도 하듯이 신나게 일정을 짰음을 증명하기 위한 자료들이다.

안성에 대해 알아보자 모둠 일정

주제	안성에 대해 알아보자
첫째 날 일정	오전 3·1운동관에 가서 안성 양성 만세운동에 대해 알기 점심 프리카페(고기) 오후 안성박물관 가기
둘째 날 일정	오전: 2, 7일장 안성장터 가서 보기 점심: 재료 사서 만들어 먹기 오후: 안성 배 과수원 가서 배 따기 체험
셋째 날 일정	오전: 바우덕이 배우기 점심: 국밥 먹기 오후: 바우덕이 전수관 가서 공연 관람

안성의 모든 것 모둠 일정

주제	안성에 대해 알아보자
첫째 날 일정	안성의 과수원, 포도 재배, 배 구경, 안성의 과일에 대해 듣기 점심은 과일 활용 음식, 저녁은 한우
둘째 날 일정	안성 3·1운동관에 간다 점심: 기념관에서 도시락으로 해결 장터에 간다(안성 장터에서 저녁 해결)
셋째 날 일정	바우덕이 축제에 간다 축제 안의 음식들을 먹는다(배도 해당) 저녁은 한우

모둠별 각 일정 예산 산출 및 전 일정의 상품화

그 뒤 각 모둠별로 구상한 일정에 맞추어 예산을 산출해보게 하였다. 아이들의 경제교육을 시키기에 더없이 좋은 교육 소재였다. 입장료, 30명 기준 버스비용 산출, 1박 숙박비용 및 총 2박 숙박비 산정, 한 끼 식사비용 책정 및 총 2박 3일 식비 산출 등 한 단계, 한 단계 비용을 산출하여 총 경비와 개인당 경비를 산출해보는 활동을 하였다. 바깥세상의 물가에 익숙하지 않은 중학생들의 경비 계산 산출이라 어설프게 진행된 측면이 있지만, 상당 부분 물가를 피부로 느끼면서 경제교육이 진행되는 것을 살필 수 있었다. 구체적으로는 다음과 같은 활동지를 제시해서 각 일정마다 드는 비용에 대해 예산을 짜볼 수 있도록 했다.

◆ 5차시 탐구 과제 1 ☞ 수학여행 경비 계산해보기

※ 각 일정마다 드는 비용에 대해 예산을 짜봅니다.

유형	예산 내역
숙박비	
식사비	
프로그램 운영비	
기타 비용	

다음은 예산을 짜보게 하는 질문에 대한 아이들의 답변을 일부 발췌하였다. 경험이 소중하였다. 꼼꼼하게 일정과 매 활동의 경비를 산정한 답변도 있고, 굉장히 거칠게 계산 과정을 모두 적어가는 답변도 보인다. 모두 경제적 개념을 익히는 활동이 되었고, 물가를 피부로 느껴보는 과정이기도 하였다.

24명 기준으로 작성한 모둠

유형	예상 내역 (24명 기준 총 180만 원. 1인당 75,000원)
숙박비	한 사람당 2만 원씩 24*2=48, 48만 원
식사비	한 끼당 10만 원 10*6=60만 원
프로그램 운영비	팜랜드 24*1=24, 포도농장 24*2=48 총 72만 원
기타 비용	

유형	예상 내역(1인당 넉넉하게 12만 원 정도)
숙박비	학생+선생님 1방당 15만 원 정도. 1인당 만 원. 예) 반에 25명이면 작은 방 5명. 큰방 10명 정도. 한 반당 2~3방 필요
식사비	첫째 날 점심, 저녁 둘째 날 아침, 점심, 저녁 셋째 날 아침, 점심 비용은 각각 다름(메뉴에 따라) 한끼 1인당 13,000원 이하. 총 91,000원
프로그램 운영비	팜바우덕이 공연 1인당 2,500원 팜랜드 비용-입장비 팜랜드 프로그램 체험 비용 추가
기타 비용	버스 비용 1대당 간식 비용

교류 프로그램 기획

마지막 탐구 과제로 교류하는 학교 아이들과 추억을 나눌 프로그램을 기획해보라는 과제를 제시했다. 다음 활동지처럼 방문 학생과의 우정 나누기, 서로 알아가기, 뜨거운 열정을 나누는 캠프파이어 이렇게 3가지 활동의 틀을 제시했다.

◆ 5차시 탐구 과제 2 ☞ 추억 나눌 프로그램 기획

※다른 학교 학생과 함께 나눌 추억 만들기: 프로그램 기획

1. 방문 학생과의 우정 나누기

2. 서로 알아가기

3. 뜨거운 열정 나누기, 캠프파이어

그러나 학생들이 구체적 내용을 담아내지 못했다. 이유는 어떤 방식으로 현장체험학습이 진행되는지 전체적인 그림을 그려내지 못하기 때문인데, 이는 실천하면서 메워나가야 하는 부분으로 이때 발생하는 문제점과 더불어 차차로 실행하면서 채워 넣어야 할 것이다. 지속적으로 나온 질문은 이런 방식으로 진행하여 실제 수학여행을 갈 수 있는지에 대한 것이었다. 재미있을 거 같다, 친구를 더 사귈 수 있을 거 같다, 자주 갔으면 좋겠다, 우리가 이 프로그램을 팔게 되는 것인가, 많은 아이들이 오게 하려면 좋은 내용으로 채워야 할 거 같다 등 실제 추진되었으면 하는 강한 바람이 깃든 질문이었다. 학생의 바람과 교육효과를 고려해보고, 현장체험학습의 본래적 의미인 역사문화 이해, 공동체 의식 함양, 학교협동조합의 경제적 개념을 배울 수 있을 것이다.

마을 알아가기 수업의 결과와 의미

안성 ○○중학교 2학년 총 8개 반의 학생들과 마을 이야기 수업을 앞서 설정한 내용과 방법에 따라 진행하였다. 수업의 결과는 이 수업을 준비한 교사가 바라본 수업의 성취 내용을 정리한 것과 참여했던 학생들의 반응을 분석하여 정리한 것이다. 수업은 교사와 학생의 상호작용임에 따라 결과 또한 두 수업 주체의 생각과 반응을 통해 살펴볼 수 있다. 교사 입장에서는 수업 계획 단계에서 예상했던 목표와 내용이 학생들에게 발현되었는지를 정리하는 것으로, 학생의 반응은 녹취를 통해 상호작용 과정에서 발현된 학생 반응 및 학생 면담 동영상을 검토할 것이며, 활동지 서술 내용 및 모둠 발표 내용 등도 보완하여 정리하였다.

교사가 바라본 수업의 성취

이 글에서 실행된 마을 이야기 수업은 교사가 수업을 계획하고 목표한 의도가 있다. 이는 앞에서 언급하였듯이 정체성 교육과 참여 시민 의식 함양이며, 이를 위해 마을 역사를 이해할 뿐만 아니라 지역사회에 대한 애정을 가지고 지역사회 활동에 참여를 유도하는 것이 목적이었다. 그리고 사회참여 의식은 현장체험학습의 모의 일정을 짜보게 하여 마을 역사를 배우고 이것을 어떻게 풀어나갈 수 있는지를 학생들에게 알게 해주고자 하는 목적이었다. 처음 의도했던 수업의 내용에 해당되는 주제는 수업 진행 과정에서 학생들로부터 나온 의견을 취합하여 진행하였으며, 학생들에게서 나온 대체적인 결론을 아래 표와 같이 정리해보았다.

수업 결과의 내용 이해

수행 과제 주제	관련 자료 및 현황	자료의 분석 및 구술 자료 수집	추출 결론
양성 3·1운동	양성 독립운동기념관 답사	팀별 자료 읽기	안성 지역의 독립 운동
안성 장시의 발달	안성 재래시장 답사, 허생전 읽기, 택리지 검토	팀별 자료 탐구 및 답사, 인터뷰 정리	안성 장시의 발달
안성 유기의 발달	안성맞춤의 유래 조사, 유기 수공업 관련 자료 검색	안성맞춤 박물관 방문, 유기점 방문	안성 유기 상공업의 변천
안성의 절 이야기	청룡사, 칠장사, 운수암 답사	각 사찰 사전 조사 및 답사 및 인터뷰 정리	안성 사찰의 역사와 문화
남사당놀이 공연	안성 바우덕이 놀이 공연, 바우덕이 생애 조사	청룡사 답사, 안성 바우덕이 축제 조사	안성 문화 공연 연원 이해

위의 표는 수업을 통해 인지적으로 알게 된 지역사의 구체적 내용이며 각 내용을 알기 위한 수행 과제를 제시하고 추출된 결론을 정리하였다. 교사가 구상하여 추출한 주제와 다른 내용 가운데 양성의 3·1운동이 있었다. 아이들은 독립운동을 한 이곳이 중요한 역사를 담

고 있다는 의견을 내면서 이에 관한 역사를 조사하고 더 알고 싶다고 하였다. 그리하여 주제를 삼자는 의견이 나오지 않은 다른 반에도 제안해서 주제를 선정해보도록 하였다. 수행 과제 부분에서도 약간의 수정이 이루어졌다. 자료 조사 방법은 대체로 도서관, 인터넷 검색, 시청 홈페이지 검색에다 답사로 보완하는 방식이었는데, 자료 분석보다는 답사를 해본 느낌, 실제 가서 본 내용, 그곳에서 만난 지역 어르신들에게 들은 이야기를 중심으로 보고서를 작성하고 결론을 도출하는 경향이 더 많았다. 이에 따라 모둠에서 추론한 결론을 마지막으로 나누어 정리하였다.

각 학급에서 개별 모둠이 선택한 주제 가운데 압도적으로 많은 주제인 남사당놀이 공연 문화는 현재의 역사에 밀착된 소재이기 때문이 아닌가 싶다. 가을마다 열리는 지자체 주관 축제의 역사적 연원이 어떤 것인지를 알고 싶어 하였다. 이는 현재 학생들이 체험하고 있는 지역 활동에 대한 호기심으로부터 시작되었으며, 내용을 자세히 알게 되어 다음 축제 때 보다 적극적으로 참여하고 싶다는 의견이 많았다. 지역사회 축제 기간 중 다양한 공연이나 응원 등의 활동을 지역 소재 학생들이 지원하는 것이 많은데, 대부분 형식적으로 참여하고 억지로 동원되는 방식이었다. 이제 바우덕이의 삶을 알고 남사당 공연 문화를 조사하였기 때문에 조금 달라질 것이라는 학생들 반응이 수업의 원래 목표와 닿아 있다고 분석해볼 수 있다. 전체적으로 교사가 의도했던 수업 내용보다 더 많은 것들이 학습자들에 의해 도달된다는 것을 살펴볼 수 있었다.

수업 방법이나 동기 유발 측면에서도 마을 이야기 수업이 가지는 장점이 많았다. 총 5번의 수업을 진행하면서 수업의 동기 유발 부분에서 학생들로부터 흥미를 끌어내기가 쉬웠다. 도입 부분에서도 학생들의 경험에 비춘 이야기로 시작되었으며, 모둠별로 토의가 시작되면 아이들은 저마다 할 이야기들이 더 많아졌다. 부모로부터 들은 이야기, 같은 마을 어른들이 해주었던 설명, 답사를 다니면서 만나게 된 사람들로부터 들은 내용 등 수동적으로 배우고 암기하는 내용이 전제가 되는 것이 아니라 학생 각자의 체험에 근거한 배움 활동이 진행되었다. 이는 프로젝트 수업 방법의 장점이기도 하지만 마을 역사라는 수업 내용이 학생들의 삶의 맥락과 닿아 있기 때문으로 보인다.

수업 활동과 사회참여 체험

활동 구분	활동 내용	활동 결과
안성의 역사 이해	수집 자료 및 사료 정리를 통해 모둠원 간 이해, 모둠별 공유 통해 마을 역사의 심층 이해	마을 역사 알아가기 과제 발표, 각 단계 미션 수행
	답사, 미술 표현, 마을 역사 보고서 작성 등의 활동으로 배움 진행 및 표현	학습 결과의 표현
현장체험학습 일정 구상	2학년 현장체험학습 일정 구상하기, 비용 산출하기, 구상안의 실행 방법 토의하기	앎의 사회적 실행

위의 표는 수업 활동을 세세하게 구분하여 결과로 얻어지는 내용을 정리하였다. 안성의 역사 이해는 인지적 수업 결과이고, 일정 구상은 사회적 참여를 체험하게 한 결과였다.

학생들이 수업에서 만들어낸 결론을 각 모둠별로 발표와 질문을 통해 공유하는 시간을 가짐으로써 조사한 주제는 하나이지만, 모두 4~6가지 마을 이야기 주제를 공부할 수 있는 자리를 마련하였다. 따라서 학생들은 보다 많은 마을 이야기 내용을 알게 되었다. 발표 과정을 준비하면서 전체 앞에서 말하는 태도, 어떤 내용을 핵심적으로 전달해야 할지에 대한 고민을 하게 함으로써 스스로 학습한 내용을 모둠별로 정리할 수 있게 하였다.

또 마을 이야기 수업에서 구체적으로 알게 된 안성의 역사를 바탕으로 현장체험학습의 일정을 구상하고 프로그램을 기획하여 타 학교 학생들이 방문하였을 때 우리 마을을 소개하는 앎의 사회적 실행을 유도하는 모둠 활동을 하게 하였다. 배운 것을 자신들과 연관된 교육활동으로, 학교 밖 사회경제적 활동으로 연계하여 구상해보라는 미션을 통해 학생들의 사회참여적 마인드를 경험해보게 하기 위한 교사의 수업 의도였다. 각자의 초등학교 수학여행 일정을 회고하면서 안성을 소개하고, 어느 곳을 방문하면 지루하지 않을지를 흥미롭게 구상하였다. 비용 산출은 학생들의 경제적 개념을 돌아보는 계기를 마련하였다. 이러한 수업을 통해 지역사회의 일원으로서 지역의 사회경제적 배경을 이해하고 간접 체험하여 지역에 대한 애향심이 결과론적으로 생겨날 수 있다는 것을 확인할 수 있었다. 수업의 활기는 덤으로 얻어지는 교육 효과였다.

학생 반응으로 본 마을 이야기 수업

매시간 사전 준비로 조사를 하게 한 뒤 모둠끼리 정리하는 활동을 함으로써 아이들이 함께 배워나갈 수 있도록 하였다. 평가는 개별 수업 시간에 함께 작성해나간 활동지로 개별 평가를 진행하였다. 같은 내용을 알게 되었어도 앎을 표현한 내용이 다르고, 개인 의견이나 생각 및 소감을 쓰게 하는 문항이 많아서 충분히 개별 평가가 가능하였다. 배움은 함께하고 나누며, 표현과 평가는 따로 진행하여 아이들의 불만이 없도록 하였으며, 수업 과정 중에 이루어진 것들이 평가에 고스란히 반영될 수 있도록 하였다. 또한 마을 이야기 수업에 대한 학생들 개별 반응도 살펴볼 수 있었다. 다음은 학생들의 개별 활동지에 작성된 소감이나 의견이다. 이를 통해 수업의 반응을 분석할 수 있었다.

> [질문 1] 마을 역사에 대해 왜 알아야 하는지에 대한 물음
> • 내가 사는 곳이니깐.
> • 우리 마을이 어떤 곳인지 알고 싶어서.
> • 교과서에 안 나와서 따로 조사해야 할 거 같아.
> • 안성 역사를 알아야 안성 사람이라고 할 수 있어서.
> • 재미있게 공부할 수 있을 거 같아서.
> • 안성에서 평생 살 게 아니어서 잘 모르겠다.
> • 평택에서 1학년 때 전학 와서 왜 하는지 잘 모르겠다.
> _ 2015. 3. 안성 ○○중학교, 2학년 전체 학생들 대답 중 일부 발췌

[질문 1]은 수업 목표의 인식을 확인하는 것으로, 왜 마을 이야기 수업을 하고 공부를 하는지를 학생들에게 묻는 것이다. 이는 역으로 이런 이유로 하는 것이라고 스스로 인지하도록 하기 위한 물음이기도 하였다. 학생들 응답은 예상대로 나왔다. 내가 사는 곳이기 때문이라는 반응이 압도적으로 많았다. 그 외에도 교과서에 없어서, 내가 사는

곳이니 알고 있어야 하는 것, 재미있을 거 같아서 등의 대답이 대부분이었다. 수업 시작 단계에서 흥미를 유발할 수 있는 교육 소재라는 것을 알 수 있다. 학생들의 반응에서 동기 유발 차원에서 지역사가 의미가 있음을 언급하고 있다. 우리 마을 역사를 알아야 한다는 당위성을 학생들이 언급하기도 하였다. 마을 이야기에 대한 수업이 지역사회의 일원으로서 알아야 하는 당연한 내용임을 언급하고 있음을 알 수 있다.

한 가지 주목되는 의외의 대답은 '안성에 살 예정도 아닌데, 왜 해야 하는지를 모르겠다'는 반응이었다. 그리고 '평택에서 나고 이제 전학 왔는데, 이런 수업을 하는 게 의미가 없다'는 반응이었다. 이때 앎과 배움의 차원의 확장이라는 교육 본연의 목표로 돌아간다면 무리 없이 지역사 수업은 앎의 욕구를 채우는 양상으로 일어날 수 있는 것이다.

조금 더 넓게 확장하면 한국에서 평생 살 것도 아닌데, 한국사 수업을 열심히 배우고 싶은 마음도 없고, 재미도 없다는 반응을 보이는 학생들이 많다. 한국사를 왜 배워야 하는지에 대한 수업을 진행할 때 일반적으로 자주 나오는 질문인데, 이 질문에 대한 답을 국가 구성원으로 성장하기 위한 정체성 교육이라고 하는 것이 설득력을 갖지 못하는 이유와 같다.

이는 다원주의 관점으로 접근해야 할 문제로 같은 사회에서 생활하지만 다른 정체성을 가지고 있는 학생이어도 한 공동체 일원으로서 받아들일 수 있어야 하는 것이다. 한국어와 한국사를 모른다고 국가의 일원임을 부정할 수는 없기 때문이다. 정체성은 주입되고 암기하는 것이 아니라 개인의 주체적 의지로 습득되고 형성되는 것이다. 한국사나 지역사를 알게 되었을 때 참여나 적극적 의지가 발현될 가능성이 높은 것으로, 학습의 결과로서 정체성이 형성될 수 있을 가능성이 높을 뿐, 주입의 방식으로 모두에게 형성되어야 할 교육 결과가 될 수는 없다. 그 사회의 일원으로서 갖추어야 할 요소로 강요되고 주입되는 순간 교육의 본질은 사라지는 것이다.

[질문 2] 지역사 프로젝트 수업을 하면서 느낀 점

• 어른들에게 듣던 마을의 역사를 실제로 답사하게 되면서 많이 알게 되었다. 의외로 우리 마을에 중요한 역사가 많이 있다는 것을 알게 되었다(2-9, 여, 신○○).

• 양성 운수암의 역사에 그런 내용이 있는 줄 조사하면서 알게 되었다. 조사하러 갈 때 버스가 하루에 두 번밖에 안 다니고 한참 걸어야 했다. 우리 마을 역사를 알리려면 교통편이 잘 되어 있어야겠다고 생각했다(2-9, 여, 정○○).

• 안성 양성면에 살고 있는데도 덕봉서원이 그런 역사가 있는 장소인 줄 몰랐다. 맨날 가면 사람이 한 명도 없는 곳이었는데. 집안의 명예에 먹칠하지 않도록 학교생활을 해야겠다고 생각했다(2-6, 남, 정○○).

• 2, 7일 열리는 안성 시장에서 여러 가지 질문을 하려고 상인 아줌마들에게 다가갔으나, 불친절하였다. 안성 시장이 장사가 잘 안 되는 것을 알았다(2-6, 여, 정○○).

• 교과서에도 안 나오는데, 왜 이런 수업을 하는지 짜증이 났는데, 시험에 안 들어간다고 하여 좋은 마음으로 하려고 했다. 그리고 이런 수업

을 통해 우리 마을을 잘 알게 되어 보람 있었다(2-1, 남, 권○○).

• 양성 박물관을 하루 종일 돌면서 여러 가지 사실을 알게 되어서 좋았다. 이런 숙제가 아니었다면 알고 지나가지 못했을 우리 마을 역사였다고 생각한다(2-9, 남, 박○○).

• 자세한 마을 역사를 알게 되어서 참 좋았다. 맨날 지역사 수업만 하면 좋겠다(2-4, 남, 이○○).

• 모둠끼리 같이 조사하고 정리하면서 힘들었다. 모둠원끼리 의견 맞추고 숙제를 같이하기가 쉽지 않았다(2-5, 남, 한○○).

• 조사에 참여하지 않는 친구들이 있어서 속상했다. 지역사 수업뿐 아니라 다른 모둠 수업에서도 이런 친구들 때문에 짜증이 난다(2-3, 여, 이○○).

[질문 2]는 마을 이야기를 공부하면서 느꼈던 소감을 적게 한 내용을 분석하여 교사가 의도하고 있는 수업의 목표가 달성되었는지를 직간접적으로 살펴보고자 하였다. 수업의 목표는 대체로 교사의 의도대로 마을 역사에 대한 다양한 내용을 인지적 차원에서 이해하고 있었으며, 수업의 결과 또한 목표대로 정체성 형성의 차원에서 지역사회 이해와 참여 의식이 달성되는 경향을 보였다. 교과서에 나오지 않는 내용을 알게 되어서 좋았다는 반응, 안성에 살면서 안성을 알아야 한다는 생각을 많이 하게 되었다는 반응, 자기 집안의 정체성을 폭넓게 이해하는 학생도 있었다. 역사 수업 속 내용이 내가 사는 지역과 시공간적으로 연관이 있음을 확인하면서 실체감을 느끼는 것이었다.

또한 마을 이야기를 알리고 싶은 마음으로 교통편의 개선, 안성 시장의 쇠퇴에 대한 안타까움, 모둠 활동에서 친구와의 관계 맺기 등 다양한 소감이 나와서 지역사회에 대한 개선 의지, 사회성 형성 등 정체성 교육 및 사회참여적 생각이나 의지가 나타나고 있다고 본다. 학교 안에서 수업만 들었다면 얻지 못할 지역사회에 대한 문제들을 인식하기 시작했다는 점에서 사회 밖 시선을 가지게 되었다. 따라서 마을 이야기 수업의 목표에 일정 부분 도달한 것으로 파악된다. 다음 질문은 마을 이야기 수업을 통해 보다 사회참여의 의지를 발현할 수 있도록 마을 이야기 수업의 활용에 대한 활동을 유도하는 질문을 던지고 학생들의 반응을 분석하였다.

[질문 3] 마을 이야기를 학습한 것을 바탕으로 현장체험학습 일정을 짜서 다른 지역 친구들에게 우리 마을을 소개한다면?

• 우리도 마을을 소개해주고, 다른 지역으로 수학여행을 정말 가고 싶어요. 이거 우리가 짜면 이대로 여행 프로그램을 진행할 수 있나요?

• 일정을 계획하고 예산을 짜면서 정말 수학여행에 드는 비용 등 경제 개념이 없다고 느꼈어요.

• 지역을 소개하려고 하니, 여행지라고 여길 만한 좋은 곳이 없는 거 같아요. 우리는 여기 사니깐 좋은 것뿐인데.

• 다른 학교 친구들에게 소개를 잘해주고 싶고, 같이 자면서 같이 놀고 싶어요.

• 적은 비용으로 다른 지역을 여행 다녀서 좋아요.

• 유명한 곳도 아닌데, 우리 마을로 수학여행을 올 수 있다는 것을 이번 수업을 통해 알았어요.

• 우리가 만드는 여행이라 의미가 있는 거 같아요.

_2015년 5월 20일 5교시, 2-4반 교실, 수업 녹취록 중 일부

[질문 3]은 마을 이야기 수업을 흥미 있어 하면서 수업 분위기가 가장 좋았던 반을 대상으로 물음을 던지고 내용을 녹취하였다. 학습한 내용에 근거하여 학생들에게 친숙한 수학여행을 매개로 일정을 구상해보게 하고, 그에 드는 비용까지 산출해보게 한 수업이었다. 학생들은 실제로 일을 추진하는 사람이 되어 활동에 참여하였다. 그리고 타 학교 학생과 여행을 계기로 친구관계를 맺는 교육 프로그램을 구상해보도록 하였다. 실제로 이렇게 수학여행이 진행되는지에 대한 질문이 많이 들어왔고, 우리가 이것을 상품화하여 안성을 알리자는 반응도 있었다. 수학여행을 이렇게 간다면 지루하지 않고 진짜 우리만의 여행이 될 수 있을 거 같다는 반응도 있었다.

수업의 내용이 사회적 참여 활동으로 바로 환원될 수는 없다. 학교에서 학생들이 배우는 것은 현재의 삶의 맥락이기도 하지만 미래 삶에 대한 대비의 성격 또한 강하다. 배운 내용을 어떻게 사회적으로 활용할지를 고민해보는 것은 그 자체로서 상당한 의미를 지니며, 지역사회의 활동으로 이어질 수 있는 문제를 끌어들였을 때 수업이 활기차게 진행될 수 있을 것이다. 마을 이야기는 이런 수업이 될 수 있게 함을 확인할 수 있었다.

현재 단위 학교에서 추진되고 있는 현장체험학습의 일환인 수학여행에 대한 문제점들을 학생들과 함께 고민하고, 해결 방안에 대한 다양한 의견을 들으면서 생각을 공유하였다. 그리고 경제적 비용 산출

을 통해 실생활의 물가 등을 체감하게 하는 수업이었다. 이대로 추진될 수 있는지에 대한 학생들의 다양한 질문과 반응들은 우리의 활동 내용이 추진되어서 이런 수학여행을 갔으면 좋겠다는 참여 의지의 발현이다. 실행의 문제는 차후에 두고라도 논의의 장을 만든 것으로도 참여시민 의식 함양에 일조하였을 것으로 판단된다.

다음 사진 자료들은 역사 시간에 배운 주제를 중심으로 미술 시간에 글자 캐릭터로 우리 마을을 표현하는 로고를 만들어보는 활동을 한 사진들이다.[37] 참으로 다양하고 참으로 멋진 그림들이 나왔음을 보면서 마을 이야기 수업이 가지는 또 다른 교육 결과를 만나는 기분이었다.

미술 시간에 글자 캐릭터로 안성을 표현한 로고(1). 안성 5일장을 안성, 여주, 이천, 용인, 장호원과 연계해서 표현하고 있다.

미술 시간에 글자 캐릭터로 안성을 표현한 로고(2). 안성맞춤의 어원이기도 한 안성의 특산물 유기공방에 대해서 유기그릇으로 표현하고 있다.

마을 알아가기 수업의 역할

마을 이야기 수업 이야기는 현장체험학습의 교육 프로그램을 교사와 학생이 기획해보는 경험이다. 이 수업은 현장체험학습의 교육 역할을 다시 학교로 돌린다는 의도와 목적이 있다. 즉 현장체험학습 학교 협동조합의 소비자 역할로 되돌린다는 것을 의미한다. 일반적으로 소비자의 역할은 좋은 상품을 구매하기 위해 노력하고 구매한 상품을 잘 활용하는 것이다. 단위 학교와 학생은 현장체험학습의 소비자이다. 따라서 좋은 상품을 구매하기 위해 노력해야 한다. 그것이 바로 프로그램의 기획을 구상해보려는 시도가 갖는 의미이다.

이 시도가 프로그램으로 바로 실행되지 않을 수도 있고, 기획한 대로의 교육 프로그램이 상품으로 나와 있지 않을 수도 있다. 그러나 소비자가 상품에 대해 구체적으로 구상하고 있고 어떤 상품을 구매하고 싶은 욕구를 가지고 있을 경우 보다 좋은 상품을 구매할 수 있는 것이다. 특히 협동조합의 형태에서는 이러한 소비자의 역할이 중요하다고 할 수 있다. 기획하고 구상한 교육 프로그램에 부합하는 상품을 공급자들이 최대한 이에 부합하여 공급할 필요가 있게 되는 것이다.

학교와 학생은 현장체험학습 협동조합에서 소비자로 역할을 하는 것에 더해 학교교육의 효과도 극대화해야 한다. 수업 속에서 교사와

---

37. 이 수업은 역사, 미술, 국어, 체육 교과에서 모두 같은 주제로 교육 활동을 하기로 계획되어 진행되었다. 국어의 말하기, 체육의 뮤지컬 활동들은 사정상 정리하지 못하였고, 전반적인 마을 수업 이야기의 결과에 대한 정리는 역사 교과에서 마을 이야기로 내용적 정리를 하였다. 그리고 미술 교과의 수업 활동 내용을 글로 구체화 하지는 못했지만 그 결과물로 만들어낸 작품들을 사진으로 제시하면서 학생들의 교육 활동 결과들을 살펴 볼 수 있었다.

학생이 현장체험학습의 방문 장소, 그 지역의 역사, 문화, 특색 있는 이야기 등 문화적 총체를 이해하는 경험은 그래서 중요하다.

기존 현장체험학습에서 실시된 사전 학습 및 사후 학습은 공급자인 여행 업체에서 제공하는 여러 지역 관련 내용들에 대해 사전에 숙지하고, 다녀온 후 사후에 정리하는 수준의 학습이다. 이것은 능동적이고 주도적인 학습이 아니라 주어진 과제를 암기하고 이해하는 학습이다. 이전의 관람성, 관광성 현장체험학습의 범주를 크게 넘는 것이라고 볼 수 없다.

이러한 문제는 소규모 현장체험학습이 진행되었을 때도 발생하는 문제이다. 활동 인원이 소규모로 되었을 때 얻어지는 강점은 안전의 문제뿐이다. 세월호 사건 이후 안전 문제에 대한 문제 제기에 따라 나온 대안이긴 하다. 그러나 이 사건은 현장체험학습의 교육력을 제고해보는 계기가 되어야 한다. 학습자가 능동적인 교육 주체로 거듭나기 위해서는 프로그램 기획 단계에서 개입해야 한다. 그리고 이것이 수업 상황에서 이루어져야 함은 물론이다.

앞서 언급하였듯이 현장체험학습 학교협동조합이 설립되어 운영될 경우 수업에서 구상한 교육 프로그램이 바로 상품화되지 않을 수도 있다. 비전문가인 학생들과 교사의 주도로 만들어졌기 때문이다. 그러나 여기에 전문성이 더해져서 실제 상품으로 제시되었을 때, 구매력이 강해질 수 있다. 또래 학생 간, 일상적 수업 속에서 이루어진 교육적 활동이기 때문에 공감력이 강해진다. 공급자 입장에서 이보다 더한 상품 구매 강점을 구비할 수 없을 것이다. 또한 일반적으로 프로그램에 대한 모니터링이 반드시 필요한 작업이다. 다녀온 후의 소감문을 통해 피상적 모니터링을 하는 것이 아니라 프로그램을 전반적으로 검토하고 다시 제안할 수 있다면 질적 모니터링이 자연적으로 이루어질 수 있다.

이 수업에서 제안하고 있는 소비자의 교육 프로그램 기획 시도는 현장체험학습에서 교사와 학생이 주체적이고 능동적인 교육 및 학습자로 거듭날 수 있는 유용한 절차이다. 이는 기존 혁신학교의 교육과정 재구성 및 단위 학교 학교철학 수립 및 학교 민주주의로 교사와 학생 주도의 교육이 바로 서기 위한 맥락과 그 흐름이 일치하며, 현재 진행되고 있는 마을교육공동체의 맥락과도 상통한다. 혁신학교이든, 학교협동조합에 의한 마을교육공동체이든 교육의 주체와 주동은 학교에게 돌려주었을 때 그 교육적 효능이 극대화됨을 유념해야 한다.

4장

현장체험학습,
마을에서 염두에 둘 것들

학생, 교사가 교육 프로그램을 적극적으로 기획을 했더라도, 실제 현장체험학습이 이뤄지기 위해서는 숙박시설, 식당, 차량 등 여러 가지 시설 이용 문제가 해결되어야 한다. 기존에는 교육 프로그램은 새롭게 구성을 했더라도 이러한 타 지역의 시설 이용에 있어서는 여전히 제한된 선택지에 갇힐 수밖에 없었다. 학교 안의 현장체험학습 학교협동조합 교육 프로그램이 마을교육공동체로서 원활히 정착하려면 마을의 공급자와 연계된 현장체험학습 학교협동조합 모델이 만들어져야 한다.

하지만 학교에서의 교육 프로그램 설계가 기존의 마을교육 및 소규모 테마형 현장체험학습(교육여행) 학생 기획 등을 통해 어느 정도 상이 나온 데 반해서, 마을의 사업자들이 결집되는 과정은 마을 안의 다양한 변수와 상황에 따라 상이해서 하나의 모습으로 보여주기 어려운 부분이 있다.

따라서 이번 장에서는 하나의 정해진 모습보다는 고려해야 할 부분들과 현재의 모습들을 다양한 지점에서 보여줄 수 있도록 했다.

마을에서 염두에 둘 것들

누가 시작할 수 있을까

시설 사업자

가장 먼저 현장체험학습에 필요한 기본적 시설인 숙박, 식당, 차량 등을 운영하고 있는 시설 사업자를 고려해볼 수 있다. 특히 숙박시설의 경우 최근에는 지역 및 농·산·어촌의 펜션, 마을민박, 폐교 등을 활용한 서비스 제공이 늘어나고 있다. 이들은 농사, 음식, 전통놀이 같은 다양한 체험 서비스를 제공하기도 한다.

그렇다면 이들의 참여 유인은 무엇일까? 사업자 입장에서는 당연히 이윤 추구를 기본으로 할 수밖에 없다. 사업자의 이윤 추구를 무조건 부정하는 것은 잘못된 생각이다. 계속 얘기하듯이 협동조합은 이러한 각자의 개인적인 이익 추구가 사회화되면서 지역 내의 공동의 필요로 모아지는 과정, 즉 이익의 사회화 과정에 의미가 있다. 사업자 입장에서도 학교와 결합하여 지역경제를 활성화하고 사업자 각자에게도 이익이 돌아갈 수 있다는 확신이 들어야 움직일 수 있다. 따라서 적절한 유인 동기를 가미하면서 마을의 시설 공급자들을 현장체험학습 학교 협동조합으로 끌어들이는 것이 필요하다. 아래 가평의 예를 볼 수 있듯이 공급자 입장에서는 새로운 프로그램을 통해 새로운 시장을 만들 수 있다. 단순히 시설의 이용률을 높이는 것만이 아니라 지역의 프로그램을 청소년들과 함께 기획하고 지역 내의 콘텐츠를 발굴함으로써 새로운 시장이 확대될 수 있기 때문이다.

> 체험학습(수학여행) 협동조합 관련해서 참여 의사 확인에 대한 이야기가 있었는데 주로 사업적 접근이었다. 펜션을 운영하시는 분들을 비롯해 체험학습의 여러 프로그램에 많은 관심을 가지고 있다. 가평은 그 자체가 수학여행 장소가 아닐뿐더러 체험학습도 오지 않는다. 생각하기에 따라 가평이 가지고 있는 여러 가지 가치들을 창조경제로 연계시켜 만들어낼 수 있다. 그렇게 해서 아이들이 들어올 수 있다면 펜션의 가동률을 높일 수 있겠단 생각을 하게 된다. 그리고 체험학습 프로그램을 운영하는 사람들의 입장에서 보면 이것도 하나의 수학여행 체험학습 프로그램이 될 수 있다고 판단한다.
>
> _가평 교사 인터뷰에서

학부모

학부모들도 시설 사업자로 참여하는 경우가 종종 있지만, 특별한 경제적 이해관계 없이 참여하는 사례들도 많이 보게 된다. 이분들의 관심사는 학교에 참여할 수 있는 통로가 생겼다는 점이다. 매점을 중심으로 한 학교협동조합의 인터뷰에서도 알 수 있듯이 학교협동조합은 학부모들의 새로운 참여 통로가 되고 있다.

기존의 학교는 공부를 잘하는 자녀가 있거나 학교 활동에 참여할 수 있는 경제적 여력이 있는 경우에만 갈 수 있는 곳으로 여겨졌다. 내 아이라는 매개 고리가 없다면 쉽게 올 수 없는 곳이었다. 학부모로서 당연히 가질 수밖에 없는 교육에 대한 관심, 학교에 대한 관심이 내 아이에게만 한정되었던 것이다.

반면 학교협동조합은 내 아이에서부터 우리 아이로까지 확장성을 갖는다. 마을교육공동체가 지향하는 마을이 아이들을 함께 키우는 상이 바로 이런 지점이다. 내 아이로 좁혀지는 교육열은 자칫 학부모들의 이기적인 태도로 나타날 수 있다. 하지만 그 관심이 우리 아이로까지 확장될 경우 학부모들의 교육에 대한 참여는 교육자치와 시민자치라는 긍정적인 효과를 나타낸다.

더불어 학부모 자신의 자아개발에도 관심을 갖게 된다. 특히 경력단절 여성의 경우에는 학교협동조합을 통해 새롭게 사회에 진출하는 계기가 마련될 수 있다. '2014년 경력단절 여성 통계'에 따르면 15~54세 사이 기혼여성 956만 1,000명 중 결혼, 임신·출산, 육아, 자녀교육, 가족 돌봄 등의 이유로 직장을 그만둔 경력단절 여성이 213만 9,000명으로 전체의 22.4%에 달하고 있다. 2014년 8월 한국여성정책연구원의 '여성 경력단절의 사회적 비용 조사' 보고서에서는 여성이 임신·출산·육아로 경제활동을 포기한 데 따른 사회적 비용을 추산해본 결과, 2000년부터 13년간 195조 원에 이르는 것으로 나타났다.

이러한 문제를 해결하기 위해 이탈리아 볼로냐에서는 1974년부터 '카디아이'라는 협동조합을 통해 여성들의 가사노동을 사회화하여 경력단절 여성으로 인한 사회적 비용을 감소시켰다. 이 협동조합은 환자, 고령자, 아동 등을 돌보는 돌봄 서비스 협동조합으로, 여성들이 가사 및 간병 같은 돌봄 노동을 유급화하는 데 큰 기여를 했다. 이로 인해 이탈리아의 15~64세 전체 여성 고용률이 47.1%인 데 반해 볼로냐의 경우 63.7%에 이른다.

경기도 혁신교육지구 학부모 지원 전문가는 마을교육공동체 교육을 모집할 때, 많은 학부모들이 뜨거운 관심을 보인다고 한다. 한 교육의 경우 학교에서 학부모들에게 권장하지 않는데도 자발적인 참여만으로도 140명이 신청해, 4회 차 동안 평균적으로 80~90명이 참석하였다고 한다. 학부모들이 마을과 교육에 보이는 큰 관심이다. 내 아이에 대한 관심이 다른 아이를 함께 키우는 마을 교육에 대한 관심으로 이어지기도 한다. 교육을 마친 후 창의체험 강사 양성과정에도 100분 정도의 학부모들이 참여 의사를 밝혔다. 자그마한 관심이 교육으로 이어지고, 새로운 사회 활동으로 연계되며 긴 시간을 두고 학부모들이 지역에서 마을교육공동체 활동가로 성장해가고 있는 것이다.

나도 협동조합을 교육청 내에서 알기 시작한 지 얼마 안 되었기에 학부모들이 이렇게 협동조합에 대해 관심을 갖는다는 것에 대해 놀랐다. 다른 지역도 공감대를 형성하고 협동조합에 대한 이해나 인식 확산 등의 준비가 필요하지 않을까. 지역에서도 그런 것들에 대한 준비가 돼 있어야 현장에서 풀어낼 때 도움이 될 것 같다. 학교협동조합이다 보니 학부모들은 창업이라든지 직업, 생업의 의미가 아닌 학교 내에서 풀어진다는 것에 대해 관심을 많이 가진다.

이러한 경력단절 여성들의 적극적인 사회참여는 지역의 숨겨진 인력 자원을 끌어내어, 상호 호혜에 입각한 품앗이 교육을 실현시킬 수 있는 기반이 된다. 부산의 금성초등학교 교육협동조합 사례[38]에서도 알 수 있듯이 학부모들의 교육 자원을 적극적으로 활용할 경우 현장 체험학습, 방과 후 프로그램의 문제를 해결하는 실마리를 찾을 수 있다. 예컨대, 조합 학부모 중에 자연미술 전공자가 4명 있어서, 이들이 직접프로그램을 짜서 자연미술 스터디를 시작했다. 또한 교육 활동 외에도 협동조합 로고를 정하거나 마을 행사를 준비하는 등 일상적인 사업에서도 구성원들이 자발적으로 자원을 공유했다. 이에 대해 김도연 이사장은 "혼자서는 완벽하지 않지만 각각 할 수 있는 것이 달랐기에, 그것을 모아내자 굉장한 시너지가 발휘될 수 있었다."고 한다.

이들은 지역의 역사·문화적 자원 등을 소개하거나 지역의 여행을 학생들과 함께 기획하고 실행을 해나갈 수 있다. 물론 단순한 봉사가 아니라 적정한 대가를 받아갈 수 있도록 체계를 만드는 과정이 필요하다. 즉 지역 주민의 역량을 활용해 지역공동체 수익을 창출하는 지역기반관광CBT: Community Based on Tourism이 만들어지는 것이다. 예를 들어 시흥의 'The 쉼표'가 만들어지는 과정을 볼 수 있다. 시흥의 능곡동 휴먼아이마을학교의 'The 쉼표'는 마을 및 시 관계자, 마을학교

---

38. 박주희·주수원(2015),『만들자, 학교협동조합』, 맘에드림.

이용자, 자녀를 둔 학부모들 등 20여 명이 함께 마을을 이해하고 마을의 역사를 배웠다. 그리고 이를 바탕으로 마을여행을 기획했다. 여행 중간중간에 움집 체험, 다례 체험, 한과 만들기 등 즐겁고 다양한 체험을 할 수 있고, 마을을 이해하고 역사까지 배울 수 있는 '느낌이 있는 공정여행'을 기획했다. 마을여행 기획과정은 마을 안의 이야기와 역사, 마을을 아끼는 사람들과의 관계에 장점이 있다. 공정여행 관계자들과 마을에 관심이 있는 학부모 및 기관장 20명을 대상으로 두 번의 팸투어를 진행한 결과 만족할 만한 평가를 받았다. 초등학생을 대상으로 창의체험학교 운영도 기획하고, 사회적 기업으로도 준비 중이다. The 쉼표의 대표를 맡고 있는 홍진영 씨는 "아이를 키우면서 외부활동을 잘 할 수 있을지 두렵기도 하지만 마을에 대한 자부심과 마을을 널리 알리는 일이 즐겁고 재밌다."고 한다.[39]

개별 사회적 경제기업

좀 더 조직화된 민간 단위로 지역에서 이러한 현장체험학습, 창의체험활동들을 적극적으로 풀어가기 위해서 만들어진 여행상품 개발형 및 교육 기반의 사회적 경제기업들이 있다. 특히 협동조합기본법이 2012년 12월 시행되면서 마음 맞는 5명이 모이면 다양한 협동조합을 만들 수 있게 되었고, 특히나 새로운 교육 프로그램을 설계하고자 하는 욕구로 이러한 협동조합들이 많이 생겨났다. 이들은 마을 강사들을 연계하며 민관의 자원을 연계하고 있다.

---

39. 신문고(2015. 8. 16), 「'전 국민 시흥에 발 디디기'를 꿈꾸다: 그녀들의 특별한 시작–공정여행 'The 쉼표」, http://www.shinmoongo.net/sub_read.html?uid=81390.

앞서 3장에서 화성의 '화성시생태관광협동조합'과 '화성창의체험교육네트워크' 및 강원도의 다양한 사회적 경제기업들이 이러한 예이다. 다만 이들 각 기업들은 여행상품 유통의 어려움, 여행 사업 수행의 어려움, 구성원의 전문성 부족 등과 같은 비슷한 사업적 어려움을 안고 있다. 이를 세부적으로 살펴보면 다음과 같다.

여행상품 개발형 사회적 경제조직들의 어려움[40]

• 여행상품 유통의 어려움
- 3년 미만의 사업 초기 스타트업 조직으로서 확실한 유통 구조(고객 확보)가 없음.
- 조직의 낮은 인지도로 신규 고객 확보(수학여행 시장)에 어려움 발생.
- 일부 조직에서는 여행상품 고객 확보를 위한 방법으로 별도의 모객 전문 회사를 이용하기도 함.

• 여행 사업 수행의 어려움
- 고객 확보의 불확실성으로 인해 신규 여행상품 개발에 대한 투자의 어려움 발생.
- 수학여행 시장 진입에서도 고객 확보에 대한 불확실성의 문제 발생.
- 여행상품 개발에 있어 전문성이 부족하여 특화된 상품 개발이 힘듦.
- 국내여행 사업의 특성상, 여행 사업을 통한 수익 기반 취약.
- 일부 조직에서는 사업의 목적이 교육, 지역 발전 등 전문 여행사와는 다른 목적을 가지고 있음.

• 구성원의 전문성 부족
- 여행업 관련 전문 종사자가 거의 없음(전문성 취약).
- 여행사 운영 경험 부족으로 사업적·운영적(회계 처리 등) 능력 미숙.
- 수학여행 등의 학교시장 진입에 있어 행정·법령상의 까다로움으로 인해 진입을 주저하고 있음.

---

40. 『청소년 교육관광객 유치를 위한 강원도 사회적경제조직 대응방안 연구』(조한솔 외, 2014), 강원도·강원도산업경제진흥원(강원도사회적경제지원센터).

화성시생태관광협동조합도 생태해설사, 지역의 생산자, 지역 주민들이 모여 협동조합을 만들, 창의체험 교육을 활성화해가는 판을 만들어가면서 여러 현실적인 여건 속에서 화성창의체험교육네트워크로까지 이어지게 되었다.

2013년 당시 화성에 있는 6개 단체가 참여를 했고, 12개 프로그램이 운영됐다. 숲, 갯벌, 공룡, 공예 등 다양한 프로그램으로 운영을 했다. 2014년 화성시에서 사업을 운영할 사업자 선정 시 화성시생태관광협동조합이 보조 사업자로 신청하고자 하였으나 당시에는 일반협동조합(현재는 예비 사회적 기업)에 불과했기 때문에 사업을 수행할 비영리 단체를 만들었다. '화성창의체험교육네트워크'라는 비영리 단체를 구성해서 더 많은 지역의 단체들이 참여하여 같이 활동할 수 있는 장을 만들었고, 우리가 사무국을 운영하고 있는 형태가 되었다.

_화성시생태관광협동조합 인터뷰에서

사회적 경제조직 연합회

지역에 교육과 관련한 협동조합들이 많이 생겨나고, 마을교육공동체를 구성하고자 하는 욕구들이 많아질 경우 협의회가 이러한 역할을 수행할 수 있다. 협동조합 간 협동을 통해서 개별 협동조합이 할 수 없는 일을 해내며, 관리 비용을 더욱 떨어뜨리는 방식이다. 앞서 화성생태관광협동조합의 경우에도 개별 협동조합에서 시작했지만, 실제로는 '화성창의체험교육네트워크'를 통해 이러한 연합회 방식으로 확장된 경우이다.

다만 남양주 사례에서 보았듯이 아직 지자체, 교육청과의 파트너십이 구축되지 않고, 지역 내에서도 필요들이 모아지지 않은 경우 뜻있는 협동조합들이 모여서 공동의 사업 방식으로 수행해갈 수 있다. 우선은 눈에 보이는 실천 사례를 통해 사람들에게 가능성을 보여주고, 한걸음 더 나아갈 수 있도록 하는 게 중요하기 때문이다.

혹은 단일 지역의 자원이 부족하다고 하면 인근 지역을 통합하여 자원 연계를 할 수 있다. 남양주 협동조합 연합회의 경우에도 교육협동조합들이 함께 청소년들에게 마을이란 배움터 속에서 협동조합적인 협력의 방식을 알려주려 하고 있다. 개별 지역만으로는 한계가 있기에 남양주, 양평, 구리 등을 이은 한강벨트 내에서 공동 교육 사업을 모색해가고 있다. 이렇게 남양주에서 시작되었지만, 협동조합 교육 네트워크란 이름으로 경기도 전체 차원으로 청소년 대상 협동조합 교육 활성화를 위한 활동들을 펼치고 있다. '협동조합, 학교 다녀오겠습니다'란 프로그램으로 남양주 진건고, 의정부 부용고, 성남 금융고, 남양주 동화중, 도농중 학생들과 만나며 마을이 학교와 만나는 접점을 만들어가고 있다.

시장경제의 경쟁 요소의 긍정적인 측면과 함께 협력의 방식을 가르치는 것이 필요하다고 보았다. 그래서 가상 협동조합 방식으로 아이들이 5명 모둠으로 협동조합을 만들어보는 활동을 했다. 먼저 시장경제에서의 문제를 스스로 발견하도록 했다. 그 뒤 그 문제를 스스로 조직하는 방법들을 고민하도록 했다. "내가 이런 문제에 이런 아이디어가 있다. 같이 해볼래?" 하는 방식으로 자기들끼리 5명을 조직했다. 학교에서 자생적으로 모아지면 그때부터 협력자나 후원자가 필요한데, 후원자가 선생님일 수도 있고 학부모일 수도 있고 마을 주민일 수도 있다.

_남양주시협동조합연합회 이사 인터뷰에서

소비자(학교)와 사업자(마을)의 이해관계 조정의 실마리

일반적으로 소비자와 사업자는 함께하기가 쉽지 않다. 당장 가격만을 놓고 보더라도 소비자는 최대한 저렴하게 구매하고 싶고, 사업자는 최대한 비싸게 판매하고 싶은 게 인지상정이다. 그럼에도 이들이 공동의 목표를 추구하면서 서로의 이해관계를 조정하기 위해서는 어떻게 해야 할까? 이 실마리를 소비자생활협동조합에서 찾아보려 한다. 사실 우리나라의 생협은 1980년대부터 현재까지 발달하는 과정에서 소비자 집단이 생산자 조직과 함께 연대하고 협력해온 성공적인 역사와 노하우를 가지고 있으며, 전 세계적으로도 주목하는 협동조합 성공 사례이다.

필자는 생협의 공급자인 농업경영체와 소비자생활협동조합 간의 이해관계 조정 과정과 성공 요인을 살펴본 바 있다.[41] 본 연구 등을 통해 살펴본 생협의 소비자와 생산자가 협력할 수 있었던 노하우는 다음과 같았다.

---

41. 한국협동조합연구소(2013), 『농업경영체와 소비자협동조합 직거래 경영모델 개발에 대한 연구』.

첫째, 유기농산물을 직거래하는 것이 소비자와 생산자 모두에게 이익이 된다는 것을 분명하게 인지하였다. 둘째, 협동의 규칙을 함께 개발해나갔다. 먼저 생산자와 소비자가 연초에 미리 생산 물량과 가격을 약정해서 수요에 맞추어서 생산하게 함으로써 광고비용과 같은 불필요한 낭비를 줄였다. 또한 어떤 생산자가 참여할지 혹은 생산관리를 어떻게 할지에 대한 규칙을 만들고, 생산자들의 자주관리와 소비자들의 검증이 이루어질 수 있게 하였으며 품질인증체계도 만들었다. 또한 정보를 최대한 소통되게 함으로써 이러한 규칙이 공유되게 하였다. 셋째, 소비자 조직은 소비자 조직대로 생산자 조직은 생산자 조직대로 모임을 활성화하고 경영을 전문화하기 위해 노력했다. 그리고 시간이 지나면서 연합회가 만들어진 이후에는 연합회 소속 각 기관의 이사회에 소비자 리더들와 생산자 리더들을 적절하게 배치함으로써 민주적이면서도 효율적인 의사결정이 이루어지게 하였다. 넷째, "밥상살림, 농업살림, 생명살림" 혹은 "윤리적 소비를 윤리적 생산의 견인" 등, 공통의 사회적 목적이 공유될 수 있도록 지속적인 교육의 장을 마련했다. 그럼 이러한 4가지 노하우를 현장체험학습 학교협동조합과 연계하여 보다 구체적으로 설명해보도록 하겠다.

공동 사업 시너지 강화 경험

먼저 공동 사업의 시너지를 강화하고 이를 실질적인 경험을 통해 받아들일 수 있어야 한다. 그럼으로써 같은 목표를 가진 조합원들이 늘어나고, 이들 간의 결속력이 강화될 수 있다. 생협의 경우 장기간 거래를 통해 결국엔 소비자와 사업자 모두에게 경제적으로도 이익이라는 점을 인지하고 있다. 현장체험학습의 경우에도 소비자로서 학교의 정보 탐색 비용을 낮추고, 마을의 시설 사업자들도 안정적인 계약 체결과 규모의 경제로 사업적으로도 이점이 있다는 부분을 받아들일 수 있어야 한다. 이는 단순히 추상적이고 선언적인 문구로서가 아니라 작고 큰 경험을 통해 스스로 확인할 수 있어야 한다. 이와 관련해서는 앞서 2장에서 소개한 마을과 학교의 다양한 사례에서 함께했을 때의 이점을 경험하는 이들이 늘어나고 있다는 점을 주목할 필요가 있다. 물론 공동 사업의 시너지가 경제적 이해관계만으로 국한되지는 않는다. 협동조합을 하는 이유는 경제적, 사회적, 문화적 필요와 욕구이며, 마을교육공동체에서 가장 중요한 부분은 '교육'이기 때문이다. 따라서 우리들이 목표로 하는 마을과 학교가 함께 아이들을 키우고 마을이 배움터가 된다는 마을교육공동체로서의 상위 목표에 대해서도 경험적으로 확인해갈 수 있어야 한다.

규칙을 공유하는 공론의 장 마련

둘째 생협에서는 규칙을 공유하면서 준수할 수 있는 공론의 장을 마련하고 있다는 점이다. 이를 통해 무임 승차 방지와 품질관리가 이뤄질 수 있다. 이런 장치로 개별 농가 역량을 강화시키면서 소비자와 생산자 간의 미묘한 균형을 맞춰가고 있다. 협동조합은 실로 예술의 영역에 가까운 정치라 할 수 있다. 각 조합원들이 자신들이 가진 역량을 발휘할 수 있고, 그 가운데 공동의 목표를 향해 나아갈 수 있도록 만들려면 다양한 규칙에 대한 고민과 시스템 마련을 위한 노력이 필요하기 때문이다. 현장체험학습 학교협동조합의 경우에도 이러한 부분에서 초기 많은 고민이 필요하다. 여행의 기획, 프로그램 구체화, 프로그램 운영 등에 있어서 각기 어떤 품질관리가 필요한 것인지가 구체적인 항목과 지표로 정리될 수 있어야 한다. 소비자(학교)와 사업자(마을) 간에 서로에게 정당하게 요구해야 할 부분, 함께 해나갈 부분은 무엇인지 허심탄회하게 밝힐 수 있어야 한다. 두 집단 간의 민감한 이해관계 조절은 어떻게 해야 할 것인지도 함께 의논하면서 우리들만의 안을 만들어가야 하기 때문이다. 규칙은 충분히 논의하고 서로 합의를 했을 때 실질적인 힘을 발휘한다. 정해진 답은 없다. 각 지역의 처한 상황이 다르기에 각자의 여건에 맞는 규칙을 만들 수 있어야 한다.

경영 전문화 및 사업 역량 향상

셋째, 생협이 성공하는 데는 경영관리 능력을 높일 수 있는 방안을 스스로 마련했다는 점이 크다. 협동조합 역시 사업체이다. 사업을 위해 경영관리 능력은 필수적이다. 다만 각 개별 조합에서 조합원 조직관리와 사업관리까지 모두 함께할 경우 부담이 커질 수 있다. 따라서 연합회 구조를 만들어서 연합회에서 규모화를 통해 효율성을 추구하고 있다. 이는 또한 개별 소비자 조합원들의 전문적인 지식과 정보에 대한 탐색 및 리스크 관리에 대한 부담을 떨어뜨려 참여도를 높일 수 있다. 개별 조합에서는 사업에 대한 부담을 덜어내고 조합원에 필요한 교육 설계 및 조직관리에 더 많은 에너지를 쓸 수 있기 때문이다. 이를 위해 관련한 전문 경영인을 고용하기도 하고, 각 개별 조합의 조합원에서 이사, 이사장 등을 거치며 전문 경영인으로서 성장하는 경우도 있다. 현장체험학습 학교협동조합의 경우에도 후술하겠지만 처음에는 이 판을 만드는 핵심 리더가 중요하다. 여행업계에서의 경험이 있는 전문 경영진, 학교 행정에 익숙한 퇴직 교원이 함께 핵심 리더로서 운영하는 게 초기 시스템 구축과 안정적 운영을 위해 필요하다. 하지만 장기적으로는 학교와 마을 안에서 전문 경영인으로서 성장할 수 있는 구조도 마련되어야 한다. 이는 다음 성공 요인과 결부된다.

교육과 참여를 통한 성장의 장 마련

마지막으로 소비자 조합원들의 주체적 경험을 교육이나 실질적인 운영의 참여를 통해 강화해내고 있다는 점이다. 앞서 경영의 전문화와는 다소 상반될 수 있는 부분이지만, 조합원으로부터 분리된 경영만으로는 민주적 관리가 어렵기 때문이다. 생협에는 다양한 위원회가 있어 의견이 아래에서부터 위로 올라갈 수 있는 민주적 구조를 만들어내고 있다. 물품위원회를 비롯해 여러 위원회가 있고, 또 각 지역의 위원회가 만나서 공동의 의사결정 구조를 만든다. 조합원들이 의사결정의 핵심에 실질적으로 참여하고, 경영자 및 실무진의 판단과 실행을 관리 감독할 수 있는 시스템을 만들어내고 있다. 당연히도 이 구조에는 교육 역시 포함된다. 알아야 행동을 할 수 있기 때문이다. 조합에 대한 기초 교육부터 해서 전문적인 지식 교육들이 다양하게 이뤄진다. 또한 내부 인트라망을 통해 경영에 대한 정보가 투명하게 공개된다. 협동조합의 힘은 조합원으로부터 나오기 때문에 어떻게 하면 참여의 비용을 낮추고, 조합원이 실질적으로 전문 경영인을 통제할 수 있을지 끊임없이 고민하며 새로운 방안을 만들어내는 것이다. 협동조합의 5원칙인 교육·훈련 및 정보 제공이 힘을 발휘하는 대목이다. 현장체험학습에 적용할 경우에 소비자(학교)와 사업자(마을)가 함께 사업을 한다고 할 때 사업자에게 모든 것을 맡겨놓아서는 안 된다. 사업자에게 몽땅 맡기는 것이 처음에는 편리할 수 있다. 하지만 마을이 학교가 원하는 상품과 서비스를 혼자서 만들어낼 수는 없다. 연결 고리가 끊어진 마을은 일반 사업자와 다를 바가 없어질 수 있고, 다시금 원래의 상태로 돌아갈 수 있기 때문이다. 따라서 학교라는 소비자 역시 주체적으로 참여하면서 여행의 기획과 운영 구조를 파악하고, 의견을 제시하고 일정한 지식을 습득하고 정보를 찾아나가야 한다. 이 부분이 이전의 단순한 쇼핑 고객보다는 더 품이 많이 들어갈 수 있다. 이것은 일찍이 창의적 체험활동을 마을과 학교가 연계해서 협력하는 방안을 모색할 때부터 지적되어온 내용이다.[42]

김경애(2011)는 학교와 지역사회의 협력적 연계 방안을 강조하며 다음과 같은 극복해야 할 과제를 제시한다. 먼저 외부 자원 활용 시 외부 자원에 전적으로 의존하는 경우가 발생해서, 학교에서 지역자원 연계 시 완전 위탁하고 교사는 프로그램에 관여하지 않는 경우들이 나타난다. 그런데 이렇게 할 경우 지역과의 단순 연계 실적으로는 나올 수 있지만 상호작용과 협력 가운데 교육을 위한 효과를 제고할 수 있을지에 대한 고민이 부족할 수 있다고 한다. 더욱이 학교와 지역사회가 상호 호혜적 관계 속에서 협력하며 윈윈 전략을 취해야 하나 학교가 일방적으로 지역사회의 자원을 활용하려는 의도를 가지고 있는 경우나 지역사회 기관에서 자신의 실적을 확대하려는 의도를 가지고 있

---

42. 김경애(2011), 「창의적 체험활동 활성화를 위한 학교–지역사회 연계 방안」, 『창의적 체험활동 지역사회 운영모형개발 연구 콜로키움 자료집 II』, 한국청소년정책연구원.

을 때 문제가 될 수 있다는 점을 지적한다. 결국 이러한 논의에 비추어볼 때 학교와 마을은 서로 조금씩 품을 들여가며 함께 기획과 운영에 관여를 해야 한다. 동시에 이 과정은 학생들에게 있어 훌륭한 진로체험의 장이자, 다양한 삶을 배워나가는 역동적인 배움의 기능이 되어야 하는 것이다.

핵심 리더와 공론의 장의 중요성

구슬이 서 말이어도 꿰어야 보배란 말이 있듯이 이렇게 다양한 사람들과 자원이 있다고 하더라도 이를 묶어줄 마을의 핵심 리더가 없다면 일이 성사되기 어렵다. 일이 되게 하는 것은 결국 사람이다. 협동조합은 더욱 그러하다. 협동조합은 사업체이자 결사체인데 그중에서도 방점을 두는 것은 결사체이다. 이처럼 사람들의 조직에서 힘이 나오기 때문에 이러한 조직에 대한 감각 있는 핵심 리더가 발굴되지 않고서는 본 프로그램이 원활히 구성되기 어렵다. 그렇기에 협동조합에서 중요하게 여기는 교육이 협동조합 임직원 교육, 리더 교육이다. 물론 협동조합은 출자금에 관계없이 모두가 1개의 의결권과 선거권을 갖는 수평적인 조직이다. 하지만 이러한 민주적 선언이 핵심 리더를 부정하는 것은 절대 아니다. 모두 한 걸음 더 나가기 위해서는 한 걸음 먼저 나설 수 있는 핵심 리더가 중요하기 때문이다.

특히 앞에서 밝혔듯이 학교와 마을 사이에서 이해관계를 적절히 조정하는 건 결코 쉬운 일이 아니며, 더욱이 협동조합은 단순히 협의체가 아닌 사업체로서 성격도 가진다. 그러므로 사업적인 판단을 할 수 있는 역량과 적절한 자원을 끌어올 수 있는 연계망이 있어야 한다. 앞서 중요한 주체로 살펴본 사업자, 학부모, 협동조합, 협동조합연합회, 중간지원조직만 해도 서로 다른 이해관계를 가지고 있기에 이를 하나로 묶어주기가 쉽지 않다. 또 사업자라고 해도 각 사업자들의 특색에 따라 서로 상충되는 경우들이 많다.

이렇듯 핵심 리더의 역할은 아무리 강조해도 지나치지 않다. 달리 얘기하면 핵심 리더가 양성되지 않은 지역에서는 본 현장체험학습 학교협동조합을 시작하는 게 어렵다는 것을 알 수 있다.

하지만 이러한 핵심 리더는 앞서 살펴보았듯이 선험적으로 존재하는 게 아닌 발굴되고 양성되는 것이기도 하다. 그렇기에 지역마다 마을의 핵심 리더를 양성하려 하고 있다. 이러한 핵심 리더 양성 교육에 있어서 마을교육공동체 활성화 프로그램으로 본 현장체험학습에 대한 고민을 풀어놓고 방향을 모색해본다면 좋은 성과를 만들어낼 수 있으리라 본다.

만약 뛰어난 1인의 육성으로 협동조합이 완성될 수 있다면 이는 결국 스티브 잡스를 키워내는 주식회사 방식과 다를 바가 없을 것이다. 협동조합이 활성화되려면 한 사람의 열 걸음보다 열 사람의 한 걸음을 더 높이 사는 함께 걸어가는 마음이 깃들어야 한다. 핵심 리더 역시 이러한 공존공생의 마인드를 가진 분이어야 한다.

또한 핵심 리더만큼이나 앞서 논의한 대로 이해관계 조정을 통한 공론의 장을 완성하는 게 중요하다. 현장체험학습 학교협동조합은 단순히 현장체험학습 프로그램을 대행하는 곳이 아니라 주체적으로 프로그램을 기획하고 운영하는 곳이며, 이러한 기획과 운영은 앞서 언급한 민주적 의사결정에 의해 자율적으로 이뤄지는 것이다.

문제는 이러한 공론의 장을 만드는 것이 생각처럼 쉽지 않다는 것이다. 협동조합 활동가들은 흔히 회의주의자라고 하는데, 그것은 그만큼 부정적이라는 얘기가 아니라 사람들의 모임, 즉 '회의'를 자주 해야 한다는 것이기 때문이다. 효율적으로 서둘러 결정하는 것에는 익숙하지만 모든 사람의 의견을 듣고 함께 결정해가는 것에는 아직 익숙하지 않은 게 우리들의 모습이다. 그렇게 지난한 과정이지만 이러한 공론의 장을 튼튼하게 만드는 것은 무엇보다도 마을교육공동체의 큰 힘이 된다.

아래 중간지원조직 실무자의 고민을 들어보자. 아직 협동조합 협의회 안에서 학교와의 관계에 대한 고민이 충분히 풀어지지 않은 가운데 중간지원조직인 센터가 먼저 앞장서서 결론을 내리고 서둘러 갈 수도 있다. 하지만 이렇게 하면 언제나 실패할 수밖에 없다. 중간지원조직은 협동조합들을 견인하는 역할을 하는 것이 아니기 때문이다. 또 아무리 훌륭한 결론이라 하더라도 주체 안에서 결정되지 않고 외부에서 주어진 답이라면 협동조합 안에서 힘을 가질 수 없다. 그렇게 답만을 추구하는 조직이 아니기 때문이다.

그런데 더욱 큰 문제는 조합원마다 내리는 답이 다를 수 있지만 동시에 협동조합마다 내리는 답이 다를 수도 있다는 것이다. 이처럼 다른 논의들이 어떻게 하나로 뭉쳐지고 담보될까. 결국 아래 인터뷰에 나오듯이 '협동과 협의'가 담보되어야 한다. 지난한 과정일 수밖에 없는 부분이다.

공동의 교육 사업을 고민하는 지역 안의 협동조합들이 교육팀으로 묶여 있다. 그런데 그 두 조합의 의견이 항상 일치하는 게 아니고 다를 수도 있다. 그럴 때는 지원센터 담당자 입장에서 애매하다. 그래서 자체적으로 교육팀한테 결정하라고 센터 입장에서는 발을 뺀다. 진짜 어려운 부분이다. 학교는 교육 프로그램이 중요할 수 있는데, 참여하는 업체나 사회적 경제 영역에서는 사업이기 때문에 현실적으로 예산 부분도 고민이 된다. 이 부분과 관련해 중간에 어떻게 할지는 협의 말고 할 수 있는 방법이 없는 것 같다. "우리가 이 프로그램을 이렇게 운영하겠다. 너네는 어떻게 운영해. 우리는 이만큼 하면 너네는 이만큼 해." 이렇게 협동과 협의가 담보되지 않으면 어떻게 할 수 없는 부분인 것 같다.

_중간지원조직 실무자 인터뷰에서

그래서 어떤 사람들은 협동조합이 굉장히 비효율적이고 현실에서는 실현 불가능한 상상의 산물로 생각하기 마련이다. 하지만 협동조합은 동시에 굉장히 구체적이고 실리적인 부분에서 작동한다. 성남의 사례를 살펴보자. 성남 판교 25통의 사례에서 학교장 세 분과 판교수련관장 세 분이 모인 이유는 무엇보다 명확하다. 아직 지역 기반이 갖춰지지 않고, 사람들이 모이지 않은 가운데 지역을 활성화해야 이분들의 일도 풀릴 수 있었던 것이다. 개인 이익의 사회화. 바로 이 지점이다. 공동의 필요를 가진 사람들이 함께 모이고, 서로 친해지며 인간적인 정을 쌓고 함께 힘을 모아 할 일을 모색해간다.

공론의 장이란 관에서 주도하는 몇 차례의 협의회나 TF 모임만으로 구성되기 어려운 부분이 있다. 아래에서부터 필요와 욕구가 모아지고, 함께 살을 부대끼며 서로 간 정을 쌓고, 오해도 풀고 공동의 필요를 모아보는 과정이다.

성남에 판교 25통이라는 마을이 있는데 25통이라는 것 자체가 브랜드가 되었다. 사람도 없고 삭막해서 학교장 세 분과 판교수련관장 세 분이 모여서 뭐라도 같이 해보자 해서 만났다. 거기서 지역 주민들과 학부모님들이 모여서 친목계처럼 모임이 형성되었다. 그렇게 자기들끼리 뭐라도 해보자 하더니 학교장과 친해지니까 아이들이 먼저 지역사회로 나왔다. 마을에 도자기, 목공예, 커튼, 책가게, 커피가게가 있으니까 돌아가면서 실습을 해주자고 되었다. 제가 봤을 때 마을교육공동체의 출발점은 학교 밖으로 먼저 나오는 게 우선인 것 같다. 그다음에 학교장이 학교를 오픈시켜야 할 것 같다. "우리 축제를 한번 같이해보자." 그리하여 그곳에 보평 초·중·고가 있는데 초·중·고가 다 같이 하게 되니까 지역 주민까지 함께 축제를 한다. 협동조합만 없을 뿐이지 거의 협동조합과 흡사하다고 본다. 그 전제조건은 학교장님과 교감, 부장선생님 같은 학교에 계신 분들과 지역사회 주민들, 학부모님들이 같이 어우러지는 자리가 마련되면 마을교육공동체가 금방 만들어질 것 같다. 가장 먼저는 인간 사는 정을 쌓아야 할 것 같다. 그러다 보니까 상권이 살아나는 거다. 돈도 많이 벌고, 친해지고, 25통 전체가 마을 축제도 하고 벼룩시장을 한다. 또 '왓 이즈'에서 감동적인 글을 써서 펀딩을 받는데, 그것 자체도 아이들에게 경제교육이 되고 시스템화되는 것 같다.

_성남형교육지원단 인터뷰에서

이때 중요한 점은 일정한 가치관을 서로 공유하는 것이다. 학생들의 의미 있는 교육적 경험 창출에 방향성을 두지만 그렇다고 일방적으로 학교의 이해관계만을 관철시키는 공동체는 아니다. 최저가격이 아닌 적정가격을 고민하는 공간인 셈이다. 또한 지역 이해관계자들 역시 기존의 생산자 혹은 판매자로서 입장만이 아니라 새로운 지역의 교육 프로그램 활성화를 통한 원원 전략을 고민해야 한다. 이러한 과정이 모두 협동조합의 운영원리에 입각해 민주적인 의사결정으로 이뤄진다.

학교와 마을이 함께하는 판은 이미 진행 중

함께할 사람을 모으고, 함께할 방법을 찾고, 핵심적인 역할을 할 사람을 찾고 공론의 장을 만들었다 하더라도 여전히 판을 만들어 진행하기엔 걱정이 되는 부분이 많다. 이와 관련해서 참고할 만한 외국 사례를 소개해보겠다.

1장에서 소개한 영국의 청소년 협동조합 프로젝트 활동인 영코아퍼러티브young cooperative이다. 영국 학생들은 다양한 방식의 소규모 프로젝트로 협동조합을 운영하는 경험을 갖는다.[43] 짧게는 한 학기에서 길게는 2년까지 학생들이 팀을 이루어 협동조합 방식으로 사업이나 프로젝트를 운영하면서 협동, 자조, 자치, 기업가 정신 등을 배우는 것이다. 공정무역자판이나 수공예품 사업 등 다양하다. 이러한 사업들을

---

43. Young Cooperative 프로그램은 전국 협동조합 지원 기관인 협동조합 칼리지(Cooperative Colledge)가 만들고 보급하는 일을 담당하고 있다. 협동조합학교가 아닌 경우에도 영코아퍼러티브를 활용하여 교과과정에 적용하는 학교들이 많이 있다.

운영하려고 하면 필연적으로 마을과 연결되게 된다. 사업을 진행하기 위해 필요한 지식은 학교의 비즈니스 수업에서 얻기도 하지만 마을의 비영리 단체, 가족, 로컬 비즈니스로부터 도움을 받기 때문이다. 따라서 관련 단체나 지역으로 현장체험학습을 나가기도 하고 그렇게 해서 생산한 물품은 지역의 장터나 행사장에서 파는 경우도 많다. 더불어 학생들이 얻은 수입도 지역의 단체에 기부하거나 하면서 지역과 연계를 가져간다.

우리가 주목할 만한 것은 학교와 마을이 협력하여 이러한 학생들의 학교와 마을이 연계된 사업을 좀 더 체계적으로 진행하기 위해 몇몇 학교와 관련 비영리 단체와 협동조합 지원조직이 모여서 지역 단위 협동조직을 만들기도 한다는 점이다. 1장에서 소개한 영국 위건Wigan 지역에서 만들어진 골번앤로손협동조합재단(Golborne and Lowton Cooperative Trust, 줄여서 GoalCo라고 부름)도 이렇게 지역사회의 학교, 비영리 단체 등이 모여서 만들어진 단체이다.

그럼 GoalCo는 어떻게 이러한 운영 구조를 만들었을까? 의사결정 구조를 살펴보면 교육 프로그램 운영과 자산 운영이 이원화되어 있는 것을 알 수 있다. 먼저 교육 프로그램 운영과 관련해서는 교육적 효과를 높이기 위해 학생들의 주도권을 최대한 높이고 있다. 골번고등학교 학생들은 가입비 1파운드(한화 약 1,700원)를 내고 GoalCo의 멤버로 가입한 후 협동 사업 프로젝트에 참여할 수 있다. 학생들이 어떤 협동 프로젝트를 진행하고 누가 어떻게 참여할지 등에 대해서도 학생들이 중심이 되어 결정한다. 개별 학생들은 3개의 미팅과 한 번의 이벤트에 참석하는 등 일정한 자격 요건을 갖추면 특정 배지를 받는 등 학생들의 참여를 독려하는 세심한 배려도 있다. 즉, 학생들의 실제적인 참여와 아이디어로 GoalCo의 주요 사업이 결정될 수 있게 하는 것이다.

이러한 학생 중심의 협동 사업 프로젝트 운영과 별도로 전체 GoalCo의 이사회governing board는 재산을 관리해야 되기 때문에 신탁 관리자의 방식으로 지역의 환경단체와 학교의 교사와 학부모 등으로 구성되어 있다. 이렇게 학생들의 협동 프로젝트를 조력하기 위해 다양한 자원이 결합될 수 있게 한다. 예컨대 습지 프로젝트의 경우에도 처음 사업 아이디어는 한 교사가 제안했지만, 이 프로젝트가 실현 가능하게 되기까지 마을의 여러 사람의 힘이 합쳐졌다. 가장 먼저 지역의 건축 회사가 건물을 지으면서 그 녹지를 학교 옆에 습지 방식으로 조성될 수 있도록 땅을 파고 공사를 하는 역할을 했다. 시의원은 관련 기관의 기금을 연결시키고, 지역의 환경단체는 자원 결합과 함께 생물 다양성 및 습지 전문 지식을 연결시킨다.

이렇듯 학교를 중심으로 한 교육 프로그램과 마을을 중심으로 한 자산 운영 구조의 방식을 우리의 마을교육공동체에서 활용해볼 수 있지 않을까.

사업 단계별 구체적인 역할 나누기

어느 정도 논의의 틀이 만들어졌다면 구체적인 사업별 역할을 나눠보도록 하자. 현장체험학습 내지 교육여행을 마을에서 같이 준비하면서 아이들과 함께 기획할 때 어떤 역할들이 필요할까.

모두의 필요를 조정하는 기획

먼저 학교, 마을, 지자체, 교육청 관계자 등이 함께 모여 한 해 동안 진행될 공동의 프로그램을 조정하는 단계가 필요하다. 이 모든 과정에서 교육과정과의 연계, 학생들의 안전, 마을에서 현실적으로 구현할 수 있는 가능성 등을 모두 검토하며 진행되어야 할 것이다.

여행을 기획한다는 것은 그 자체로 훌륭한 교육이자, 마을 측면에서는 고객의 니즈를 반영한 정확한 상품 설계의 과정이기도 하다. 다만 이때 마을이 아무런 준비 없이 만나서는 안 된다. 마을여행이라고 해서 모든 것이 다 가능하거나 허용될 수 있는 것은 아니기 때문이다.

학교, 마을, 학부모 모두가 모여서 적정한 지침과 나침반을 만들어야한다. 여행을 통해 세상을 배우는 대안학교인 '로드스꼴라' 교사 역시이러한 점을 지적한다.[44] 10대에게 모든 결정권을 주고 선택해서 '아무렇게나 해봐라'라고 하는 것은 가혹하다는 것이다. 어떤 것들을 판단하고 결정하는 것이 한계가 있기 때문에 어느 정도의 범위를 주고 그안에서 한계선을 만들어주는 역할이 필요하다.

마을과 학교가 함께 공동 기획을 한다는 것은 이러한 일정한 바운더리를 만들어주는 것이다.

상호 학습 효과를 극대화하는 프로그램 구체화

공동의 프로그램이 기획되었다면, 이제 구체화하는 과정을 밟아야한다. 먼저 학교에서는 학생-교사의 협동 수업을 통해 지역 내의 교육프로그램을 구체화하는 과정을 밟아가야 한다. 3장에서 보았듯이 중학교의 경우 자유학기제와 맞물려 프로그램이 진행될 수도 있을 것이다. 충분한 시간을 갖고 다른 지역 학생들에게도 소개할 수 있을 정도로 마을을 소개하는 프로그램을 구체화시키며 상호 학습의 효과를극대화하는 게 포인트이다.

이렇게 학생들이 구체화한 교육 콘텐츠를 바탕으로 마을에서는 외부 학생들을 수용할 수 있는 시설 및 세부적인 마을 프로그램의 구체

---

44. 경향신문(2010. 8. 11), 「길 위의 학교 로드스꼴라, "걸으며 보고, 걸으며 배우는 대안학교"」, http://news.khan.co.kr/kh_news/khan_art_view.html?artid=201008111704232.

화도 동시에 이뤄져야 한다. 특히 구체적인 비용과 인력 투입을 면밀하게 산출해내어 사업적인 부분을 책임질 수 있어야 한다.

상호 호혜에 바탕을 둔 프로그램 운영

프로그램 홍보와 접수

학교와 마을의 협력 방식을 통해 현장체험학습 프로그램 상이 구체화되었다면 이제 다른 지역에 알리고 교류의 장을 만드는 게 필요하다. 초기 단계에서는 선택지가 많지 않아 단순한 일대일 매칭으로만 이뤄질 수도 있지만, 향후 프로그램이 활성화될 경우 다양한 선택지들이 생겨날 수 있다. 하지만 가급적 서로 지역에 상호 교환의 방식으로 호혜적 교류가 이뤄지는 방식이 본 사업의 취지에 적합할 것이다.

프로그램 운영과 모니터링

프로그램의 홍보와 접수를 통해 탐방할 마을이 확정되었다면 이제 본격적으로 프로그램을 운영해야 한다. 다른 지역 학생들이 왔을 때, 자신들이 사는 마을을 같이 탐방하는 첫 번째 탐방과 함께 다른 지역 마을을 소개받으며 탐방하는 두 번째 탐방이 구체적인 프로그램을 이룬다. 다른 학교 학생들과의 상호 학습이 이뤄질 수 있다. 마을은 이러한 탐방에 필요한 시설 및 프로그램 운영에 있어 행정적인 부분과 사업적인 부분을 맡아서 주도하게 된다.

다음으로 모니터링 과정이다. 화성 사례에서 살펴보았듯이 프로그램을 만들고 운영하는 것도 어렵지만 더욱 중요하기 때문이다. 품질관리가 지속적으로 되지 않는다면 처음 의도와 달리 시장에서 제공되는 교육 프로그램보다 더 질이 떨어질 수 있다.

평가 및 정산

프로그램이 진행되었다면 이제 평가와 정산 단계가 필요하다. 학교의 경우에는 학습 활동지를 바탕으로 하는 교육적 평가가 중심이 될 것이며, 마을의 경우에는 프로그램의 안전성, 수익 측면에서 하는 사업적 평가 중심이 될 것이다.

단계별 역할

구분	학교	마을
기획	•공동 기획 •학교, 마을 사업자, 지자체, 교육청 관계자 등이 모여 공동으로 올해의 프로그램의 대략적인 상을 기획함.	
프로그램 구체화	•학생-교사의 협동 수업을 통한 지역 내의 교육 프로그램 구체화 •타 지역 학생들에게도 소개할 수 있을 정도로 구체적인 콘텐츠가 구성되어야 함	•학생들을 수용할 수 있는 시설 및 세부적인 마을 프로그램의 구체화 •특히 구체적인 비용과 인력 투입을 면밀하게 산출해낼 수 있어야 함
프로그램 홍보 및 접수	•구체화된 프로그램을 홍보하고 다른 지역에서 접수할 수 있도록 함	
프로그램 운영	•자기 마을 탐방 소개하기(타 지역 학생들이 왔을 때, 같이 탐방하며 소개를 함) •타 마을 탐방 학습하기(소개를 받으며 학습을 함)	•마을을 탐방할 때 필요한 시설 및 프로그램 운영에 있어 행정적인 부분을 맡아서 함
평가 및 정산	•학습 시트지를 바탕으로 하는 교육적 평가 중심	•프로그램의 안전성, 수익 측면에서 하는 사업적 평가 중심

마을 배움터, 우리 모두가 교육자다

우리가 마을교육공동체를 이야기하는 것은 마을이 함께 아이들을 키운다는 의미일 것이다. 사실 해당 문제에 대해 가장 잘 설명을 잘할 수 있는 것은 당사자이다. 추상화 과정에서 여과되기도 하는 생생한 삶의 경험과 언어를 아이들이 인터뷰에서, 직간접적인 경험을 통해 할 수 있기 때문이다.

하지만 다음에서 살펴볼 현장체험을 진행하며 어려움을 겪는 사례에서 보이듯이 실제로는 쉽지 않다. 당장의 생활에 바쁜 가운데, 학생들에게 교육적 의미가 담긴 경험을 배정하고 구체적인 설명을 한다는 것은 생업에 종사하는 사람들에게 쉽지 않은 일이다. 서로 간의 협의와 준비된 프로그램이 아니고서는 마을의 주민들이 바로 교육적 경험을 줄 수 있는 마을교육공동체의 일원이 된다는 것은 생각보다 어려운 일일 수 있다.

> 도농복합도시인 우리 지역 3팀 정도가 농촌봉사를 갔다. 제가 간 지역의 팀은 특산품이 무엇인지, 왜 이런 특산품을 재배하게 됐는지에 대한 것들을 조사했고, 쌀 개방에 따른 농민들을 인터뷰했다. 이 가운데 조금 안타까웠던 것은 아이들이 섭외를 하고 이야기하는 것에 대해 어른들이 응대를 하지 않는다는 점이었다. 이런 부분과 관련해 농촌문제로 어려움이 있는 이 지역의 관계자가 설명을 해주거나 지원이나 정보를 제공해줄 수 있다면 아이들이 하루지만 깊이 있게 알 수 있지 않을까 생각했다.
>
> _소규모 테마형 현장체험 진행 교사 인터뷰에서

사실 이것은 교사가 직접 나서기 껄끄러운 부분이다. 교육의 주체를 교사로만 생각하는 일반적인 사고에서, 학교 바깥에서 교사 아닌 사람이 교육의 주체가 될 수 있다는 생각을 하기가 쉽지 않다. "내가 무슨 도움이 된다고……", "아이들이 오면 귀찮기나 하지……"라고 생각하기 쉽다.

　학교-마을의 교육적 연계 방안을 모색함에 있어 이러한 인식의 한계가 큰 장애 요인이 된다. 김경애(2011) 역시 이러한 분절된 인식으로 인한 문제를 지적한다.[45] 사회의 다양한 기관들 중에서 학교는 교육에 대한 전문성을 확보한 독립된 조직으로서 교육에 관한 한 대부분의 권한과 책임을 가져왔다고 한다. 이로 인해 지역 내에서 학교 외 타 기관들은 각 분야별 내용 전문성을 가지고 있으나, 교육 활동에 참여한 경험은 부족했기에 교육적 전문성을 심화하기 어려웠다. 하지만 사실 학교는 지역사회의 교육을 담당하는 중요한 곳이지만, 유일한 곳은 아니라는 점을 지적한다. 그럼에도 지역사회 기관들은 중요한 교육적 기능을 수행할 수 있다는 생각을 잘 하지 못한다는 것이다. 이렇게 함께 교육기관 역할을 수행해야 할 학교와 마을이 교육적으로 연계가 되어 있지 않다 보니 지역의 기관은 학교의 교육과정 운영에 대한 정보, 학교에서 도움을 필요로 하는 부분에 대한 정보가 부족하고 경험 역시 부족하다. 또한 학교는 지역사회 교육 자원에 대한 정보가 부족해서 어려움에 처해 있다.

---

45. 김경애(2011), 「창의적 체험활동 활성화를 위한 학교-지역사회 연계 방안」, 『창의적 체험활동 지역사회 운영모형개발 연구 콜로키움 자료집 Ⅱ』, 한국청소년정책연구원.

결국 학교 역시 단순히 학교와 마을의 연계에 있어 내부의 일을 단순히 위탁한다는 개념보다는 함께 힘을 합쳐 진행한다는 생각을 가져야 한다. 마을과 학교가 연계하여 성공적인 마을학교 경험을 쌓아가고 있는 경기 양평의 서종중학교 최형규 교장의 경우에도 이런 점을 지적한다. "사실 마을이나 공동체 문화가 거의 사라진 상황에서 억지로 마을교육공동체 사업을 끌고 가는 건 한계가 있다"며 "모든 주민이 참여하지는 않더라도 일단 학교와 마을 간 신뢰를 쌓는 게 중요하다. 이후 한쪽이 뭔가를 일방적으로 요구하는 게 아니라 서로 도움을 주고받을 수 있는 부분을 찾아야 한다"고 말한다. 이러한 관점에서 서종중의 경우 학부모, 교사들이 함께 마을 주민들을 찾아 나서서 마을교육을 함께할 사람을 찾았다고 한다. 최 교장은 "마을학교를 운영하는 건 아이들을 건강한 공동체의 시민으로 키워내기 위해서"라며 "그러려면 마을 자체가 배움의 장이 돼야 한다. 아이들이 마을에 관심을 갖고 어른들과 교류하며 시민의 권리를 알아가는 게 중요하다"고 강조한다.[46]

그렇기에 이 가운데서 중간 작용을 해줄 수 있는 사회적 경제기업이나 연합회의 역할이 중요하다. 이들은 경제를 이윤 논리만이 아닌 공동체로서, 순환경제로서, 마을에 기반을 둔 지역경제로서 사고하기 때문이다. 아이들을 가르치는 것은 귀찮고, 교사만이 해야 하는 일이 아닌 앞으로 함께 살아갈 동반자와 경험을 나누는 일이 된다. 남양주 연합회의 사례에서 보이듯이 함께 살아갈 아이들, 마을에 터전을 잡

---

46. 한겨레 (2015. 11. 02), 「'내 아이' 키운다는 마음 모이자 마을도 살아나」, http://www.hani.co.kr/arti/society/schooling/715646.html.

을 아이들에게 미리부터 함께 고민을 나누자고 한다. 이렇게 해서 아이들도 마을의 당당한 시민이 되는 것이다. 어른들 역시 내 마을의 아이들인데 궁금한 점에 대해 답변해주고 함께 체험하는 게 그렇게 싫지만은 않다. 문제는 방법을 몰라서, 익숙하지가 않아서 주저하게 되는 것이다. 그러한 어색함을 하나씩 풀어가고 방법을 알려준다. 그렇게 아이들은 학교 바깥의 마을 배움터로 나갈 수 있게 된다.

마을과 학교가 가려면 살아가는 곳도 이 마을이고, 앞으로 돌아올 곳도 이곳이면 중위권 애들은 어차피 돌아와서 식당 하고 그러지 않겠나. 그러면 어렸을 때부터 보고 마을에서 궁금한 것들을 얘기해줄 수 있었으면 좋겠다. 어른들이 마을이고 내 아이들인데 해코지하겠는가? 저희는 협동조합이기 때문에 사전에 교육을 하겠다고 한다. "이러이러해서 이런 프로그램이니까 오시면 잘해주시고 애들이 궁금한 것 소리 지르지 말고 알려주시라고." 이렇게 교육을 한다. 학교 내 프로그램이 괜찮으면 우리가 들어갈 수 있다. 하지만 더 중요한 것은 나와야 한다고 생각한다. 아이들이 가까운 화원을 직접 가보고 어떻게 꽃이 유통되는지 물어보고 경험한다. 저희가 직접 해봤는데 정말 아이들의 만족도가 높다. 어디 시장에 가서 원가 얼마에 사왔고, 어디 가서 팔래로 시작해서 다양한 질문을 한다.

_남양주시 협동조합협의회 이사 인터뷰에서

물론 이렇게 마을과 학교가 함께 교육을 고민하는 것은 쉽지 않은 일이다. 아직은 이러한 만남에 익숙하지 않고 준비가 되어 있지 않다.

마을교육공동체에 적극적인 교사들은 아직 마을 안에서 함께 고민할 파트너를 찾지 못했고, 반면 마을 안에서 학교와 연계해서 고민하는 사업자들은 학교 안에서 함께 고민할 교사들을 만나지 못했다. 그렇지만 분명 앞서 보여줬던 것처럼 새로운 움직임들은 생겨나고 있다. 아직 모르기에, 촉매작용이 없었기에 형성되지 않는 면도 크다. 따라서 각 지역의 상황에 맞게 차근차근 연계를 하며 이러한 흐름을 촉진할 수 있을 것이다.

교육적인 부분에 대한 고민은 교사들이, 사업적인 고민은 사업자 쪽에서 주되게 할 수 있고, 그러면서도 서로가 서로의 고민을 이해하고 함께 나갈 수 있는 연계 고리가 생겨나야 하는 것이다.

그리고 이때 유의해야 할 것은 학생들이 단순히 소비자로만 머물지 않는다는 점을 사업자들이 이해해야 한다는 점이다. 이것이 바로 이전의 사회적 경제에서 마련된 현장체험학습 프로그램과 차별점을 갖는 부분이다. 아이들은 단순히 A, B, C라는 이미 정해진 선택지의 패키지 프로그램 중에서 하나를 택하는 것이 아니다. 앞서 설명했듯이 학생들이 직접 기획하고, 더 나아가서는 다른 지역의 학생들에게 주체적으로 안내를 하며 상호 학습을 해줄 수 있는 기획자로서 주체적으로 참여하는 것이다.

그렇기에 사업자 입장에서도 미리 정해진 프로그램을 세팅하는 것에 주력할 것이 아니라, 레고처럼 다양한 상상력을 자극하는 여러 모듈들을 구비하고 학생들의 주체적인 기획과 상상력에 대응할 수 있도록 대비하는 게 필요한 것이다. 이를 위해 사업자 입장에서 필요한 것은 프로그램과 내용을 갖추되 여러 상황에 맞춰서 변화할 수 있는 유연성이다. 사업자 입장에서 아무리 좋은 것이라 하더라도 이를 막무가 내로 고집하거나 학교에 이식하려 생각해서는 안 된다. 각 학교의 상황이 있고, 각 학교 구성원들의 필요와 욕구가 있다. 때로 그러한 요구사항이 전체를 다 알고 경험을 해본 사람으로서 최적이 아니라고 생각할지라도 구성원들의 최선의 요구사항을 받는 것이 바로 협동조합의 방식이다. 협동조합은 최적의 해가 아닌 최선의 해를 찾는 것이기 때문이다. 그렇게 수학적으로 옳은 정답이 아닌 구성원들이 합의하고, 구성원들이 바라는 안을 찾고 그 안에서 경험을 하며 새로운 깨달음을 얻는 것이 바로 협동조합의 방식이고 현장체험학습 학교협동조합의 교육적 경험이다.

협동조합, 법인격이 필요하다

학교협동조합은 교육공동체이면서 동시에 사업체이기도 하다. 따라서 원활한 사업 수행을 위해서는 계약관계 등을 위해 법인격을 갖춰야 하는 측면이 있다. 현재 매점 중심의 학교협동조합 등이 본격적인 사업을 추진하기 위해서는 물품 구매 및 회계처리를 위해 협동조합기본법상의 협동조합으로서 법인격을 갖추는 것과 같다. 특히 지자체 평생교육과나 교육청의 현장체험학습 지원 사업 등과 관련해 사업비를 받거나 나라장터를 통한 입찰을 받기 위해서는 이러한 법인격을 갖추는 것은 필수적이다.

현재는 학교협동조합은 공익적 측면과 교육과학기술부와의 관계를 위해 사회적협동조합으로 인가신청을 하고 있다. 현장체험학습 학교협동조합은 단일 학교별로 이러한 법인격을 갖출 필요는 없지만, 마을교육공동체 단위 혹은 경기도 전체 차원에서 협동조합 법인격을 갖춰야할 수 있다. 일종의 지역거점형 학교협동조합이다. 다만 서둘러 법인격을 갖추기보다 우선은 주체의 형성과 착실한 교육 프로그램 마련 및 사업 전략을 갖추는 게 보다 중요하다.

만약 이러한 준비가 되었다면 다음과 같은 단계로 협동조합을 구성해갈 수 있다.

발기인 모집

협동조합이 설립되기 위해서 가장 중요한 것은 공동의 필요를 느끼는 이해관계자들을 조직화하는 것이다. 매점 중심의 사업 모델은 이러한 부분을 보다 쉽게 할 수 있는 측면이 있다.

현장체험학습 학교협동조합 모델에서 더욱 어려운 것은 학교 내의 소비자 조합원뿐 아니라, 마을의 사업자 조합원을 포괄하며 공동의 상을 그려가야 한다는 점이다. 이들을 묶어주는 공동의 필요는 마을의 역사적, 문화적 자원을 발굴하고 이를 교육과 연계해서 지역순환경제를 만들어가는 부분이다.

사업계획과 정관 작성

공통의 필요를 공유하는 집단이 묶여졌다면 이제 본격적으로 사업계획 및 정관 작성을 해야 한다.

현장체험학습 학교협동조합에서의 사업은 크게 두 가지로 나뉜다. 첫 번째는 교육 프로그램으로, 소비자 조합원인 학교에서 주체적으로 구성해나간다. 본격적인 시범사업에 앞서 학교에서 이러한 교육 프로

그램을 기획하고, 학생들이 다른 지역의 학생들을 대상으로 가이드를
하면서 상호 교육의 경험을 할 수 있을지 타진해보는 것이 필요하다.
이와 관련하여 안성 비룡중학교에서 시행된 지역사 프로젝트 수업을
중심으로 학생, 교사가 어떻게 협력하여 지역의 자원을 조사하고, 함
께 현장체험학습 프로그램을 기획할 수 있는지 제안해보았다.

두 번째는 마을 중심의 프로그램과 관련한 설비 및 교육 관련 협동
조합 등의 운영으로, 사업자 조합원인 마을에서 주체적으로 구성해가
는 부분이다. 각 지역에서 식당, 숙박시설 그리고 부가적인 교육 프로
그램을 제공해주는 교육 관련 협동조합 등이 연계되어 지역순환경제
협동조합 모델을 만들어내는 영역이다. 앞서 소비자 조합원이 중심이
되어 만든 교육 프로그램이 사업자 조합원과 연계되며, 지역순환경제
협동조합과 연계되어 각 지역의 마을교육공동체를 만들어내게 되는
것이다.

이러한 소비자 조합원의 교육 프로그램 구성과 사업자 조합원의 시
설 운영이 연계되는 공동 사업을 위해서는 각 조합원의 권리와 책임
에 대한 상이 정해져야 한다. 이러한 조직적인 규칙을 정하는 과정
이 정관 작성이다. 정관 작성과 관련해서는 기획재정부에서 발행하는
『(사회적)협동조합 설립 가이드북』[47]에 자세하게 나와 있다. 협동조합기
본법에 따른 정관의 필수 기재 사항은 다음과 같다.

47. http://www.coop.go.kr/COOP/bbs/archiveDetail.do.

정관 필수 기재 사항(협동조합기본법 제86조)

1. 목적
2. 명칭 및 주된 사무소의 소재지
3. 조합원 및 대리인의 자격
4. 조합원의 가입, 탈퇴 및 제명에 관한 사항
5. 출자 1좌의 금액과 납입 방법 및 시기, 조합원의 출자좌수 한도
6. 조합원의 권리와 의무에 관한 사항
7. 잉여금과 손실금의 처리에 관한 사항
8. 적립금의 적립 방법 및 사용에 관한 사항
9. 사업의 범위 및 회계에 관한 사항
10. 기관 및 임원에 관한 사항
11. 공고의 방법에 관한 사항
12. 해산에 관한 사항
13. 출자금의 양도에 관한 사항
14. 그 밖에 총회·이사회의 운영 등에 필요한 사항

마을력을 촉진하는 마중물, 지역센터

지역센터의 필요성

이러한 마을의 활동을 초기에 촉진하는 역할로서 센터를 고민해볼 수 있다. 물론 센터에 대한 접근은 조심스러워야 한다. 마을 만들기를 비롯하여 전국에 많은 센터들이 생겨나고 있지만 유명무실한 경우들도 많다. 센터를 만든다고 해서 자연스럽게 마을력이 활성화되는 것은 아니다. 또 센터가 앞서 설명한 마을과 학교가 해야 할 역할을 모두 다 할 수도 없다. 마을과 학교가 고민하고 있는 부분에서 센터 역시 1/n로서 역할 분담을 하는 것이지, 센터를 만병통치약처럼 생각해서는 안 될 지점이다.

그럼에도 경기도 시흥의 ABC센터[48]처럼 센터가 교육청과 지자체의 협력과 관련된 과도기 단계로서 초기 마중물의 역할을 할 수 있다. 즉

---

48. 경기도교육청 혁신교육지구사업(교육청–지자체 협력사업)으로 시흥시가 2010년 이후 혁신교육지구로 선정되었음. 2015년에 혁신교육지구 사업은 종료된 후 어떻게 될지 결정되지는 않았지만, 시흥시 같은 경우 ABC센터로 안정적으로 학교와 지자체, 교육청과 지자체의 가교 역할을 하고 있고 현장의 좋은 평가를 받음.

정보 비대칭의 문제, 행정 절차의 문제, 품질 관리의 문제를 개선하지 않는다면 학교로서는 오히려 사업과 행정에서의 부담을 더욱 안게 될 수도 있기 때문이다. 물론 이는 어디까지나 마중물로서의 역할이고, 이후에는 마을과 학교가 자체적으로 순환할 수 있는 구조가 형성되어야 한다. 그렇지 않다면 또 하나의 잘못된 관료기관이나 유명무실한 센터만 덩그러니 남을 수 있기 때문이다.

한때, 협동조합은 정부 지원을 전혀 받아서는 안 되고 민간의 자원만으로 운영되어야 한다는 생각이 지배한 적이 있었으나, 이탈리아의 사회적협동조합, 프랑스의 공익협동조합의 사례들이 나오면서 오히려 협동조합과 사회적 자원이 결합되어 협동조합의 공적 기능을 강화할 수 있다는 쪽으로 상이 바뀌고 있다. 현장체험학습 학교협동조합은 학교교육의 강화라는 공익적 역할을 하는 기관으로서 학교와 마을 간 협력만이 아니라 정부라고 할 수 있는 지자체 및 교육청과의 협력도 중요하다. 학교협동조합이기 때문에 협력하는 것이 아니라 현장체험학습이라는 공익적 지향을 추구하는 사업을 하기 때문에 지원하는 것이라고 이해하면 되겠다. 장기적으로는 민간의 자율적인 힘으로 자주적으로 운영되는 현장체험학습 학교협동조합이 완성될 수 있겠지만, 과도기에서 지자체의 자원이 일정하게 결합된 협동조합 모델의 상을 고려하는 것은 자연스럽다.

마을교육공동체의 활성화는 학교와 지역사회 모두에게 이익이 될 수 있다. 여야 및 정치적 이념의 문제를 떠나 사회적 경제, 마을교육공동체와 같은 공동체를 통해 현재 문제를 해결할 수밖에 없는 상황이기 때문이다. 이는 지역 내 일자리 창출 및 지역 선순환경제에 기여할

뿐더러 공익적인 역할을 많이 수행함으로써 복지 문제를 해결하는 데도 도움을 줄 수 있다. 지역 내 필요한 일이지만 이윤이 남지 않아 시장에서 생산되지 않는 상품과 서비스, 정부가 직접 나서서 하기에 관리 조직의 비용이 많이 들고 지역 주민들의 의견 수렴을 하는 데 어려운 영역에서 사회적 경제와 마을교육공동체가 활성화되고 있다.

그렇기에 교육청과 지자체에서도 현장체험학습과 관련한 교육 프로그램의 활성화, 시설 사업자들의 적극적인 참여는 무조건 환영할 일이다. 다만 특정 기업만을 지원할 수는 없는 일이기에 화성처럼 민간 파트너가 구축되어야 가능한 부분이 있다. 또한 현재 사회적 경제 지원은 직접적인 지원보다는 교육, 상담, 컨설팅 등 간접 지원을 통한 생태계 조성에 초점이 맞추어져 있는 만큼 개별 기업들이 자체적인 의지를 보이고 자립 구조를 만들어가야 지원이 가능하기도 하다. 이를 위한 마중물 지원과 함께 인적 자원의 발굴과 그에 맞는 예산 지원이 수반되어야 한다.

지역센터, 어떻게 구성할까

현장체험학습 학교협동조합은 학교마다 학교협동조합을 설립하는 것이 아닌, 중앙 단위의 학교협동조합이고 마을 역시 이러한 전체 지역으로 상정하기에 이를 지원해주는 역할을 하는 권역별 내지 지역별 센터를 구상해볼 수 있다.

센터를 안정적으로 운영하기 위하여 정주할 수 있는 인원이 있어야 한다. 센터의 구성 인원은 교육청 관계자, 지자체 관계자, 교육봉사자, 학부모, 시민단체, 협동조합 전문가, 교육 기부자 등으로 제한하는 것이 바람직하다. 외부 민간단체(이해관계자)가 들어오면 복잡해질 것이 분명하기 때문에 초기에는 자문 형태로 들어오는 것 이외에 직접 관여하게 해서는 안 된다. 장기적인 관점에서 업무의 안정성과 일자리 창출 효과를 위하여 계약직보다는 정규직을 고용했으면 한다. 현장체험학습 도우미 등의 인력 양성을 통해 은퇴자(명예퇴직 교원, 경력단절 여성 등), 청년 일자리 창출 효과도 기대할 수 있을 것이다. 교원 중에서는 희망하는 자에 한해, 현장체험학습 학교협동조합에 관심 있는 이들을 중심으로 발전협의회를 구성하여 초창기 기획에 참여하게 한다. 추후 모니터링 그룹이나 TF팀으로 활동하게 하는 것도 효율적인 운영 방식이 될 수 있다. 학교 현장을 모르는 이들로만 현장체험학습 학교협동조합이 구성된다면 이권 사업으로 변질될 가능성이 크기 때문이다.

센터에는 코디네이터가 존재하여 초기의 어려움들을 해결하기 위해 학교나 지역별로 지원을 나가야 한다. 물론 이후에는 학교협동조합 자체의 활성화로 자체적인 고용 능력이 될 수 있어야 한다. 이는 단계적인 능력 배양이다. 센터에서는 지자체의 예산으로 코디네이터를 고용하는 것이 가장 안정적일 수 있다. 계약직으로 할 경우 안정성에 문제가 생길 우려가 있으므로 가급적이면 사기 문제도 고려해 정규직으로 구성하는 것이 좋을 듯싶다. 정규직에 대한 부담을 들어 주저할 수 있는데, 실제 정규직으로 채용하게 되면 주인의식을 가지고 적극적으로 움직이기 때문에 현장체험학습 학교협동조합의 확산에 크게 기여할 수 있을 것으로 보인다. 그런 점에서 센터의 핵심은 인건비이다. 최소한 이 부분만큼은 지자체에서 예산 지원을 해야 한다.

센터가 지금처럼 계약직 직원을 1~2명 뽑는 수준에 그친다면 한 곳이라도 제대로 만드는 것이 중요하다. 좀 더 규모를 키우는 형태라면 지자체의 주무관을 파견하는 형태나 지자체 예산으로 정규직을 고용하는 형태도 제안할 수 있다. 센터의 기능과 역할에 대한 제도적인 부분은 기관 대 기관이 만나 논의하는 것이 선행되어야 한다. 센터의 몇 가지 유형을 생각해본다면 아래와 같다.

센터의 운영 모델 및 유형

모델 유형	내용	장점	단점
교육청과 지자체 연계 모델 (혁신교육지구 사업 등)	교육청 파견 교사, 지자체 주무관, 교육 기부, 학부모, 협동조합 전문가 등이 결합한 모델	가장 안정적인 모델이 될 수 있으며, 확산 가능성이 큼.	지자체에 따라 예산 및 인력, 지속성의 한계가 있을 수 있음.
교육청 주도형 모델	교육지원청의 마을장학사[49] (지역형 트랙)가 주무관과 팀을 구축하여 역할을 담당함. 이러한 방식의 교육청 주도 모델은 혁신교육지원청이라 부를 수 있음. 2016년도 상반기부터 지정될 수 있을 것임. 현재 경기도교육청에서 지역 교육청 혁신에 관한 연구(혁신교육지원청, 연구 마무리는 2015 11월 예정) 수행 중에 있음.	교육적인 효과가 크게 나타날 수 있으며, 교원을 중심으로 현장체험학습 학교협동조합이 확산될 수 있음.	교원을 중심으로 현장체험학습 협동조합을 진행한다면, 확산하는 데는 큰 무리는 없으나 질적인 성장으로 이어지는 데는 한계가 있음. 가장 큰 문제는 교육청 예산으로는 학교협동조합을 이끌어나갈 수 있는 한계가 극명함.
지자체 주도형 모델	지자체 사무관과 주무관이 중심이 되어 학교를 지원해주는 형태	예산과 인력을 바탕으로 지역 주민과 지자체가 함께 현장체험학습 학교 협동조합을 만들 수 있음.	교원이 배제되어 학교가 적극적으로 결합하지 않을 가능성이 있음. 또한, 교육적이지 않은 이권 사업으로 변질되어서 무분별한 확산을 가져올 수 있음.

49. 교육 전문 직원의 전문 전형 형태임. 5장에서 자세하게 소개되고 있음.

기타 외부 단체 주도형 모델	외부 단체나 사회적 기업(협동조합)이 지자체와 교육청을 지원해주는 형태임.	교육청이나 지자체에서 행정적인 소모를 할 필요가 없기 때문에 편리함.	이권 개입에 따라 성패가 좌우되고, 교육청이나 지자체가 종속될 수 있는 소지가 있음. 민간단체가 개입된다면 현장체험학습이 학교협동조합화 되어 질 높고 값싼 현장체험학습 형태로 되는 것이 아니라 반대의 현상이 나타날 수 있음.
교육 기부형 운영 모델			예산과 네트워크에 있어서 한계가 있을 것이고, 학교 현장에 미치는 영향이 미미해질 것임.

지역센터의 역할

코디네이터 및 인큐베이터 역할

경기도교육청에서 추진한 혁신교육지구는 이미 경기도교육청을 넘어 다른 시·도교육청으로 확산되고 있다. 혁신교육지구에서 소액의 예산으로 높은 효과를 볼 수 있는 것이 코디네이터의 역할이다. 혁신교육지구를 경험했던 단위 학교에서도 이러한 부분이 증명된 사례가 많다. 코디네이터는 다양한 역할을 수행할 수 있을 것이고, 기존 지역 활동가들과 연계되어서 네트워크 맵을 만드는 데 기여할 수 있을 것이다. 지역 문화예술 쪽의 활동 범위가 넓은 이들을 찾는다면 학생들 진로교육과도 자연스럽게 연결될 수 있을 것이다. 이 코디네이터는 학부모나 지역 주민이 할 수도 있고, 교사가 할 수도 있을 것이다. 지금도 교육 기부 형식으로 코디네이터 역할을 하고 있는 인원이 상당히

시범사업의 예

구분	비고
시범 사업 공모	• 6개 이상 지역 선정(3쌍), 시범 사업 관련한 혜택을 다음과 같이 정할 수 있음 - 마을버스협동조합이나 차량 사업 주체가 있는 곳이 거의 없다는 점을 고려, 본 사업과 관련한 교통 혜택을 제공 - 시범 사업 기획 및 회의 진행료 제공 - 코디네이터 제공 - 학부모교육지원센터 자원봉사 프로그램 결합 등 • 다음과 같이 요건을 지정할 수 있음 - 3개 이상 현장체험학습 프로그램 기획할 수 있는 지역일 것 - 학교와 함께 마을의 이용 시설 주체 공동 신청 - 타 지역과 협의하여 공동 신청한 경우 우선 선정
시범 사업 주체 간 구체적인 협의 및 교육 프로그램 기획	• 예비 선정된 시범 사업 주체 간 상호 교류할 수 있도록 협의 * 각 학교별 교육 프로그램 기획 및 상호 협의
현장체험학습 진행	
평가	* 사업 정착을 위해 개선해야 할 점, 추가적으로 지원되어야 할 부분들을 중심으로 평가

존재한다.

또 다음과 같은 시범사업을 통해 초기 모델을 만들고 인큐베이터 역할을 할 수 있다.

공신력 확보

현장체험학습 학교협동조합을 위해 기본적으로 마을의 주민과 학교가 만나야 하는데, 이 만남에 있어서 교육청의 중간 연계 역할이 필요하다. 학교 교사나 학생이 같은 고민을 나눌 수 있는 마을 사업자를 찾기도 어렵지만, 그 반대의 경우도 쉽지 않기 때문이다. 마을교육공동체가 시행되면서 학교의 문호가 많이 개방이 되었다고 해도, 여전히 학교의 문턱은 높다. 마을에서 제공하는 다양한 프로그램에 대해 학교에서 모르는 경우가 많기 때문에 교육청의 안내 공문만으로도 큰 보탬이 된다.

이러한 점에서 센터는 초창기에 교육청과 연계해서 공신력을 확보할 수 있다. 이후의 과정에서는 원활한 흐름들이 자생적으로 생길 수 있겠지만 교육청과 지자체가 힘을 합쳐 마을교육공동체의 성공을 위한 마중물 역할을 해야 한다. 마을교육공동체는 마을공동체와 달리 교육이라는 부분(교육적인 의미)이 더해졌기 때문에 교육청과 학교의 역할이 당연히 강화될 수밖에 없다. 그러나 의무적으로 시행하게 되면 자칫 부작용을 가져올 수 있기 때문에 주의가 필요하다.

학교 의견 수렴 역할

초기에는 교사의 업무가 수업으로 집중되어 좋은 교육 콘텐츠가 나올 수 있도록 하는 배려가 필요하다. 따라서 학교협동조합과의 의사소통 및 기획 프로그램에 대해 마을 사업자에게 전달하며 중간 연계하는 역할을 센터가 해주는 것도 필요하다.

정보 집결 및 우수 사례 발굴

인적 자원의 발굴과 그에 맞는 예산 지원이 현장체험학습 학교협동조합이 만들어진 이후에 종합안내 시스템의 일환으로 홈페이지가 활성화되어야 한다. 현재 지자체에서 운영하는 여러 관광정보 사이트 이외에 다음과 같은 소규모 테마형 현장체험학습(교육여행) 사례 및 행정과 관련한 사이트들이 운영되고 있다.

다만 학교와 사업자 간의 실시간 연계가 이뤄져서 실제 원스톱으로 현장체험학습 관련한 사무를 볼 수 있도록 구축되어 있지는 않다.

현재의 현장체험학습 관련 사이트 목록

주관 부처	사이트	주소
교육부	창의인성 No.1 포털 크레존	http://www.crezone.net
(사)한국교육여행협회	Edu-Tour In korea	http://www.edutour.or.kr
서울시교육청	소규모 테마형 교육여행 지원센터	http://gogo.sen.go.kr
부산광역시교육청	수학여행 포털 사이트	http://schooltrip.pen.go.kr
경기교육청	창의적 체험활동 지원센터 에듀모두	http://edumodoo.goe.go.kr

각 지역의 현장체험학습을 비교하면서 선택할 때 클릭 한 번으로 체험 예약 날짜, 숙박, 이동수단, 체험 프로그램, 가격 정보 또는 단체 할인 제도를 운영하는 것이 효과적이기 때문에 홈페이지에서 자세한 사항까지 한눈에 파악할 수 있으면 좋을 것이다. 이러한 원스톱 행정 시스템 초기 구축 투자비용이 비싸고 담당자가 바뀌거나 유지보수 업체와의 연장 계약 조건이 안 맞아 관리가 제대로 되지 않을 때 외면받는 경우가 많다. 따라서 여러 사이트가 난립하기보다는 한 개의 사이트 안에 경기도의 정보가 다 제공되도록 교육청과 지자체, 그리고 지역 간의 연계를 통해 공동으로 운영되는 방향이 논의되어야 할 것이다. 수요자의 접근성이 보장되지 않고 유사한 사이트가 난립할 경우 제대로 활용되지 않을 수 있기 때문이다.

더불어 공유된 정보를 검증할 수 있도록 해야 한다. 수요자가 한눈에 알아볼 수 있게 각종 코스를 10점 만점 또는 별 5개를 기준으로 시설, 환경, 문화적인 요소, 환경적인 요소, 만족도까지 제시한다. 조작되지 않도록 인증팀이 관리할 수 있도록 하며 별도로 댓글을 달아 교원, 학생, 학부모가 부여받은 번호로 수요자 인증도 할 수 있도록 한다. 비수기 가격 할인을 안내하거나, 지역 내 펜션 업체 등과 연계 링크 또는 협의하는 것도 가능할 것이다. 각종 가이드북을 출판하면 더 저렴하고 풍성한 정보를 제공할 수도 있을 것이다. 학생 현장체험학습 이외에도 더 나아가서는 성인 테마 여행과 연계한 상품을 개발하는 것도 장기 과제로 생각해볼 수 있을 것이다.

현장체험학습 인증

센터 내에 인증팀은 별도로 구성해야 한다. 인증팀의 역할은 교육 기부자를 통해 현장체험학습 코스의 답사로 한정하거나 행정적인 역할까지 겸할 수 있다. 현장체험학습에 있어서 인증은 매우 중요한 부분이기 때문에 수시로 업데이트해야 하며, 허위정보를 즉시 수정하지 않으면 수요자들의 외면을 받을 수 있기 때문에 실시간으로 현장의 요구와 의견 및 실태를 반영해야 한다.

인증단 구성은 교육 기부(학생 창업 동아리, 사회적 기업, 경력단절 여성(경단녀), 교육 관련 은퇴자원과 연계)와 결합하여 운영하는 것이 가장 바람직하다. 특별한 예산이 소요되지도 않기 때문이다. 다만, 이해관계자가 인증단에 들어오게 된다면 정확한 인증이 어렵기 때문에 혼란이 발생할 수 있다. 따라서 순수한 교육 기부자를 선별하는 작업이 먼저다. 이들에게 기본적인 교통요금 정도는 지급해야 하는지 판단해보아야 한다. 수요자와 공급자가 자동으로 매칭되고, 운영자가 중간에 확인할 수 있는 시스템을 마련, 인증단과 모니터링단(교육청 협조)은 별도 운영하는 것이 바람직하며, 실제 다녀온 이들에 한해 인증번호를 부여해서 수요자들에게 정확한 정보를 제공하는 것도 필요하다.

인증단의 구성은 시·도교육청마다 다를 수 있을 것이다. 인적 자원과 예산이 다르기 때문에 오히려 똑같이 한다는 것 자체가 쉽지 않다. 다만 교육청에서는 가장 효과적으로 지자체와 협력할 수 있는 방안이 이 인증단의 운영일 수 있을 것이다. 기존 사업 방식에 비추어볼 때 지자체에서는 예산을 가지고 있기 때문에 주도성을 가지려 한다. 교육청과 유기적으로 협력하기 위해서는 인증단의 운영과 구성 방식은 교육청이 주도하는 것이 맞다. 인증단을 어떻게 운영하느냐에 따라 질적 관리가 제대로 될지 아닐지가 판가름 날 수 있기 때문에 매우 신중히 접근해야 한다. 더 나아가서는 공급자 협동조합에 대한 인증도 검토해봐야 하지 않을까 생각한다. 지자체에서 이 부분을 맡는다면 시설이나 안전에만 신경을 쓸 수 있다. 얼마나 교육적인 프로그램을 운영하고 있는지, 교육을 할 수 있는 동선이나 시설이 존재하는지는 교육청에서 고민해야 한다.

다른 지역과 연계

다른 지자체의 관광산업과 연계를 하는 것인데, 이것을 현장체험학습 학교협동조합에서 자체적으로 담당하기는 어려운 부분이기 때문에 센터를 통한 연계가 필요하다. 기존에 분절적으로 움직였던 관광산업을 하나로 묶어 연결해주는 시스템이 필요하다. 도내 현장체험학습 학교협동조합을 활성화시킨 후 외부와 결합하는 방식이 있을 수 있고, 반대로 네트워크를 만들고 도내 현장체험학습 학교협동조합을 만들어나갈 수 있다.

다른 지자체 및 교육청과 홈스테이 방식의 현장체험학습 협동조합 방식도 고민해볼 수 있다. 이 경우 1년에 1회가 아닌 분기별 지속적인 교류가 될 것이다. 실제로 수익 모델은 아니지만, 학교 간 교류를 통해 현장체험학습을 협동조합화하는 방식도 일부 지역에서 존재한다. 도·농 간의 격차가 있는 지역에서 자매결연을 하는 방식인데, 이것이 현장체험학습 학교협동조합의 시작일 수 있다.

이상 학교와 마을에서 준비해야 할 부분에 대해 정리해보았다. 각 지역마다 다른 자원과 인력이 있으며, 여러 환경도 다르기 때문에 각각에 맞는 상이 필요할 것이라고 본다. 자신의 지역에 적합한 모델을 찾아가는 것이 중요하다. 소비자(학교)가 먼저 나서거나 중심이 되어서 한 곳도 있고, 생산자(마을)가 중심이 되어서 한 곳도 있다. 또는 지자체나 교육청에서 자원이 먼저 투입되어 공익센터가 중심이 되어 협동조합 방식의 의사결정 구조를 지향해가는 곳도 있다. 정답은 없다.

우리가 원하는 목적과 상이 있다면 이를 달성할 수 있는 길은 하나만이 아니라 여러 갈래의 길이 있다. 학교와 마을이 함께하고, 학생들이 그 안에서 마을의 주인이자 시민으로서 주체적으로 현장체험학습 및 교육여행을 설계하고, 스스로 마을을 알아간다는 방향성을 잃지 않는다면 다양한 방식이 가능하다고 본다. 그런 점에서 마지막으로 최종적으로 변하는 미래의 상에 대해 살펴보자.

5장

마을에서 함께 틔우는
모두를 위한 교육

지금까지 1장에서는 마을과 학교가 함께하는 현장체험학습 학교협동조합의 개념을 알아보고, 2장에서는 현재 이미 마을과 학교에서 실천되고 있는 다양한 변화의 흐름을 살펴보았다. 3장과 4장에서는 이를 위해 각각 학교와 마을에서 준비해야 하는 일들을 정리해보았다. 5장에서는 이러한 노력을 통해 최종적으로 우리가 변화하는 미래의 모습, 그리고 이러한 변화된 현장체험학습의 교육적 의미를 살펴보고자 한다. 또한 현장체험학습 학교협동조합 활성화를 위한 과제와 정책 제안을 덧붙여보았다.

현장체험학습 학교협동조합, 변화의 시작

학교라는 소비자와 마을이라는 사업자 모두에게 이득이 되는 윈윈 전략을 마련할 수 있는 현장체험학습 학교협동조합을 만든다고 할 때 구체적으로는 어떤 부분이 바뀔 수 있을까? 학교 차원의 변화와 지역 차원의 변화에서 살펴보자.

학교의 변화:
배움의 공동체, 상호 학습으로서의 현장체험학습

현장체험학습 학교협동조합의 가장 중요한 점은 학생들이 기획하는 모델을 만듦으로써 현장체험학습의 본래의 목적인 교육적 효과를 극대화할 수 있는 방법을 찾는 데 있다.

우리가 현장체험학습의 대안을 마련하기 위해 노력하는 것은 교육적 효과와 교육 수요자의 현장체험학습의 적극적 요구 때문이다. 따라서 현장체험학습 학교협동조합은 조합원 각자의 경제적 편익 역시 고려해야 하지만 근본에는 교육을 목적으로 우리 사회의 미래 구성원인 아이들을 기르는 데 참여한다는 마인드가 필요하다.

학교의 현장체험학습은 수업의 연계선상에서 이루어져야 하는 경제적 소비 행위이다. 무작정 밖으로 나가서 체험만 하고 오거나 놀고 온다면 교육 행위는 사라지는 것이며, 기존의 현장체험학습의 문제점을 해결해주는 대안이 될 수도 없다. 교육 프로그램을 기획하고 이 교육 내용이 한층 심화되기 위한 방향으로 사회적 자원은 이를 실행해주기 위한 경제적 지원을 하는 방식으로 결합되어야 한다. 이때 사회적 자본이 이익만을 목적으로 여행업계의 이익 극대화 행보를 보인다면 '세월호 사건'과 같은 일이 발생하는 것이다. 따라서 학교 주도의, 교육 중심의 현장체험학습 학교협동조합의 대안이 제공되어야 할 것이다.

이미 정답이 없는 사회를 살아가는 지금 시점에서 가장 강조되는 교육은 문제 해결 능력이다. 현장체험학습 및 교육여행은 실제 삶에서 부딪치게 되는 다양한 문제들을 경험하고 이 속에서 자신만의 해법을 찾아갈 수 있는 좋은 배움의 공간이다. 이러한 능동적 교육적 효과에 대해서 하태욱[2015][50]은 여행을 실제하는 세계와 맞닥뜨리면서 참여적인 학습을 경험하게 되는 지점에 주목한다. 실제로 행위하고 반추하고 수정하고 재실행하는 반성적인 학습을 통해 교육적인 경험을 가진다고 보는 것이다. 특히나 학교에서는 협동학습으로서 의미를 갖게 된다고 지적한다.

50. 하태욱(2015), 「안전한 교육? 교육을 위한 안전!」, 『각급학교 안전여행을 위한 정책포럼』.

이러한 여행의 교육적 의미에 주목하여 아름다운재단[51]에는 2001년부터 아동청소년여행지원사업을 지원하면서 청소년들이 스스로 여행을 기획하고 진행하며 그 결과를 발표할 수 있도록 했다. 2013년에 이 사업을 신청하여 선정된 아산의 키움센터[52]에서는 이 사업에 신청하는 것 자체가 좋은 공부가 되었다고 한다. 센터 학생 30명 중 12명을 선발하는 과정에서 왜 여행을 가고 싶은지 이유를 적어내라고 했고, 학생들끼리 자치회의를 통해서 최종 인원을 선발했기 때문이다. 어른들이 가라고 하니까 가는 여행이 아니라, 왜 여행을 가고 싶은지, 간다면 어디로 갈 것인지, 거기서 무엇을 배울지를 스스로 고민하며 자신만의 답을 찾아가기 때문이다. 또한 그 과정을 다른 학생들과 함께하면서 서로 간의 생각을 맞춰가는 과정을 겪는다. 그 과정에서 가능한 가보기 힘든 곳 먼 곳으로 가자는 뜻에서 제주도를 결정했다고 한다. 그리고 '역사와 문화, 자연'을 주제로 삼았다. 다시 어떤 내용을 배울지 어떻게 숙박과 교통을 마련할지 책과 인터넷, 주변 사람들에게 물어보며 스스로 공부를 해나간다. 수학여행 등에 따라갈 때는 어른들이 정해둔 대로 움직이면 될 일이지만 이 모든 걸 학생들 스스로 결정하는 것도 고민이고 학습의 과정이다. 이 과정을 경험한 학생은 평소 어른들이 쓰는 말들 중에 모르던 말들도 알게 되고, 공부도 하게 됐다고 한다. 성수기라는 말이 뭔지 몰랐는데, 사람들이 많이 가기 때문에 가격이 비싸지는 시기를 말하더라는 살아 있는 경제교육을 한 것

51. http://www.beautifulfund.org/?m=fund&uid=31.
52. 한겨레(2013. 7. 1), 「여행 스케줄 직접 짜다 보니 어느새 공부가 돼요」, http://www.hani.co.kr/arti/society/schooling/593977.html.

이다.

이처럼 자기 주도 여행의 교육적 효과는 거창한 것이 아니다. 여행이란 매일 반복되는 일상을 낯설게 만들고, 그 속에서 새로운 과제를 만들기 때문이다. 예를 들어 앞서 살펴본 남양주 협동조합 연합회에서 교육 서비스 관련 협동조합들과 결합해 기획하고 운영한 '협동조합, 학교 다녀오겠습니다' 프로그램의 한 내용을 보자. 학생들이 일상의 문제를 발견해서 마을을 기반으로 가상의 협동조합을 만들어가는 이 모둠 활동에서는 점심을 해결하는 것도 재미난 미션 수행이 된다. 5명이 기본이 되는 활동에서 어느 날은 한 명이 빠지고 4명이 와서 3만 원을 주고 밥을 먹고 오라고 했다고 한다. 보통 밥값이 오천 원이나 육천 원인데, 어떻게 움직이나 봤더니 "일단 먹고 보자." 했다. 그래서 조건을 걸어 한 푼도 남기지 말고 만족도를 크게 하라고 했다. 경제학의 최대 효용을 위한 선택의 문제를 제시한 것이다. 아이들이 편의점을 갔는데 얘기치 않게 할인을 해줘서 880원이 남았다. 아무리 해도 맞추지 못하며 한 시간 넘게 찾아 돌아다니다 보니 880원짜리 비빔면을 찾게 되었다. 배가 부른데도 미션상 누군가 먹어야 해서 한 아이가 손들고 먹었다고 한다. 일상에서 경제적인 문제를 발견하고 아이들이 스스로 움직이며 협력을 통해 해결해가는 과정을 겪는다. 단순히 밥 사먹는 일상적인 소비 행위에 대해 최대 효용, 민주적 합의, 협업이란 몇 가지 규칙만을 제시했는데도 훌륭한 교육 경험이 되었다. 아이들은 이러한 놀이 속에서 교과서로는 익힐 수 없는 경제관념을 배운다.

이처럼 마을 안의 자원들을 연계하는 가운데 교육적 미션을 강화하며 적극적으로 배움의 공간으로 활용하는 사례들이 최근 들어 많이 생겨나고 있다. '진지한 재미로 수업을 디자인하라!'를 표방하며 초·중등 교사와 학예사 등이 뜻을 모아 만든 비영리 단체인 재미교육연구소의 활동[53]이 그 예이다. 형식 교육의 장으로서의 학교와 비형식 교육의 장으로서의 지역사회를 넘나들며 실질적이고 재미있는 교육 콘텐츠를 만들어내고 있다. 이를 위해 학생들이 능동적으로 임하며 재미와 몰입감을 느낄 수 있도록 각 장소마다 미션을 주고, 이를 적극적으로 풀어갈 수 있도록 게임을 설계했다. 이렇게 해서 2014년 하반기만 해도 '쥘베른 컬렉션(7월)', '광장시장 식신로드(8월)', '삼청동 레이스(9월)', '정동 1900(10월)' 등의 판이 열렸다. 참여한 학생들 대부분은 실제로 느끼며 즐겁게 퀘스트 자체를 해나가면서 재미나게 체득한 경험이었다고 한다.

사실 이러한 지역 자원과 연계된 지역과 연계된 게이미피케이션의 역사는 2005년 '도시 보드게임화 리얼타임 체험형 콘텐츠'로 거슬러 올라간다.[54] 대구시와 (재)대구디지털산업진흥원으로부터 '게임을 테마로 한 다양한 축제 콘텐츠' 미션을 부여받은 전충훈 도심 RPG 컬렉티브 디렉터는 참여자가 주인이 되고, 그 자체를 놀이의 방식으로 풀어갈 수 있는 도심 RPG를 개발해냈다. 낯설기만 했던 도심 RPG는 〈무한도전〉, 〈1박 2일〉, 〈런닝맨〉 등으로 인해 이제는 쉽게 이해되고, 현장체험학습에서도 앞서 사례처럼 적극적으로 결합되고 있다. 참여자들의 적극성을 이끌어내고, 교육과 놀이가 융합되어 몰입도를 높인다는

53. 정준환(2015), 『재미와 게임으로 빚어낸 신나는 프로젝트 학습』, 상상채널, 348-363.
54. 김정태 외(2014), 『게이미피케이션 세상을 플레이하다』, 홍릉과학출판사, 297-327.

장점 외에도 마을의 숨겨진 이야기, 자원을 새롭게 발굴하고 스토리텔링으로 새로운 가치를 부여한다는 점에서 마을교육공동체와 결합도가 높다.

비단 의식적으로 게임의 요소와 교육적 요소를 도입하지 않아도 학생들이 스스로 기획하고 운영할 수 있도록 한다면 여행 자체가 훌륭한 교육적 프로그램이 될 수 있다. 여행에는 예상하지 못했던 다양한 문제들이 있고, 크고 작은 문제들을 학생들이 협력하며 풀어가면서 그 안에서 교육적 효과를 얻을 수 있기 때문이다. 예를 들어 학생들이 주도한 기획 여행 중에서 기차를 처음 탄 학생들이 많고 그것만으로도 놀라운 경험이 되었다는 웃지 못할 사례도 있었다. 사실 부모님의 자동차가 아닌 기차를 타고 친구들끼리 먼 곳으로 여행 가는 경험마저도 부족한 게 우리 교육의 척박한 현실이기 때문이다. 학생들이 삶으로부터 분리된 가운데 공부 노동만을 하고 있는 상황에서 다양하고 생생한 삶의 체험은 갈수록 줄어들고 있다. 그렇기에 더욱 우리는 마을, 일상, 경험에 주목한다.

이러한 경험의 확장뿐 아니라 학생들 간의 상호 학습 효과도 눈여겨볼 만하다. 예를 들어 스웨덴의 테마 여행을 체험한 학생의 얘기를 들어보자.[55] 이 학생이 경험한 여행에서는 가이드가 따로 없었다. 대신 학생 한 명 한 명이 모두 가이드 역할을 했다. 여행 전 각 학생들은 다른 학생에게 설명할 수 있도록 포인트를 하나씩 선택해 공부해 갔기 때문이다. 자기가 맡은 현장에 이르면 공부를 한 학생이 다른

---

55. 『서울교육』 5월호 「스웨덴의 교육여행 '테마 여행' 체험기」(황태인).

학생에게 해당 포인트에 대해 설명한다. 선생님이나 가이드의 설명을 수동적으로 듣는 것이 아니라 직접 다른 학생을 가르치는 능동적 행위를 통해 보다 적극적인 학습태도를 지니기 위한 접근법이다. 앞서 예로 든 말레이시아의 스쿨투어리즘과 비슷한 맥락이다. 가장 효과적인 공부는 다른 사람에게 설명하는 것이다. 다른 사람에게 알려줘야 한다는 목적의식이 생기면서 학습 동기가 유발됨과 동시에 스스로의 생각도 정제될 수 있다. 배움의 공동체에서 주목하는 상호 학습의 효과이다.

상호 학습은 청소년들의 마을 활동에서 가장 중요한 부분이기도 하다. 공릉청소년문화정보센터가 중심이 되어 진행되어 올해로 5회를 맞이한 '노원청소년 사회참여 활동 시작된 변화'에서는 청소년들의 마을 활동이 기획되고 운영된다. 마을의 인식개선 활동, 환경 운동, 교육 실천 등 주제도 다양하다. 이중 초등학생 대상 교육 기부 활동에 참여한 학생은 "교육을 진행할 때, 저보다 어린 아이들이 질문을 하면 처음엔 당황스러웠다"고 얘기한다. 일방적인 주입식 교육에 익숙해져 있었기에 스스로도 질문에 익숙하지 않았기 때문이다. 학생은 이를 "호기심이 굳어 있는 상태"라고 표현했다. 하지만 "다른 학생들의 질문에 대한 답을 찾아가고 준비를 하며 스스로도 질문을 갖게 되고 호기심을 되찾게 되었다고 한다, 였거든요. 이런저런 질문에 대한 답을 찾아가고 준비를 하면서 새로 배우게 돼요." 배움은 결코 일방적이지 않았다. 어른들도 그렇지만 아이들도 다른 사람을 가르치면서 스스로 호기심을 더 갖게 되고, 자기 주도적 학습을 할 수 있게 되는 것이다.

현장체험학습은 더더욱 평소 접하지 못했던 환경과 여러 상황 속에서 이러한 호기심을 더욱 높일 수 있으며, 공동 문제 해결과 상호 학습을 통해 자기 주도적 배움을 극대화할 수 있다. 따라서 현장체험학습 학교협동조합은 학생들의 주도적인 기획, 학생들 스스로의 가이드를 통한 상호 학습 기회의 장을 마련하는 데 가장 큰 의미가 있다. 사실 소규모 테마형 현장체험학습이 화두가 되면서 학교에서 활용할 수 있는 다채로운 프로그램을 패키지로 제공하는 교육기업들이 늘어났다. 그럼에도 불구하고 교사들이 나중에 구매 유인이 없어지게 된 이유는 또 하나의 소비로서만 남게 된다는 점이다. 단순히 정해진 상품을 쇼핑몰에서 구매하는 것만이 아닌 학생들이 처음부터 기획하고 조합할 수 있는 자유로운 상상력을 펼칠 수 있는 공간을 마련하는 데 교육적 효과가 있다.

이렇듯 마을교육공동체는 교육적인 목적을 무엇보다 우선시하며 만들어야 한다. 그렇지 않고 경제 효과에만 매몰되어 설계할 경우 외부 업체의 빠른 복제와 규모화로 얼마 되지 않아 경쟁력을 잃을 수 있다. 따라서 학교협동조합이 내실을 갖고 지속가능성을 갖추려면 교육 프로그램이 뒷받침되어야 한다. 이를 위해서는 현장체험학습과 관련한 다양한 경험 가운데 어떤 부분이 학생들에게 교육 효과가 크고, 다른 교과과정과 어떻게 연계할 수 있을지에 대한 적극적인 고민이 필요하다. 존 듀이는 『경험과 교육』에서 "학생들의 거부감을 불러일으키지 않고 그들이 몰입하여 활동에 열중하도록 만들 수 있는 것이면서도, 그것이 이후의 바람직한 경험을 조장하는 힘을 지니는"경험을 마련하는 것이 교사의 임무라고 이야기하고 있다. 방문 장소의 학교에 가서 그 학교 아이들과 상호작용하고 그곳을 소개할 수 있는 학생 주도의 교육 콘텐츠를 접하고, 학생들이 주체적으로 마련한 상호 교환 교육 프로그램이 운영된다면 교과 배움의 심화, 공동체 함양이라는 현장체험의 교육 목적의 효과가 극대화될 수 있다. 장소에 대한 기획을 하고 서로에 대해 알아가며 학교폭력이나 왕따도 완화될 수 있다. 아이들 눈높이의 현장체험학습이 이루어지며 학교 문화를 활기차게 전환할 수 있을 것이다.

삶의 경험을 통한 문제 해결 능력 향상과 학생 간 상호 학습을 통한 교육적 효과의 극대화가 현장체험학습 학교협동조합을 통한 소규모 모둠 형식의 현장체험학습을 함으로써 이루어질 수 있다. 이 과정에서 아이들 눈높이의 교육 콘텐츠가 만들어질 것이다. 우리 지역을 배우고 다른 지역에서 또래 아이들의 소개를 받으며 그 지역의 아이들에게 소개받는 상호 교환 교육 프로그램을 통해 현장체험의 교육 효과는 극대화될 것이다.

지역의 변화: 우리 안의 자원의 순환

현장체험학습 학교협동조합이 단순히 아이들의 교육 효과만 있다면 마을의 결합도는 떨어질 수밖에 없다. 마을 주민들 역시 교육적 의의에 공감하지만 생계 문제에서 자유로울 수 없고 이들에게 마냥 봉사만을 기댈 수도 없기 때문이다. 학교협동조합의 매력은 단순한 봉사에서 그치지 않고 저마다의 이해관계를 연결해주는 지점에 있다. 학교 안의 소비는 다시금 마을 안의 생산으로 연결될 수 있다. 바로 우리 지역 안에서의 자원의 원활한 순환, 지역순환경제를 만드는 것이다. 현재 지역순환경제는 각 지자체에서 단연 정책적 화두이다. 몇 해 전부터 불기 시작한 로컬푸드뿐 아니라 최근에는 도서정가제로 시작된 지역 서점 살리기 운동으로서의 도서관 등 지역 서점 공공 구매도 활성화되고 있다.

기존 현장체험학습에서는 소요되는 비용이 자기가 살고 있는 지역이 아닌 다른 지역으로 흘러 들어가면서 순환되지 않았다. 반면 현장체험학습 학교협동조합에서는 상호 호혜의 원칙에 입각해 각각의 지역으로 순환될 수 있는 순환경제 시스템을 마련할 수 있다. 지역 내여러 학교가 결합하게 되면서 예측된 수요를 바탕으로 공정가격에 생산되어 안정적인 시장이 형성될 수 있다.

이를 통해 학교협동조합과 더불어 지역 내의 다양한 교육협동조합이 활성화되고, 마을교육공동체 및 지역순환경제공동체 생태계가 조성될 수 있다. 특히 현장체험학습 학교협동조합을 통해 지역 내에서 체험여행을 할 수 있는 새로운 장소를 발굴하고, 또한 방학분산제와 결합한다면 비수기 없이 사계절 내내 고정 수요를 확보할 수 있다. 이는 지역 내의 다양한 일자리 창출로도 이어질 수 있다. 그리고 시장과 가격만이 중심이 될 때에는 결합되기 힘든 지역사회의 잠재된 동력이 결합되어 풍성한 교육 경험이 가능하도록 해야 한다.

사실 협동조합은 조직 운영 원리상 마을 및 지역과 깊이 있게 연결되어 있다. 국제협동조합연맹에서 협동조합의 7원칙 중 지역사회에 대한 기여를 그 7가지 원칙으로 추가한 것은 협동조합의 이러한 독특한 운영 원리를 반영한다. 일차적으로 지역사회는 협동조합에 우호적인 소비층을 발굴하고, 이들을 잠재적인 조합원이자 후원자로 끌어들이는 소중한 시장이다. 그런가 하면 기존 노동시장에 통합되지 않았던 인적 자원들을 발굴하고 새롭게 능력을 개발할 수 있는 기회를 줌으로써 자원의 결합을 통해 공동의 사업을 도모할 수 있는 인력 확보의 텃밭이기도 하다. 그렇기에 일반적인 기업들이 CSR로서 마을과 지역에 접근한다면, 협동조합은 그 독특한 운영 원리 때문에 마을 및 지역과의 연계를 필연적 속성으로 가지고 있다.

영국도 학교협동조합의 시작점은 교육과 사회의 연계에서 시작되었다. 미래 세대들에게 협동을 알리고자 하는 협동조합 운동가들과 사회로 확장되는 교육을 고민했던 교사들의 상호 협력 속에서 학교협동조합 운동이 꽃피울 수 있었다. 오랜 협동조합 역사를 자랑하는 영국이지만, 정작 공교육에서 협동조합과 관련한 교육 시간은 많지 않았기 때문이다. 역사를 배울 때 협동조합과 로치데일 선구자들을 잠깐 언급하는 정도가 전부였다. 이에 협동조합 운동가들은 자라나는 세대에게 협동조합을 적극적으로 알려낼 길을 찾다가 특성화학교 프로그램에 관심을 가지기 시작했다. 교사들 역시 새로운 교육 프로그램 개발과 학교의 변화에 목말라했다. 서로 간의 이해관계가 맞고 상호 협력하에 프로그램을 개발, 보완해가고 있다. 우리 역시 기존 마을의 여러 협동조합 흐름과 학교를 연계하며 마을교육공동체를 더욱 확장하고 강화할 수 있을 것이다. 그런 부분에서 현장체험학습은 학교협동조합 사업 모델 중에서도 가장 마을과의 접점이 커지고, 다른 마을교육공동체와의 상호 교류를 강화할 수 있는 모델이다.

학교와 마을의 연계 고리

이렇듯 학교와 지역사회의 변화 못지않게 학교와 마을의 중요한 연계 고리가 생겨날 수 있다.

사람은 가족을 벗어나면서 학교와 마을을 통해서 사회 구성원으로 성장한다. 학교는 이러한 사회 구성원을 길러내는 사회적 기관이다. 이때 만들어지고 생성되는 것은 개인이 삶을 살아가는 데 필요한 정체성인데, 한 개인이 가지고 있는 정체성은 다양하다. 자아정체성을 바탕으로 한 여러 집단과 공동체 속에서 가족, 학교, 사회, 국가 등 다양한 범주의 정체성이 존재하고, 자신이 지닌 지위나 역할에 따라 학생, 자녀, 직장인 등의 정체성도 존재한다. 그리고 이러한 정체성은 고정되어 있지 않고 변화하며, 동시간적으로 다양한 정체성을 한꺼번에 지닐 수 있다. 그러나 어떤 무엇보다도 가장 실체감 있게 다가오는 존재는 가족이다. 가정이 주는 안온함과 안정감은 모든 사람들이 공감할 정도로 따뜻하고 혈연적 실체감을 느끼게 해준다. 한국의 혈연적 가족 공동체의 정서는 현재를 살아가는 사회에서 그 무엇보다도 실체감을 느끼는 공동체로서의 정체성을 가질 수 있게 해준다.

혈연을 벗어나 최초로 만나는 공동체는 학교인데, 여기에서 사회로 나아가기 위한 준비를 하는 것으로 관계들 속에서 만들어가는 것이다. 학교 속에서 우리가 만나고 익숙해져야 하는 정체성 가운데 교육적 차원에서 강조되고 중시되는 것은 국가라는 범주이다. 그러나 이 국가는 학교생활을 하고 있는 학생들에게는 직접적으로 와 닿는 영역은 아니다. 이때 매개 범주로서 마을이 필요하다. 마을교육공동체는 이러한 마을 단위에서 이루어지는 교육의 의미를 중요하게 생각해서 접근하는 것이며, 우리 아이들이 커나가는 데 있어서 배우고 담아가야 할 풍부한 교육의 장으로서도 의미를 지니는 것이다. 국가와 세계시민의식의 함양이라는 거시적 차원의 이야기들을 담기 위해서도 지역 단위의 마을 이야기를 교육 내용으로 담을 필요가 있으며, 수업 속으로 들어와 다양한 교육 내용을 만들어내는 데도 중요한 의미를 지닌다.

마을 교육과정[56]은 국가 수준에서 만들어준 교육과정에서는 다루고 있지 않은 교육 내용일 수도 있다. 아이들이 살아가고 있는 현재의 공간에 대한 교육이며, 그 자체로서도 삶의 교육 내용들을 수업으로 제공할 수 있다. 이때 교사가 교육과정 재구성을 통해서 수업 속으로 끌어와야 한다. 앞서 언급하였듯이 마을이 지니는 교육적 의미가 크기 때문이다. 마을 이야기는 아이들에게 실체감 있게 다가가는 교육 소재이다. 수업 속에서 아이들은 직접 체험한 시장 거리, 지역 축제, 마을의 어른 이야기 등 구술 자료나 답사 자료 등이 풍부하게 제공될 수 있는 수업 소재들이다.

단위 학교에서 마을을 공부하고자 할 때, 학교 밖으로 나아가는 실천적 배움의 과정이 필요하다. 그리고 아이들이 스스로 주도적으로 알아오고 배운 내용들을 공유하는 과정에서 내용이 한층 더 다양해진다. 마을 이야기는 그 지역 아이들이 자기가 살고 있는 환경이라는

---

56. 본 글에서는 지역사회를 이해하기 위한 교육과정을 마을 교육과정으로 명명하여 사용하고자 한다. 이는 국가교육과정에 대비되는 개념이 될 수 있으며, 지역이나 지방이라고 하는 행정 구역의 의미를 담고 있는 용어에 비해 문화, 역사, 공동체 등의 다의적 의미를 함축할 수 있는 마을이라는 표현을 교육의 내용으로 담아보고자 하는 차원에서 활용할 수 있는 것으로 설정하려 한다.

사실로 인해 수업 시간에 쉽게 동기 유발이 되는 교육 소재이다. 아이들의 눈으로 조사되고 구상된 마을 이야기는 그 마을을 방문한 다른 지역 아이들의 눈높이에 맞는 교육 내용을 제공할 수도 있다. 일반적으로 각 지자체의 시청 홈페이지에도 자세하고 상세한 마을 이야기가 때때로 심층적인 자료를 제공하고 있어 학교 수업을 진행할 때 교육적 의미가 있을 수 있지만, 대부분의 내용들은 아이들 눈높이에 맞는 교육 자료로 전환할 필요가 있는 것들이다. 따라서 교육 내용으로 걸러지는 과정을 아이들과 진행한다면 한층 의미 있는 교육 자료가 될 수 있다. 아이들이 직접 조사하는 과정에서 주변 어른들에게 구술로 듣게 되는 다양한 마을 이야기는 일종의 내러티브 방식으로 얻게 되는 소중한 교육 자료이다. 또 마을에 소재하는 시장 속에서 직접적으로 듣게 되는 마을 어른들의 이야기는 그 자체로서 미래 지역사회 구성원과 현재 지역사회 구성원 간의 소중하고 의미 있는 만남이며 경험이다. 이러한 소재들은 아이들이 교과서에서 박제되어 배우는 사회 교육이 아니라 살아 있는 삶의 맥락 속에서 알아가게 되는 교육이며, 내가 사는, 혹은 살아갈 삶의 실체적인 이야기들인 것이다.

마을 이야기 수업을 진행하기 위해서 모둠을 통한 주제 프로젝트 수업을 설정할 수 있으며, 주제를 아이들이 스스로 정하고 자기 모둠원과 협의하여 주제 선정, 답사 및 마을 사람들 면접을 병행하도록 하였다. 이 과정에서 수업도 평가도 모두 함께 이루어지고, 개별적으로 공헌한 활동도 평가에 반영되기 위한 도구들을 만들었다. 수업을 디자인하기 위해 학교철학과의 적합성, 학년 교육과정에서 수업으로 녹이기 위한 협의 과정을 거쳤다. 현재 비룡중학교의 앞서 3장에서 예시로 든 마을 수업을 시행한 학교의 경우에도 학교철학은 꿈과 예의라는 핵심 가치를 중심으로 학년 목표가 나-우리-사회로 설정되어 있었다. 이에 맞추어 교육과정과 수업을 구상하고 고민하였다.

단위 학교에서 수업을 고민하기 위해서는 교육과정에서 출발하여 수업을 탐색할 필요가 있다. 학교철학을 세우고 그에 부합하는 다양한 교육과정 속에서 교육 활동을 고민하고 그것이 최종적으로 수업으로 꽃피워지는 것이기 때문이다. 이 과정은 학교의 교육 활동이 일관되고 맥락적인 상황 속에서 이루어지게 하는 것으로, 이때 아이들은 학교철학이나 목표를 체화하고 중점 교육 활동을 실천하면서 수업을 통해 성장해가는 것이다.

학교교육과정에서 수업을 고민하는 과정에 교육공동체 구성원 모두가 참여하고 성찰하며 합의해가는 과정 속에서 수업이 디자인되었을 때, 교사의 책무성과 실천력이 고양될 수 있다. 이는 민주적 합의 과정을 경험적으로, 본인의 직무와 관련된 의사결정 과정으로, 실행하는 것이어서 민주시민의 한 사람으로서 행위하는 것이다. 교과 간 주제를 중심으로 통합 교육과정을 계획하고 실천하는 것은 나름 의미가 있다.

현장체험학습은 교과와 연계되어 있는 교육 내용들을 체험적이고 실천적으로 배우면서 교과의 내용을 심화하는 교육 활동이다. 수업 시간에 배운 것들을 심층적으로 내재화하는 차원인 것이다. 그런데 현행 현장체험학습은 교육과정 속에 녹아들지 못하고 이벤트성 혹은 일회성으로 진행되며, 심지어는 학교 밖 관광 사업이나 상업성에 밀려 안전사고 등이 예고되는 불완전한 형태로 진행해온 측면이 많다. 특히 안전 문제 등은 고려되지 못한 채 '세월호 사건'이 발생한 것이며, 이러한 문제는 드러나지 않거나 아직 발생하지 않았을 뿐 잠재적으로 내재한 폭발적 상황이다.

더욱이 단위 학교에서는 안전사고의 위험을 줄이기 위해 한층 더 강화된 현장체험학습의 절차와 준비로 인해 교사의 업무가 과중되고 있는 상황이다. 또 소규모 학생들이 체험활동을 실행한다고 하였을 때, 교육적 의미를 고려하면서 찾아갈 만한 장소 물색이 어려운 상황이다. 학교 밖으로 나가는 교육 활동은 학교 밖의 준비된 상황이 전제되어야 함에도 불구하고 학교만이 가장 안전하고 교육적이라는 현실을 역으로 인정할 수밖에 없다는 것이다.

소규모로, 학교와 연계하여, 교육적 차원에서 현장체험학습을 진행하기 위해 아이들이 살아가고 있는 삶의 터전인 마을을 알아가는 수업은 우선 아이들이 자기를 이해하는 장소를 알아가는 정체성의 교육이었다. 그리고 이는 은연중에 자기 마을에 대한 자긍심으로 이어지는 결과를 가져오며, 이곳을 모르는 다른 지역 아이들에게 우리 마을을 소개하고 싶은 욕구를 불러일으키게 되었다. 소박한 이 요구들을 우리 마을을 찾아오고 싶어 하는 아이들의 현장체험학습과 연결시킬 수 있다면 아이들 상호 간 동료적 관계의 학습이 일어날 수 있을 것이며, 여기에 상업성, 관광성의 현장체험학습의 분위기가 상쇄될 수 있을 것이다.

현장체험학습 학교협동조합 활성화를 위한 과제와 정책 제안

마지막으로 우리가 구상하는 현장체험학습 학교협동조합을 보다 활성화할 수 있기 위한 과제들을 살펴보고, 이에 따른 정책 제안을 하고자 한다. 학교협동조합은 아직 초창기이기에 여러 현실적인 과제[57]들을 안고 있다. 어떤 부분은 우리 교육이 변화되어야 할 지점이며, 어떤 부분은 협동조합에 대한 이해 부족으로 부풀려지기도 했다.

학교협동조합이 안고 있는 과제

2013년부터 시행된 학교협동조합이 3년 차를 맞이하면서 여러 과제들이 드러나기 시작하고 있다. 특히 경기도의 경우 모델 연구나 주체 형성과정 없이 서둘러 시범사업이 이루어졌고, 시범사업 과정에서 설비 등에 대한 지원만이 아닌 학교협동조합이 이뤄지기 위한 교육, 행

---

57. 본 과제는 필자 중 박주희·주수원이 『경기도형 협동조합 활성화 방안』(최준규 외(2015), 경기연구원)의 제5장 교육 부문 사업 모형에서 다룬 학교협동조합 정책 과제를 토대로 하고 있다.

정, 사업적인 부분에서의 지원이 턱없이 부족했기에 여러 문제점이 발생했다. 하지만 다행히도 이 중의 일부분은 학교협동조합 간의 협력과 민간의 자생적인 노력을 통해 현재로서는 해결 방법들을 찾아가고 있다.

학교협동조합은 마을교육공동체를 안착시키고 지속가능한 틀을 만들어주는 데 있어서 핵심적인 요소이다. 경기도의 마을교육공동체 정책만 보더라도 꿈의 학교가 교육적 상상력과 콘텐츠를 제공하고, 교육자원봉사센터, 학부모지원센터가 마을의 인력들을 조직화하는 역할을 한다면, 학교협동조합은 이러한 교육적 콘텐츠와 인력을 결합하여 학교 안팎에서 공동의 논의의 장과 지속가능한 틀을 만들어내는 역할을 할 수 있을 것이다.

그럼에도 불구하고 항시 정책은 조급함과 새로움에 대한 강박의 문제가 있다. 학교협동조합의 중요성과 가치에도 불구하고, 현재 드러나고 있는 문제들을 손쉽게 해결하고자 새로운 대안을 찾는 경우들이 많다. 파랑새는 바로 옆에 있는데도 말이다. 참신한 아이디어가 중요한 게 아니라 하나의 아이디어를 장기적으로 끈기 있게 지속적으로 진행하며 현장에 신뢰를 주는 게 중요하다. 오히려 기존 정책의 연계성 속에, 이미 만들어지고 운영되고 있는 학교협동조합의 어려움을 덜고 활성화시키는 가운데 이를 발판 삼아 새로운 상상력을 가미하고 실험해보는 게 필요하다. 그럼 구체적으로 세 가지 영역에서 중점 과제를 살펴보면 다음과 같다.

교육

학생, 학부모, 교사 주체가 주기적으로 변화한다는 것은 새로운 가능성을 열어주기도 하지만, 본래의 문제의식을 잃지 않고 소통과 참여가 살아 있는 가운데 건강한 학교협동조합으로 남기 위해서는 끊임없는 교육이 필요하다.

그렇지만 현재 학생, 학부모, 교사 각 주체별로 필요한 교육들이 충분히 이뤄지지 못하고 있다. 학교협동조합 지원 네트워크를 시작으로 학생들에게 필요한 학교협동조합 기초교육, 학생위원 활동과 관련된 심화교육이 시도되고 있지만 양적으로나 질적인 면에서 많이 부족한 상황이다.

또한 학부모들이 사업을 주도하게 될 경우 이에 필요한 사업에 대한 이해, 매장관리 교육, 회계 교육 등뿐만 아니라 교사에게 필요한 직무연수 교육 등도 아직 준비 단계일 뿐 전혀 이뤄지지 못하고 있는 상황이다.

다행히도 2015년 여름부터 서울에서 교사 직무연수 교육이 시행되고, 2015년 하반기에는 원격연수 프로그램을 제작하고 있다. 강원도에서는 2015년 여름 직무연수 교육에 2시간 이상 학교협동조합 기초교육을 넣기도 했다. 다소 생소해하는 교사, 교감들도 많았지만 그럼에도 불구하고 이렇게 교사들이 협동조합을 알아갈 수 있는 기회를 갖게 된다는 게 큰 의미가 있다. 경기도 역시 교사연수 프로그램을 개발 중이고, 2015년 6~7월, 그리고 10~11월에 두 차례에 걸쳐 학교협동조합을 포함한 마을교육공동체 교육을 학부모, 교사, 마을 리더들을 대상으로 진행하고 있다.

행정

학교협동조합 관계자들을 만났을 때 가장 많은 어려움을 호소하는 부분은 설립 및 운영과정상에서의 행정적 어려움이다. 협동조합은 회사, 비영리법인과 같은 하나의 법인격으로서 법인격 취득을 위해 구비해야 할 다양한 서류들과 거쳐야 할 여러 행정기관들이 있다. 사업을 전혀 하지 않았던 교사가 이러한 서류들을 하나씩 배우고 갖춰간다는 것은 여간 어려운 일이 아니다.

앞서 경기도 시범사업의 문제점 중 하나로 지적했던 것이 이러한 행정적 지원이 거의 이뤄지지 않았다는 부분이다. 시범사업을 신청했던 교사들은 학교 행정의 관례상 완성된 매뉴얼이 주어지고 이에 따라 하나씩 과정을 밟아가며, 중간에 문제가 생기더라도 원스톱 서비스로 해결해주는 담당자가 있을 거라 생각했다. 그렇지만 실상 시범사업 이후에야 학교협동조합과 관련한 정책 연구들이 이뤄졌고, 최근 들어 마을교육공동체 기획단 협동조합 지원 담당자가 생기기 전까지 경기도교육청 내에서도 이를 전담하는 인력이 없었던 실정이다.

물론 여기에는 경기도교육청 정책만의 문제로만 볼 수 없는 특성도 있다. 2012년 12월에 시행된 협동조합기본법은 비단 교사뿐만 아니라 우리 사회 전체적으로 생소한 영역이었고, 협동조합기본법이 다른 제도들과 맞물려 안정화되고 여러 지침 속에서 구체화되기까지는 다소 시간이 걸렸다. 특히 사회적협동조합의 경우 교육부의 인가를 받아야 했는데, 교육부 역시 이러한 협동조합이 생소할뿐더러 담당자 역시 이와 관련한 지식이 전무한 터라 많은 시행착오를 겪을 수밖에 없었다.

그다음은 시범사업의 특성상 발생하는 시행착오와 과제였다. 이 역시 2013년 하반기 경기도교육청의 『경기도 초·중등학교의 학교협동조합 활성화 방안 연구』와 2014년 1월 성남시 사회적 경제지원센터[58]에서 『학교협동조합 설립 매뉴얼』을 만들며 일차적으로 학교협동조합에 대한 상과 설립 및 운영에 필요한 행정절차를 밝혔다. 모두 성남시 복정고등학교의 교육경제공동체 사회적협동조합 설립과정에서의 여러 연구자와 중간지원조직 관계자가 결합되어 만들어낸 성과였다.

이후 설립하는 학교는 이전의 학교보다 시행착오를 덜 겪고 있다. 행정적인 지원이 부족했기에 학교협동조합 간의 정보 공유를 통해 이러한 어려움을 풀어가려 했고, 2014년 11월 말에 이뤄진 제1회 전국학교협동조합 워크숍에서 이러한 정보 공유의 필요성을 확인했다. 지금은 학교협동조합 간의 온라인 모임과 매월 정기적인 모임을 통해 문제들을 풀어가고 있다.

또한 서울시학교협동조합 추진단에서 학교협동조합 설립 매뉴얼 (http://blog.naver.com/scoopstart)을 만들었다. 한국사회적기업진흥원에서도 『사회적협동조합 설립 가이드북』도 발간하고 사회적협동조합을 위한 설립 서식 안내 동영상을 제작 중이다.

그럼에도 불구하고 현장의 수요에는 다 충족하지 못하고 있다. 먼저 교육과 연계되어 설립 및 운영 매뉴얼과 관련한 상세한 교육이 이뤄져야 하고, 교육청이나 협동조합 중간지원조직에서 설립과 관련한 행정적 지원을 해서 교사, 학부모의 부담을 덜어줘야 한다. 지역마다 존재하는 사회적 경제지원센터들과 연계하여 통합적인 행정 지원 시스템

---

58. www.snsesc.or.kr.

을 구축할 필요가 있다. 다행히 2015년 상반기부터 이러한 연계들이 생겨나고 있어 행정 부분에서도 조만간 현재의 어려움이 극복될 수 있을 것으로 기대해본다.

사업

마지막 과제는 사업적인 측면이다. 이는 두 가지로 다시 나눠볼 수 있다. 구성원들의 사업적 역량이 부족한 것과 적자에 대한 위험부담이다. 전자는 다시 교육과 연계되는 부분이다. 학생들에게 있어서 학교협동조합 사업에 대한 이해와 참여는 생생한 경제교육이자 문제 해결 능력을 배양하는 프로젝트로서 새로운 의미를 가진다. 학부모의 경우에는 경력단절 여성의 재교육 과정이 되기도 한다. 물론 이 과정이 쉽지는 않다. 그렇기에 처음부터 사업적 역량이 있는 외부인을 배치하고, 사업적인 부담은 덜고 교육적 효과만 최대화하고 싶은 생각이 들수 있다. 그렇지만 경험으로부터 배움이 발생하고 성장이 이뤄지기에 사업과 교육의 과정을 분리하기가 쉽지 않다. 또한 협동조합은 결국 관계의 경제이기에 학생, 학부모, 교사 이외의 외부 사업자를 고려할 때는 더욱 세심하게 결정해야 한다.

더욱이 학교라는 소비자 집단과 마을이라는 사업자 집단이 유기적으로 결합되기 위해서는 이들 간의 공통의 미션이 도출되어야 하고, 서로 간의 긴밀한 유대관계가 형성되는 조직화가 필요하다. 그렇지 않고 단순히 사업 역량만을 고려하는 가운데 미션에 동의가 이루어지지 않고, 공동의 유대관계가 형성되지 않은 사업자를 들여올 경우 무늬만 학교협동조합이 될 수 있기 때문이다. 이러한 공동 미션 형성과 유대관계 형성은 사업 영역에 따라, 지역의 특성에 따라 각기 다를 수 있기에 섣불리 판정할 수는 없지만, 분명한 것은 학교 안에서 결집되는 것과 비교해서 더욱 조심스러운 접근이 필요하다는 점이다.

오히려 현재의 사업 역량 부족의 문제는 앞서의 교육과 행정의 과제 해결로 풀어가야 한다. 또한 자원 연계를 통해서 이 문제를 더욱 적극적으로 해결해갈 수도 있다. 현재 경기도 마을교육공동체의 삼각형 중 하나인 교육자원봉사센터, 학부모지원센터의 인력풀을 연계하여 초기 사업 안착을 위한 멘토링 및 인큐베이팅을 할 수 있다. 또한 선발 주자인 학교협동조합의 인력풀이 후발 주자인 학교협동조합에 연계될 수 있도록 상호 멘토링 시스템을 구축하는 것도 하나의 방안이다.

두 번째로 적자에 대한 위험부담은 적정한 잉여금 산출을 위한 상품과 서비스의 마진율 구성과 관련이 있다. 매점의 경우를 예로 든다면 친환경제품의 비율이 높을 경우, 마진율이 떨어져 인건비, 관리비, 시설 사용료 등을 충당하기 어려울 수 있다. 100% 친환경제품을 고집할 것도 아니지만, 만약 학교 구성원들이 친환경제품 비율을 높여서 아이들에게 친환경제품의 가치를 알리고 건강을 지키고 싶다면 외부의 다른 자원을 연계하거나 내부의 자원을 연계해 일부 자원봉사 시스템을 만들 수도 있다. 현장체험학습의 경우에도 마찬가지이다. 학생들에게 양질의 여행을 제공하고, 지역 사업자들에게 적정가격을 책정하려는 노력을 하다 보면 가격이 올라가거나 협동조합 자체의 잉여금이 줄어들 수 있다. 협동조합 역시 사업체로서 지속가능성을 위해서 잉여금에서 자유롭기는 어렵지만, 또 한편으론 협동조합의 목표가 무조건 잉여금을 많이 남기는 것만도 아니다. 오히려 구성원들이 협동조합을 통해서 모두가 경제적, 사회적, 문화적 편익을 가져가면 협동조합 자체는 최소한의 유지를 위한 비용과 신규 사업 준비금을 충당할 수 있는 정도면 조합원 모두에게 이익이 될 수도 있기 때문이다.

요지는 내부 구성원들의 의사결정에 따라 구성을 어떻게 하느냐의 문제이지, 학교협동조합을 한다고 해서 그 자체로 적자의 위험부담이 생기는 것은 아니라는 점이다. 적자가 걱정이 된다면 순익을 많이 남길 수 있는 방법은 단순하다. 조합원들에게 좀 더 경제적 부담을 안기는 방식으로 제품의 가격을 높이거나 마진이 많이 남는 제품 구성을 고민해볼 수 있다. 다만 이 경우 애초 협동조합을 하려고 했던 미션으로부터 많이 벗어나는 경우 조합원들로서는 굳이 학교협동조합에 어렵게 참여할 이유가 없게 될 수 있다. 경제적 참여 유인이 되레 떨어지고 협동조합 자체가 동력을 잃을 수 있다. 기존 사업체와 비슷해질수록 이윤은 높아질 수 있지만, 학교협동조합을 하는 취지와 이에 따른 구성원들의 참여 유인은 떨어질 수 있다는 것이다. 그렇기에 더욱 조심스럽게 고민하고 접근해야 하는 측면이다.

이와 관련하여 최근 규모의 경제를 실현하는 지역거점형 학교협동조합(혹은 경기도교육청의 표현으로 하면 '교육협동조합') 모델도 논의되고 있다. 앞서 행정비용과도 연계되는 부분인데, 여러 학교가 하나의 협동조합을 형성함으로써 공통의 법인 관리 비용을 1/n로 해서 개별 부담을 줄이고 사이즈를 키워 가격협상력을 높이자는 것이다. 사업적인 효율성만을 따진다면 맞는 이야기이다. 하지만 협동조합은 조합원들의 결집에서 힘을 받는 독특한 사업체이기에 일반적인 사업적인 논리가 그대로 적용되지는 않는다. 여러 학교가 결합된다는 것은 의사결정 비용이 높아진다는 것을 뜻한다. 단일 학교 내에서도 의사결정이 쉽지 않았던 상황에서 여러 학교가 결합하여 공동 의사결정을 한다는 것은 결코 쉽지 않다. 더욱 어려운 부분은 이렇게 만들어진 협동조합에 대한 주인의식, 소유개념이 생기기 어렵다는 점이다. 자칫 주체적인 참여가 흐릿해져 무늬만 협동조합이 될 수 있는 위험성이 있다. 협동조합은 사업과 조직이 유기적으로 결합되었을 때 힘을 가질 수 있고 본래의 의미를 충족시킬 수 있다.

따라서 단일 학교로서도 충분히 완결될 수 있는 사업이라면 최대한 단일 학교의 체계로서 운영되는 게 필요하다. 다만 물류 등 공동 사업을 통해 비용을 절감할 수 있는 부분을 연합회의 사업으로 하는 방안이 적합하다. 그럼에도 불구하고 현장체험학습처럼 단일 학교만으로는 어려운 경우 불가피하게 지역거점형 학교협동조합 모델을 취할 때는 앞서 4장에서 언급한 대로 의사결정 구조에 대한 세심한 고민과 공동의 규칙과 시스템 마련이 필요하다.

끝으로 일반협동조합과 사회적협동조합에 대한 사업적으로 잘못된 오해도 짚어보겠다. 두 협동조합은 여러 차이가 있지만, 사업적인 면에서 접근할 때 일반협동조합은 배당이 이뤄지는 데 반해 사회적협동조합은 배당이 금지된다. 이에 대해 협동조합을 잘 모르는 사람들은 일반협동조합에서는 사업자의 참여 유인이 큰 데 반해서 사회적협동조합은 상대적으로 아주 낮을 것으로 본다. 하지만 주식회사와 달리 협동조합에서는 사업자라고 할지라도 참여의 유인은 배당만이 아니다. 배당이 절대적인 참여 유인이라는 것은 협동조합을 잘 이해하지 못해서 생기는 오해이다. 사업자 조합원들도 배당이 아니라 공정하고 높은 가격에 서비스를 공급함으로써 이익을 볼 수 있다. 즉 배당이 금지되는 사회적협동조합이라 해도 생산 및 판매과정에 들어가는 비용에 따른 가격 책정에 따라 조합원들에게 얼마든지 경제적 혜택을 줄 수 있다. 따라서 사회적협동조합으로 한다고 해서 사업자 조합원의 경제적 참여 유인을 떨어뜨린다고 볼 것은 아니다.

학교협동조합이란 정책이 시행된 지 만 2년 남짓한 시점이다. 크고 작은 시행착오가 많이 있었지만, 학교교육을 바꿔내고 마을교육공동체의 틀을 만들어낼 수 있는 학교협동조합이란 소중한 씨앗이 이제 뿌리를 내리기 시작하고 있는 상황이다. 앞서의 과제들을 비롯해 다양한 과제들이 존재하지만, 이미 파악된 문제들을 해결하는 게 전혀 새로운 상황에서 부딪히게 될 생소한 과제들을 파악하고 해결하는 것보다 훨씬 효율적일 수 있다. 또한 현장체험학습 학교협동조합 모델 역시 기존의 매점 중심의 학교협동조합의 성과와 연계하여 그 가능성을 모색할 수 있는 것이기도 하다.

현장체험 활성화를 위한 정책 제안

끝으로 현장체험학습이 보다 활성화되고 마을과 학교의 연계가 잘 이뤄질 수 있도록 교육청과 지자체에 다음과 같은 정책들을 제안해 본다.

방학분산제를 통한 현장체험학습 시기 분산

방학분산제 도입의 필요성은 교육적·사회적·경제적 측면에서 제기되고 있다. 교육적 측면에서의 쟁점은 비효율적 학사 운영의 고질적원인으로 지적되어온 2월 수업의 부실화 문제, 각종 평가 직후의 교육 운영 공백, 학습과 휴식의 적절한 균형으로 인한 우리나라 청소년의 학업 스트레스 완화와 무기력 해소, 자기 주도적 학습 및 보충·심화 학습의 기회 제공, 체험학습의 양과 질 제고 등이다. 사회·경제적측면에서의 방학분산제 관련 쟁점은 여름철 휴가 집중 현상 해소로인한 사회·경제적 비용 절감, 휴가 만족도 향상 도모, 학습관광 콘텐츠 개발로 인한 관광산업 경쟁력 제고, 사계절 내내 관광산업의 활성화, 산업계의 휴가문화 개선을 통한 사회 전반의 여가문화의 선진화등이다.[59]

방학분산제를 현장체험학습에 직접적으로 활용하는 경기도 안산광덕고등학교의 사례를 비춰봤을 때 방학분산제의 취지와 현장체험학습 학교협동조합 정책과 연관되는 측면이 분명 있다. 그러나 초점이약간 다르다. 교육적인 흐름보다는 경제 활성화가 주가 되는 경향이일부 있기 때문이다. 너무 경제적인 측면만 부각시킨다면 우려스러운현상이 발생하는 것은 시간문제이다.

경기도교육청에서 2015년부터 본격적으로 시행된 방학분산제의 원래 취지는 방학 자체가 초점이 아니라 교육과정이 초점이었다. 방학을분산하여 학생들이 유익한 시간을 보내도록 하는 것으로 학생들을 집

---

59. 『방학분산제 실시 적합성분석연구』 연구요약 중(2013 한국교육개발원, 양승실 외).

에서 쉬게 하는 것이 아니라 그 기간 동안 학교교육과정에 연계된 현장체험학습이 이루어질 수 있도록 하는 데 의미가 있다.

현장체험학습 학교협동조합이 방학분산제와 연계된다면 기존의 정책도 본연의 취지에 맞게 실행될 수 있다. 방학분산제를 초창기에 시작한 광덕고등학교나 3장에서 사례로 든 보평초등학교에서는 이를 이용하여 현장체험학습을 계절마다 분산해가고 있어, 학부모나 학생들에게 호평을 얻고 있다.

현장체험학습 학교협동조합을 실시함에 있어서 특정 성수기에만 현장체험학습이 몰려서 비용이 비싸지고, 학생들의 만족도가 떨어지는 단점을 보완할 필요가 있는 것이다. 방학분산제를 활용하여 분기별 현장체험학습을 유도하고, 그 주축이 현장체험학습 학교협동조합이 되어야 할 것이다. 현재 가지고 있는 여러 문제점을 고려한다면, 현장체험학습이 활성화되는 데 있어 시기적으로 몰리는 현상이 완화되어야 한다. 앞서 언급했듯이 현장체험학습이 사계절로 분산되는 것만으로도 서비스의 질이 좋아질 것이고, 그렇게 된다면 공급자(시설업, 서비스업)들이 사계절 내내 운영할 수 있어 경제적으로 안정을 찾을 수 있고, 학생들도 질 좋은 서비스를 받을 수 있게 될 것이다.

이 모든 과정이 교육적인 흐름을 유지할 수 있도록 교육청에서 더욱 신경 써야 할 것이다. 이 정책을 추진하게 된다면 지자체에서는 기존의 방향대로 하려는 관행적인 움직임이 있을 것이고, 교육에 대한 무관심으로 방관할 가능성이 있다. 교육을 단기간에 승부를 내려고 한다면 부작용이 발생할 수밖에 없다는 것은 이미 많은 정책들이 증명하고 있다. 결국 이 부분에 대한 중재는 지역 활동가나 학부모들이 나서서 교육적인 흐름으로 이어질 수 있도록 지자체를 움직여 교육청과 협업할 수 있는 조건을 만들도록 해야 할 것이다.

마을장학사 육성

현재 교육청 내에서 학교 현장을 잘 알고 교육적인 측면을 지원하는 이들은 장학사들이다. 지역마다 다르지만 이들의 근속연수는 5~6년 사이이며, 한 부서에서 일한 근속연수는 1~3년 사이이다. 이러한 조건에서는 담당자가 장기적인 관점을 가지지 않으면 현장체험학습 학교협동조합이 활성화되기 어렵다. 특히 자칫 현장과 정책을 모르는 이들이 책임을 지게 되는 역할을 맡는다면 전시성 사업으로 예산 낭비를 하며, 현장의 불만을 가중시킬 확률이 높다.

이러한 점을 개선하기 위해 현장체험학습 학교협동조합의 성장 및 확산을 위해서 필요한 이들을 마을장학사로 선발할 필요가 있다.[60] 마을장학사는 지역 트랙제(지역 교육청에 상주하여 장기 근무하는 장학사)를 고려해볼 수 있다. 이들은 현장체험학습 학교협동조합을 비롯해 마을교육공동체 등 마을 사업이나 지자체와 관련된 다양한 연계 역할을 한다. 행정적인 역할을 하는 것이 아니라 네트워크 사업을 하는 것이 주된 업무가 되어야 한다. 행정적인 요소와 병행하게 한다면 제대로 된 사업 추진을 할 수 없을 것이다. 지역과 학교를 엮는 작업을 하는 현장 실천 교사가 마을교육공동체를 담당한다면 더없이 좋은 사업

---

60. 아직까지 어떤 시·도교육청에서도 추진되지 않은 정책임. 전북이나 강원 등 일부 시·도교육청에서 교육 전문 직원 선발 방식을 다양화하고 있어 전문 전형(특별전형) 방식으로 선발하는 사례가 있었음.

의 결과물을 낼 수 있을 것이다.

다음과 같은 방식으로 마을장학사를 선발한다면 정책적으로 큰 도
움이 될 것이다.

지역 트랙제 장학사(마을장학사) 전문 전형

- 목적: 마을교육공동체 지원 및 학교협동조합 등 유관 업무 수행.

- 방식:
  1) 교육 전문 직원 선발 시 전문 전형으로 별도 트랙으로 선발.
  2) 인원은 지역 트랙제 장학사(마을장학사) O명, 네트워크 지원(협동조합, 거버넌스 구축) O명– 총 O명.

- 지원 자격: 교육청과 지자체 협력 사업을 했던 경험(실적)이 있는 교사 등. 전문 전형이므로 가산점은 부여하지 않는 방식으로 함.

- 심사 방식: 지필 평가 방식은 최소화함. 지원자가 마을교육공동체와 관련된 활동계획서와 포트폴리오 자료를 낸 후, 지자체 관계자(외부위원)와 교육청 관계자가 정성평가 방식으로 심사함. 기획과 논술은 각 25%씩 총 50점, 계획서 심사는 50%로 1차 4배수를 선정. 1차 합격자는 제로베이스에서 2차 심층 면접(지자체 협력 사업과 관련된 주제 발표 토의토론)을 실시해서 최종 합격자 선정.

- 복무 제한: 지원한 해당 교육청 및 지역 교육지원청에서 최소 5년 이상 근무하며, 마을 지원 체제(학교협동조합, 지역사회네트워크)를 담당하는 것을 원칙으로 함.

274

에필로그

이제 학교와 마을이 만나 함께 현장체험학습을 풀어가는 방법과 관련한
공동 저자들의 다양한 지점에서의 고민과 목소리를 들어보자.

학교와 마을의 공동의 필요를 바탕으로 한 협동 모델을 만들자

박주희

협동조합은 공동의 필요를 바탕으로 시작된다. 늘 하는 이야기이지만 아무리 강조해도 부족한 부분이다. 외부의 누군가의 필요가 아닌 스스로의 필요에서부터 협동조합이 시작되어야 사람들의 힘이 모이고 앞으로 나아갈 수 있다. 학교협동조합으로 매점이 많이 만들어진 것은 매점을 필요로 하는 학생, 좋은 먹을거리를 원하는 학부모의 바람, 새로운 체험활동 교육이 필요한 선생님의 요구가 맞물려 있기 때문이었다. 현장체험학습은 학교의 교육여행으로서의 필요, 마을의 지역순환경제의 필요가 맞물려서 함께해볼 수 있는 사업이다.

그렇지만 그 모습이 처음부터 꼭 협동조합일 필요는 없다고 생각한다. 마을과 학교가 만나서 어떻게 함께할지를 논의하고, 논의의 장으로만 남을 수도 있고, 지역의 현장체험학습 센터로 만들어질 수도 있을 것이다. 각 지역의 상황과 각 지역의 주체마다 다른 경로를 밟아가리라 본다.

아직 명확한 사례가 나오지 않은 가운데 현장체험학습 학교협동조합 얘기를 하는 것은 다소 이른 얘기일 수도 있다. 그럼에도 마을과 학교의 이런 적극적인 필요에 응해서 새로운 상을 구상하고 정책으로 연결될 수 있는 지점들을 정리해보고 싶었고, 마침 경기교육연구원에서 다른 필자들과 연구할 수 있는 기회가 생겼다. 현장체험학습과 관련 학교와 마을의 다양한 사례들을 모으고 함께 얘기하며 어떤 부분은 우리가 생각한 것보다 더 앞서 있기도 했다. 아직 사례가 구현되지 않았기에 완벽한 상을 제시할 수는 없지만 현장과 연계된 실천적 연구자로서 이런 가능성들을 함께 얘기하고 마을과 학교가 연계된 모델이 더욱 적극적으로 논의되고 구체화되길 희망해본다.

'아이 손길'과
'마을 손길'이
스며든
새로운 현장체험학습!

　현장체험학습 협동조합은 마을교육공동체 이야기를 고스란히 잇고 있습니다. '현장'은 마을이고, '체험학습'은 교육이며, '협동조합'은 공동체를 가리킵니다. 해체된 우리네 마을을 살려내려면 현장을 생태계로 보아야 합니다. 체험학습은 온몸으로 온 마음으로 겪고 느껴야 하기 때문에 마을을 역동적으로 만듭니다. 협동조합은 기업과 비영리 단체 사이에서 현장에서 현실감 충만하게 공동체를 만들어가는 길입니다.

　'아이들을 함께 키우고, 온 마을이 배움터가 되며, 마을의 주인이 되는 길'을 찾는 마을교육공동체 일은 현장체험학습 협동조합과 씨줄날줄처럼 잘 맞아떨어지는 일입니다. 학교의 수업과 교육과정을 기반으로 현장체험학습이 엮이고, 마을의 교육공동체로 엮이며, 주체적인 학생들로 엮어나가는 일입니다. 현장체험학습 협동조합으로 마을에 관해서 깊게 알게 되고, 마을을 통해서 넓게 알게 되며, 마을을 위한 교육에 나설 수 있게 만듭니다.

이 책은 이 일을 만들어내기 위한 여러 사람들의 소중한 손길이 모여져 이뤄졌습니다. 저는 이 손길에 '아이 손길'과 '마을 손길'이 스며들어 있다고 말하고 싶습니다. 아이들의 손길이 모여 현장체험학습을 기획하고 당당한 조합원으로 설 수 있다면, 이 손길은 세상을 바꾸는 손길이 될 것입니다. 여러 어른들이 아이들의 손길을 이해하고 돕고 길잡이가 되어준다면 따스한 마을의 손길이 사람의 손길로 이어지는 일이 될 것입니다. 부디 이 책이 마을, 교육, 공동체가 하나의 맑은 공기가 되어 마을교육공동체 숲을 싱그럽게 만들어갈 수 있기를 빌어봅니다.

마을이
배움터가 되는
우리들만의 여행을
기획하자

주수원

올해 여름휴가로 제주도에 가서 만장굴을 갔다. 만장굴의 유래를
읽다 흥미로운 부분을 발견했다. 만장굴을 최초로 탐험한 이들이 바
로 선생님과 학생이었다는 점이다. 1946년 당시 김녕초등학교에서 교
직 활동을 하던 부종휴 선생님이 6학년 학생들이 중심이 된 '꼬마탐
험대'와 함께 1년 동안 김녕 주변 동굴 탐사 및 한라산 탐방 등을 하
며 오늘날의 만장굴을 발견했다. 그 옛날 들뜬 기분으로 최초의 탐험
을 시도했을 아이들에 감정 이입이 되어 괜스레 나도 흥분되었다.

1년 동안의 프로젝트 수업을 하며 아이들은 얼마나 많은 경험을 했
을까. 단순히 책상 앞에 앉아 마을지도를 그리는 것을 넘어서 직접 우
리 마을을 탐험하고, 새로운 지식과 정보를 쌓으며 이를 연결시켜 그
들만의 프로젝트를 완수했을 것이다. 단순히 정해진 패키지의 프로그
램을 구매해서 일방적으로 따라가는 여행이 아니라 내 스스로 탐험하
고 문제를 풀어가는 여행.

4개월간의 연구를 다시 책으로 정리하면서 떠올렸던 상은 이러한

꼬마탐험대였다. 습관적으로 다니던 길도 새로운 탐험거리가 되고, 다른 학생들에게 우리 마을을 소개하기 위해 내 스스로가 더 열심히 배우고 탐험해가야 할 것이다. 여행이란 게 늘 그렇듯 예상과 다른 일들이 벌어질 것이고, 그 속에서 자신들만의 해결책을 찾으며 또 한 뼘 성장해갈 수 있다.

이제 아이들의 안전하고 교육적인 여행을 위해 마을과 학교가 힘을 합쳐야 하지 않을까. 분명 단체여행업체를 선정하는 것보다는 선생님들이 고민해야 하고 시간을 내야 할 부분이 많을 것이며, 마을 역시 학교의 교육적 요구를 받아들이며 행정적인 부분에 맞추기 위해 겪는 불편함도 있을 것이다. 그렇지만 그렇게 각자의 품을 들여서 혼자서는 할 수 없었던 일을 해내는 것. 그게 바로 협동의 매력이 아닐까. 그리고 무엇보다도 우리 꼬마탐험대를 위해 힘을 내볼 수 있다는 점이 매력적이지 않을까.

교사와 학생
그리고 지역사회의
윈-윈Win-Win 시스템이
반영된 정책이 필요한 때

홍섭근

학교 현장의 교원들은 교육청에서 필요한 것을 지원해준다기보다 불필요한 사업을 벌이려고 한다고 생각한다. 각종 새로운 정책이나 기획이 전달되면 '이번에는 또 뭐야' 하는 부정적인 반응이 먼저 나오는 교원이 대부분일 것이다. 현장체험학습에 대해서도 마찬가지다. 최근 만들어진 현장체험학습 정책에서는 소규모 테마 학습을 권하고 있다. 하지만 학교 현장에서는 이 변화로 인해 불필요한 행정만 늘어났다고 푸념하고 있다. 그도 그럴 것이 과정에 대한 안내나 사례 소개보다는, 행정 처리를 어떻게 하라고 지시하거나 금지사항을 안내할 뿐이기 때문이다. 취지가 아무리 좋아도 접근 방식이 불편하면 교원들이 받아들이기 힘들다. 규제만 늘어놓고, 강제 사항만 많다 보니 자율성이 떨어진다. 자존감도 낮아진다. 이러한 과정이 반복되면 교육청이나 교육부란 행정기관에 대한 불신이 깊어진다.

정책이란 어렵지 않아야 하고, 친근해야 하며 실용적이어야 한다. 정책이 어려우면 문서상에만 존재하는 사업으로 전락한다. 과거 그런 사례를 수없이 봐오지 않았는가? 교육청에서 우수 사례를 내려보내주면 그것을 바탕으로 학교가 잘 활용할 것이라는 착각을 한다. 절대 그럴 수 없다. 학교 규모나 학교 급, 지역적 특성에 따라 전혀 다른 상황이 벌어진다. 우수 사례라고 보편적으로 활용되기에 쉽지 않은 조건이 더 많은 것이다. 결국 학교를 상대로 하는 정책은 교사들을 움직여야 한다. 그들이 필요하다고 느끼면 스스로 배우고 활용해나간다. 이러한 계기를 교육청에서 만들어줘야 한다.

현장체험학습을 한 번이라도 다녀온 교사들은 비슷한 생각을 한다. 보통 아래와 같은 질문들을 떠올린다.

- 왜 비싼 비용을 내고 형편없는 대접을 받아야 하는가?
- 질 낮은 프로그램으로, 매번 똑같은 코스를 가야 하는가?
- 특정 시기에만 체험학습을 가야 하는가?
- 교사들이 모든 것을 기획하고 책임져야 하는가? 학생과 학부모가

기획하면 되지 않을까?

- 정책적으로 이런 것들을 지원해주는 작업을 교육청이나 지자체에서 하면 좋지 않을까?
- 원스톱으로 행정 지원을 해주는 곳이 있으면 좋지 않을까?

필자들은 각 분야의 교육정책 전문가들이다. 우리는 기존 현장체험학습을 방법적으로 어떻게 바꾸어볼 수 있을까에 대한 많은 논의를 하였다. 교사들이 가지고 있는 위와 같은 질문과 궁금증을 해결하기 위해서 많은 자료들을 모으고 해결책과 대안을 모색했다. 고민 끝에 내린 결론은 정답은 없지만 방법이 분명히 존재한다는 것이다. 지자체나 교육청이 의지만 가진다면 시스템을 만들 수 있고, 그 시스템은 교사와 학생, 지역사회가 충분히 활용할 수 있는 윈-윈Win-Win 시스템이 될 수 있다는 것이다. 이런 방법은 현재까지는 이론에 불과할 수 있다. 그리고 굉장히 어렵고 큰 작업이기 때문에 결코 이루어지지 않을 수도 있다. 그러나 이렇게 많은 고민과 함께 결과물이 만들어진다면 꼭 성공할 정책이라 확신한다. 성공을 넘어 폭발력 있게 성장해서, 지역 사회와 학교교육의 발전에 큰 도움이 될 것이라 생각한다.

정책은 기존 관행과의 싸움이다. 어쩌면 천 번을 싸워야 하나의 정 책이 만들어진다는 말이 맞을 수 있다. 하나도 쉬운 것은 없었고, 앞 으로도 그러할 것이다. 그러나 이 정책만큼은 꼭 실현되었으면 한다. 그만큼 많은 이들이 관심을 가지고 있는 분야이기 때문이다.

아이들과 함께
학교 안팎을 넘나드는
역동적인 배움을
만들어가자

황현정

아이들은 학교에서, 수업을 통해서, 배우고 성장한다고 생각한 적이 있다. 지식을 많이 알고, 암기와 이해를 잘하고 성적이 좋은 아이들이 생각도 깊게 하여 사회에 나가서도 한 사람의 구성원으로 잘 살아갈 수 있으리라고 생각하며 열심히 가르친 적이 있다. 아마 교사인 내가 그런 사회 환경 속에서 성장하고 그런 교육을 받았던 한계가 있었던 것이 아닐까 하는 변명을 해본다. 오히려 학교 밖에서 배우는 것이 참 배움이고, 체험 속에서 그리고 삶의 연장으로서 배움을 일구는 아이들이 사회의 건전한 시민으로 성장한다는 것을 깨닫는 요즘이다.

어느 순간부터 학교를 불신하고 교사를 불신하는 아이들을 만나게 되면서 어디서부터 이 아이들과 교감하여 스스로의 배움을 만드는 데 도움을 줄 수 있을까를 고민하게 되었다. 이번 마을 이야기 수업은 교사로서 자율성을 찾아가는 교육과정 재구성을 실행한 것, 아이들이 자기가 살아온 혹은 살아갈 마을의 역사를 배운 것, 그리고 이를 실제적으로 학생들 자신의 삶과 연결될 수 있는 현장체험학습으로 구상해본 것이 인상적이었다. 학생들은 전에 없이 신나게 수업하였다. 특히, 마을 역사를 배우고 난 뒤, 2박 3일의 여행 일정을 짜는 수업을 할 땐, 마치 지금 당장 여행을 떠나는 느낌이 든다고 하였다.

우리 아이들에게 필요한 것은 지적 호기심을 자극하여 생각을 키우는 배움과 더불어 삶 속에서 풀어질 수 있는 살아 있는 지식이라고 생각한다. 그래서 배운 것을 적용하고 실천하면서 또 배우고 그런 가운데 성장하고 사회 구성원으로 역할을 하게 되는 것이다. 배움의 장소는 학교 밖에 더 무궁하게 존재한다. 학교라는 공간은 그러한 바깥 세상의 경험을 배움으로 환원하는 수단을 배우는 것이 아닐까? 교사라는 존재는 그래서, 학생들이 배우며 살아갈 수 있는 방법을 알려주는 존재이고, 학교는 삶을 살아가면서 배움을 자극하는 장소로서 존재해야 한다.

참고문헌

▶ 신문이나 인터넷 기사 및 동영상
- dongA.com(2014. 10. 24), 「광주-대구 '품앗이 관광'으로 화합 다진다」, http://news.donga.com/3/all/20141024/67404600/1.
- 강원곳간이야기, 길 위에서 자라는 행복 ①, http://033mart.net/?m=rssM&bid=storyblog&uid=238.
- 강원도민일보(2015. 5. 21), 「소규모 수학여행단 강원 유치 나선다」, http://www.kado.net/news/articleView.html?idxno=732602.
- 강원희망신문(2015. 6. 11), 「청년협동조합 숙박업소 운영 1년 동안 4,000여 명 다녀가」, http://www.chamhope.com/news/bbs/board.php?bo_table=news&wr_id=7416&sca=%EA%B2%BD%EC%A0%9C.
- 경기신문(2015. 3. 17), 「피플: 화성시생태관광협동조합」, http://www.kgnews.co.kr/news/articleView.html?idxno=410905.
- 경기일보(2012. 10. 31), 「'혁신학교를 가다' 용인 홍덕고등학교」, http://www.kyeonggi.com/news/articleView.html?idxno=619997.
- 경향신문(2010. 8. 11), 「길 위의 학교 로드스꼴라, "걸으며 보고, 걸으며 배우는 대안학교"」, http://news.khan.co.kr/kh_news/khan_art_view.html?artid=201008111704232.
- 김현모(2013. 10. 7), 「상명고, 독도 탐방여행 실시」, https://www.unesco.or.kr/news_center/sub_01_view.asp?articleid=3104&cate=.
- 뉴스창(2015. 3. 18), 「'강원도교육청' 수학여행과 체험학습의 새로운 패러다임을 선보인다」, http://m.newswin.co.kr/a.html?uid=4650.
- 뉴시스(2013. 12. 10), 「강원도 테마형 농촌체험 수학여행 전국 모델 구축」, http://www.newsis.com/ar_detail/view.html?ar_id=NISX20131209_0012577990&cID=10805&pID=10800.
- 밝은신문(2014. 5. 28), 「세계여행 무료로 하는 한국 서바스(Servas)를 아시나요」, http://www.goodnewsi.com/news/articleView.html?idxno=4154.
- 시사인(2014. 9. 29), 「여관 문을 열자 동네가 살아났다」, http://m.sisainlive.com/news/articleView.html?idxno=21310.
- 신문고(2015. 8. 16), 「'전 국민 시흥에 발 디디기'를 꿈꾸다: 그녀들의 특별한 시작-공정여행 'The 쉼표'」, http://www.shinmoongo.net/sub_read.html?uid=81390.
- 연합뉴스TV(2015. 7. 25), 「협동조합 만든 용인 홍덕고… 매점에 정크푸드 사라져」, http://www.yonhapnewstv.co.kr/MYH20150725002300038/.
- 오마이뉴스(2015. 2. 28), 「강남 엄마들도 아이 전학시키겠다고 와요」, http://www.ohmynews.com/NWS_Web/Mobile/at_pg.aspx?CNTN_CD=A0002005769#cb.
- 오마이뉴스(2015. 4. 3), 「'잡스런 빵' 없앴더니, 학교에 '롯데월드' 생겼다」, http://www.ohmynews.com/NWS_Web/View/at_pg.aspx?CNTN_CD=A0002095486&CMPT_CD=P0001.
- 오마이뉴스(2015. 10. 23), 「함께 만들어가는 수학여행, 이런 방식 어떤가요」.

- 온돌뉴스(2014. 6. 19), 「[혁신 학교 ①] 혁신학교의 교육과정: 지식전달 수업이 아닌 줄탁동시수업」, http://www.ondolnews.com/news/article.html?no=463.
- 학부모신문(2015. 4. 5), 「또다시 수학여행을 시작하는 이유」.
- 한국관광공사(2014. 10. 23), 보도자료 「"품앗이 관광"으로 올해의 관광도시 간 상호 교류 증진」, http://kto.visitkorea.or.kr/kor/notice/news/press/board/view.kto?id=422737&isNotice=false&instanceId=42&rnum=1.
- 한겨레(2013. 7. 1), 「여행 스케줄 직접 짜다 보니 어느새 공부가 돼요」, http://www.hani.co.kr/arti/society/schooling/593977.html.
- 한겨레(2015. 5. 4), 「마을은 배움터로, 아이들은 마을 주인으로」, http://www.hani.co.kr/arti/economy/economy_general/689751.html?fr_=mb2.
- 해피노원(15. 11. 13), 「우리들의 필요는 우리의 힘으로 해결한다. 상명고등학교 유네스코반이 만드는 사회적경제 이야기」, http://happynowon.tistory.com/m/post/510.

▶ 문헌
- 경기도교육청(2014), 『보평초등학교 교육과정』.
- 김경애(2011), 「창의적 체험활동 활성화를 위한 학교-지역사회 연계 방안」, 『창의적 체험활동 지역사회 운영모형개발 연구 콜로키움 자료집 Ⅱ』, 한국청소년정책연구원.
- 김정안 외(2013), 『교사와 학부모가 함께 읽는 주제통합수업』, 맘에드림.
- 김정태 외(2014), 『게이미피케이션 세상을 플레이하다』, 홍릉과학출판사.
- 박주희 · 주수원(2015), 『만들자, 학교협동조합』, 맘에드림.
- 서울신은초등학교 교육과정 연구 교사모임(2015), 『리셋, 교육과정 재구성』, 맘에드림.
- 서울지역학교협동조합 연수단(2015), 『영국 협동조합학교 결과보고서』, 서울시.
- 서울특별시교육청(2012), 『2012 소규모 테마형 수학여행 직무연수』.
- 양승실 외(2013), 『방학분산제 실시 적합성 분석 연구』, 한국교육개발원.
- 이승준 외(2015), 『현장체험 학교협동조합 모델연구』, 경기교육연구원.
- 정준환(2015), 『재미와 게임으로 빚어낸 신나는 프로젝트 학습』, 상상채널.
- 조한솔 외(2014), 『청소년 교육관광객 유치를 위한 강원도 사회적경제조직 대응방안 연구』, 강원도 · 강원도산업경제진흥원(강원도사회적경제지원센터).
- 최준규 외(2015), 『경기도형 협동조합 활성화 방안』, 경기연구원.
- 한국교육개발원(2013), 『방학분산제 실시 적합성 분석 연구』.
- 한국협동조합연구소(2013), 『농업경영체와 소비자협동조합 직거래 경영모델 개발에 대한 연구』.
- 하태욱(2015), 「안전한 교육? 교육을 위한 안전!」, 『각급학교 안전여행을 위한 정책 포럼』.
- 홍덕고, 「2015 통합 기행 운영 계획」.
- 화성시평생교육과(2014. 12), 『지역이 함께 만들어가는 2014 내 고장 창의체험활동 보고서』.
- 황현정(2014), 「중등통합교육과정의 교육적 함의」, 청람사학 22, 2014.
- 황태인(2015), 「스웨덴의 교육여행 '테마 여행' 체험기」, 『서울교육』 5월호.
- Hansmann(1996), The Ownership of Enterprise, Harvard University Press.

삶의 행복을 꿈꾸는 교육은 어디에서 오는가?

● **교육혁명을 앞당기는 배움책 이야기** 혁신교육의 철학과 잉걸진 미래를 만나다!

한국교육연구네트워크 총서

 01 핀란드 교육혁명
한국교육연구네트워크 엮음 | 320쪽 | 값 15,000원

 02 일제고사를 넘어서
한국교육연구네트워크 엮음 | 284쪽 | 값 13,000원

 03 새로운 사회를 여는 교육혁명
한국교육연구네트워크 엮음 | 380쪽 | 값 17,000원

 04 교장제도 혁명
한국교육연구네트워크 엮음 | 268쪽 | 값 14,000원

 05 새로운 사회를 여는 교육자치 혁명
한국교육연구네트워크 엮음 | 312쪽 | 값 15,000원

 06 혁신학교에 대한 교육학적 성찰
한국교육연구네트워크 엮음 | 308쪽 | 값 15,000원

 07 진보주의 교육의 세계적 동향
한국교육연구네트워크 엮음 | 324쪽 | 값 17,000원
2018 세종도서 학술부문

 08 더 나은 세상을 위한 학교혁명
한국교육연구네트워크 엮음 | 404쪽 | 값 21,000원
2018 세종도서 교양부문

 09 비판적 실천을 위한 교육학
이윤미 외 지음 | 448쪽 | 값 23,000원
2019 세종도서 학술부문

 **10 마을교육공동체운동:
세계적 동향과 전망**
심성보 외 지음 | 376쪽 | 값 18,000원

 **11 학교 민주시민교육의
세계적 동향과 과제**
심성보 외 지음 | 308쪽 | 값 16,000원

 **12 학교를 민주주의의 정원으로
가꿀 수 있을까?**
성열관 외 지음 | 272쪽 | 값 16,000원

한국교육연구네트워크 번역 총서

 01 프레이리와 교육
존 엘리아스 지음 | 한국교육연구네트워크 옮김
276쪽 | 값 14,000원

 02 교육은 사회를 바꿀 수 있을까?
마이클 애플 지음 | 강희룡·김선우·박원순·이형빈 옮김
356쪽 | 값 16,000원

 **03 비판적 페다고지는
세상을 변화시킬 수 있는가?**
Seewha Cho 지음 | 심성보·조시화 옮김
280쪽 | 값 14,000원

 04 마이클 애플의 민주학교
마이클 애플·제임스 빈 엮음 | 강희룡 옮김
276쪽 | 값 14,000원

 05 21세기 교육과 민주주의
넬 나딩스 지음 | 심성보 옮김 | 392쪽 | 값 18,000원

 **06 세계교육개혁:
민영화 우선인가 공적 투자 강화인가?**
린다 달링-해먼드 외 지음 | 심성보 외 옮김 | 408쪽 | 값 21,000원

 07 콩도르세, 공교육에 관한 다섯 논문
니콜라 드 콩도르세 지음 | 이주환 옮김
300쪽 | 값 16,000원

 08 학교를 변론하다
얀 마스켈라인•마틴 시몬스 지음 | 윤선인 옮김
252쪽 | 값 15,000원

 혁신학교
성열관·이순철 지음 | 224쪽 | 값 12,000원

 행복한 혁신학교 만들기
초등교육과정연구모임 지음 | 264쪽 | 값 13,000원

 서울형 혁신학교 이야기
이부영 지음 | 320쪽 | 값 15,000원

 **대한민국 교사, 어떻게 가르칠 것인가?**
윤성관 지음 | 320쪽 | 값 15,000원

 아이들을 어떻게 가르칠 것인가
사토 마나부 지음 | 박찬영 옮김 | 232쪽 | 값 13,000원

 모두를 위한 국제이해교육
한국국제이해교육학회 지음 | 364쪽 | 값 16,000원

비고츠키 선집 시리즈 발달과 협력의 교육학 어떻게 읽을 것인가?

 생각과 말
레프 세묘노비치 비고츠키 지음
배희철·김용호·D. 켈로그 옮김 | 690쪽 | 값 33,000원

 도구와 기호
비고츠키·루리야 지음 | 비고츠키 연구회 옮김
336쪽 | 값 16,000원

 어린이 자기행동숙달의 역사와 발달 I
L.S. 비고츠키 지음 | 비고츠키 연구회 옮김
564쪽 | 값 28,000원

 어린이 자기행동숙달의 역사와 발달 II
L.S. 비고츠키 지음 | 비고츠키 연구회 옮김
552쪽 | 값 28,000원

 어린이의 상상과 창조
L.S. 비고츠키 지음 | 비고츠키 연구회 옮김
280쪽 | 값 15,000원

 비고츠키와 인지 발달의 비밀
A.R. 루리야 지음 | 배희철 옮김 | 280쪽 | 값 15,000원

 수업과 수업 사이
비고츠키 연구회 지음 | 196쪽 | 값 12,000원

 비고츠키의 발달교육이란 무엇인가?
비고츠키교육학실천연구모임 지음 | 412쪽 | 값 21,000원

 비고츠키 철학으로 본 핀란드 교육과정
배희철 지음 | 456쪽 | 값 23,000원

 성장과 분화
L.S. 비고츠키 지음 | 비고츠키 연구회 옮김
308쪽 | 값 15,000원

 연령과 위기
L.S. 비고츠키 지음 | 비고츠키 연구회 옮김
336쪽 | 값 17,000원

 의식과 숙달
L.S 비고츠키 | 비고츠키 연구회 옮김
348쪽 | 값 17,000원

 분열과 사랑
L.S. 비고츠키 지음 | 비고츠키 연구회 옮김
260쪽 | 값 16,000원

 성애와 갈등
L.S. 비고츠키 지음 | 비고츠키 연구회 옮김
268쪽 | 값 17,000원

 흥미와 개념
L.S. 비고츠키 지음 | 비고츠키 연구회 옮김
408쪽 | 값 21,000원

 관계의 교육학, 비고츠키
진보교육연구소 비고츠키교육학실천연구모임 지음
300쪽 | 값 15,000원

 비고츠키 생각과 말 쉽게 읽기
진보교육연구소 비고츠키교육학실천연구모임 지음
316쪽 | 값 15,000원

 교사와 부모를 위한 비고츠키 교육학
카르포프 지음 | 실천교사번역팀 옮김
308쪽 | 값 15,000원

 혁신교육, 철학을 만나다
브렌트 데이비스·데니스 수마라 지음
현인철·서용선 옮김 | 304쪽 | 값 15,000원

 혁신교육 존 듀이에게 묻다
서용선 지음 | 292쪽 | 값 14,000원

 다시 읽는 조선 교육사
이만규 지음 | 750쪽 | 값 33,000원

 대한민국 교육혁명
교육혁명공동행동 연구위원회 지음
224쪽 | 값 12,000원

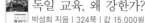 **경쟁을 넘어 발달 교육으로**
현광일 지음 | 288쪽 | 값 14,000원

독일 교육, 왜 강한가?
박성희 지음 | 324쪽 | 값 15,000원

핀란드 교육의 기적
한넬레 니에미 외 엮음 | 장수명 외 옮김
456쪽 | 값 23,000원

 한국 교육의 현실과 전망
심성보 지음 | 724쪽 | 값 35,000원

● 4·16, 질문이 있는 교실 마주이야기 통합수업으로 혁신교육과정을 재구성하다!

 통하는 공부
김태호·김형우·이경석·심우근·허진만 지음
324쪽 | 값 15,000원

 내일 수업 어떻게 하지?
아이함께 지음 | 300쪽 | 값 15,000원
2015 세종도서 교양부문

 인간 회복의 교육
성래운 지음 | 260쪽 | 값 13,000원

 **교과서 너머 교육과정 마주하기**
이윤미 외 지음 | 368쪽 | 값 17,000원

 수업 고수들
수업·교육과정·평가를 말하다
박현숙 외 지음 | 368쪽 | 값 17,000원

 도덕 수업, 책으로 묻고 윤리로 답하다
울산도덕교사모임 지음 | 320쪽 | 값 15,000원

 체육 교사, 수업을 말하다
전용진 지음 | 304쪽 | 값 15,000원

 교실을 위한 프레이리
아이러 쇼어 엮음 | 사람대사람 옮김
412쪽 | 값 18,000원

 마을교육공동체란 무엇인가?
서용선 외 지음 | 360쪽 | 값 17,000원

 교사, 학교를 바꾸다
정진화 지음 | 372쪽 | 값 17,000원

 함께 배움
학생 주도 배움 중심 수업 이렇게 한다
니시카와 준 지음 | 백경석 옮김 | 280쪽 | 값 15,000원

 공교육은 왜?
홍섭근 지음 | 352쪽 | 값 16,000원

 자기혁신과 공동의 성장을 위한
교사들의 필리버스터
윤양수·원종희·장군·조경삼 지음 | 280쪽 | 값 14,000원

 함께 배움 이렇게 시작한다
니시카와 준 지음 | 백경석 옮김 | 196쪽 | 값 12,000원

 함께 배움 교사의 말하기
니시카와 준 지음 | 백경석 옮김 | 188쪽 | 값 12,000원

 교육과정 통합, 어떻게 할 것인가?
성열관 외 지음 | 192쪽 | 값 13,000원

 미래교육의 열쇠, 창의적 문화교육
심광현·노명우·강정석 지음 | 368쪽 | 값 16,000원

 주제통합수업,
아이들을 수업의 주인공으로!
이윤미 외 지음 | 392쪽 | 값 17,000원

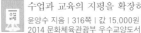 수업과 교육의 지평을 확장하는 **수업 비평**
윤양수 지음 | 316쪽 | 값 15,000원
2014 문화체육관광부 우수교양도서

 교사, 선생이 되다
김태은 외 지음 | 260쪽 | 값 13,000원

 교사의 전문성, 어떻게 만들어지나
국제교원노조연맹 보고서 | 김석규 옮김
392쪽 | 값 17,000원

 수업의 정치
윤양수·원종희·장군 지음 | 280쪽 | 값 14,000원

 학교협동조합,
현장체험학습과 마을교육공동체를 잇다
주수원 외 지음 | 296쪽 | 값 15,000원

 거꾸로 교실,
잠자는 아이들을 깨우는 수업의 비밀
이민경 지음 | 280쪽 | 값 14,000원

 교사는 무엇으로 사는가
정은균 지음 | 292쪽 | 값 15,000원

 마음의 힘을 기르는 감성수업
조선미 외 지음 | 300쪽 | 값 15,000원

 작은 학교 아이들
지경준 엮음 | 376쪽 | 값 17,000원

 아이들의 배움은 어떻게 깊어지는가
이시이 준지 지음 | 방지현·이창희 옮김
200쪽 | 값 11,000원

 대한민국 입시혁명
참교육연구소 입시연구팀 지음 | 220쪽 | 값 12,000원

 교사를 세우는 교육과정
박승열 지음 | 312쪽 | 값 15,000원

 전국 17명 교육감들과 나눈 교육 대담
최창의 대담·기록 | 272쪽 | 값 15,000원

 들뢰즈와 가타리를 통해 유아교육 읽기
리세롯 마리엣 올슨 지음 | 이연선 외 옮김
328쪽 | 값 17,000원

학교 혁신의 길, 아이들에게 묻다
남궁상운 외 지음 | 272쪽 | 값 15,000원

 학교 민주주의의 불한당들
정은균 지음 | 276쪽 | 값 14,000원

 프레이리의 사상과 실천
사람대사람 지음 | 352쪽 | 값 18,000원
2018 세종도서 학술부문

 교육과정, 수업, 평가의 일체화
리사 카터 지음 | 박승열 외 옮김 | 196쪽 | 값 13,000원

 혁신학교, 한국 교육의 미래를 열다
송순재 외 지음 | 608쪽 | 값 30,000원

 학교를 개선하는 교장
지속가능한 학교 혁신을 위한 실천 전략
마이클 풀란 지음 | 서동연·정효준 옮김 | 216쪽 | 값 13,000원

 페다고지를 위하여
프레네의 『페다고지 불변요소』 읽기
박찬영 지음 | 296쪽 | 값 15,000원

 공자던, 논어는 이것이다
유문상 지음 | 392쪽 | 값 18,000원

 노자와 탈현대 문명
홍승표 지음 | 284쪽 | 값 15,000원

 교사와 부모를 위한
발달교육이란 무엇인가?
현광일 지음 | 380쪽 | 값 18,000원

 선생님, 민주시민교육이 뭐예요?
염경미 지음 | 244쪽 | 값 15,000원

 교사, 이오덕에게 길을 묻다
교사, 이오덕에게 길을 묻다
이무완 지음 | 328쪽 | 값 15,000원

 어쩌다 혁신학교
유우석 외 지음 | 380쪽 | 값 17,000원

 낙오자 없는 스웨덴 교육
레이프 스트란드베리 지음 | 변광수 옮김
208쪽 | 값 13,000원

 미래, 교육을 묻다
정광필 지음 | 232쪽 | 값 15,000원

 끝나지 않은 마지막 수업
장석웅 지음 | 328쪽 | 값 20,000원

 대학, 협동조합으로 교육하라
박주희 외 지음 | 252쪽 | 값 15,000원

 경기꿈의학교
진흥섭 외 지음 | 360쪽 | 값 17,000원

 입시, 어떻게 바꿀 것인가?
노기원 지음 | 306쪽 | 값 15,000원

 학교를 말한다
이성우 지음 | 292쪽 | 값 15,000원

 촛불시대, 혁신교육을 말하다
이용관 지음 | 240쪽 | 값 15,000원

 행복도시 세종,
혁신교육으로 디자인하다
곽순일 외 지음 | 392쪽 | 값 18,000원

 라운드 스터디
이시이 데루마사 외 엮음 | 224쪽 | 값 15,000원

 나는 거꾸로 교실 거꾸로 교사
류광모·임정훈 지음 | 212쪽 | 값 13,000원

 미래교육을 디자인하는 **학교교육과정**
박승열 외 지음 | 348쪽 | 값 18,000원

 교실 속으로 간 **이해중심 교육과정**
온정덕 외 지음 | 224쪽 | 값 13,000원

 흥미진진한 아일랜드 전환학년 이야기
제리 제퍼스 지음 | 최상덕·김호원 옮김 | 508쪽 | 값 27,000원
2019 대한민국학술원우수학술도서

 교실, 평화를 말하다
따돌림사회연구모임 초등우정팀 지음
268쪽 | 값 15,000원

 폭력 교실에 맞서는 용기
따돌림사회연구모임 학급운영팀 지음
272쪽 | 값 15,000원

 학교자율운영 2.0
김용 지음 | 240쪽 | 값 15,000원

 그래도 혁신학교
박은혜 외 지음 | 248쪽 | 값 15,000원

 학교자치를 부탁해
유우석 외 지음 | 252쪽 | 값 15,000원

 학교는 어떤 공동체인가?
성열관 외 지음 | 228쪽 | 값 15,000원

 국제이해교육 페다고지
강순원 외 지음 | 256쪽 | 값 15,000원

교사 전쟁
다나 골드스타인 지음 | 유성상 외 옮김
468쪽 | 값 23,000원

선생님, 페미니즘이 뭐예요?
염경미 지음 | 280쪽 | 값 15,000원

시민, 학교에 가다
최형규 지음 | 260쪽 | 값 15,000원

평화의 교육과정 섬김의 리더십
이준원·이형빈 지음 | 292쪽 | 값 16,000원

학교를 살리는 회복적 생활교육
김민자·이순영·정선영 지음 | 256쪽 | 값 15,000원

수포자의 시대
김성수·이형빈 지음 | 252쪽 | 값 15,000원

교사를 위한 교육학 강의
이형빈 지음 | 336쪽 | 값 17,000원

혁신학교와 실천적 교육과정
신은희 지음 | 236쪽 | 값 15,000원

새로운학교 학생을 날게 하다
새로운학교네트워크 총서 02 | 408쪽 | 값 20,000원

삶의 시간을 잇는 문화예술교육
고영직 지음 | 292쪽 | 값 16,000원

세월호가 묻고 교육이 답하다
경기도교육연구원 지음 | 214쪽 | 값 13,000원

혐오, 교실에 들어오다
이혜정 외 지음 | 232쪽 | 값 15,000원

미래교육, 어떻게 만들어갈 것인가?
송기상·김성천 지음 | 300쪽 | 값 16,000원
2019 세종도서 교양부문

혁신교육지구와 마을교육공동체는 어떻게 만들어지는가?
김태정 지음 | 376쪽 | 값 18,000원

교육에 대한 오해
우문영 지음 | 224쪽 | 값 15,000원

선생님, 특성화고 자기소개서 어떻게 써요?
이지영 지음 | 322쪽 | 값 17,000원

혁신교육지구 현장을 가다
이용운 외 4인 지음 | 344쪽 | 값 18,000원

학생과 교사, 수업을 묻다
전용진 지음 | 344쪽 | 값 18,000원

배움의 독립선언, 평생학습
정민승 지음 | 240쪽 | 값 15,000원

혁신학교의 꽃, 교육과정 다시 그리기
안재일 지음 | 344쪽 | 값 18,000원

● **살림터 참교육 문예 시리즈** 영혼이 있는 삶을 가르치는 온 선생님을 만나다!

꽃보다 귀한 우리 아이는
조재도 지음 | 244쪽 | 값 12,000원

선생님이 먼저 때렸는데요
강병철 지음 | 248쪽 | 값 12,000원

성깔 있는 나무들
최은숙 지음 | 244쪽 | 값 12,000원

서울 여자, 시골 선생님 되다
조경선 지음 | 252쪽 | 값 12,000원

아이들에게 세상을 배웠네
명혜정 지음 | 240쪽 | 값 12,000원

행복한 창의 교육
최창의 지음 | 328쪽 | 값 15,000원

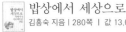
밥상에서 세상으로
김흥숙 지음 | 280쪽 | 값 13,000원

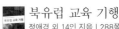
북유럽 교육 기행
정애경 외 14인 지음 | 288쪽 | 값 14,000원

우물쭈물하다 끝난 교사 이야기
유기창 지음 | 380쪽 | 값 17,000원

시험 시간에 웃은 건 처음이에요
조규선 지음 | 252쪽 | 값 15,000원

● 교과서 밖에서 만나는 역사 교실 상식이 통하는 살아 있는 역사를 만나다

전봉준과 동학농민혁명
조광환 지음 | 336쪽 | 값 15,000원

남도의 기억을 걷다
노성태 지음 | 344쪽 | 값 14,000원

응답하라 한국사 1·2
김은석 지음 | 356쪽·368쪽 | 각권 값 15,000원

즐거운 국사수업 32강
김남선 지음 | 280쪽 | 값 11,000원

즐거운 세계사 수업
김은석 지음 | 328쪽 | 값 13,000원

강화도의 기억을 걷다
최보길 지음 | 276쪽 | 값 14,000원

광주의 기억을 걷다
노성태 지음 | 348쪽 | 값 15,000원

선생님도 궁금해하는
한국사의 비밀 20가지
김은석 지음 | 312쪽 | 값 15,000원

걸림돌
키르스텐 세룹-빌펠트 지음 | 문봉애 옮김
248쪽 | 값 13,000원

역사수업을 부탁해
열 사람의 한 걸음 지음 | 388쪽 | 값 18,000원

진실과 거짓, 인물 한국사
하성환 지음 | 400쪽 | 값 18,000원

우리 역사에서 사라진
근현대 인물 한국사
하성환 지음 | 296쪽 | 값 18,000원

꼬물꼬물 거꾸로 역사수업
역모자들 지음 | 436쪽 | 값 23,000원

즐거운 동아시아사 수업
김은석 지음 | 240쪽 | 값 15,000원

노성태, 역사의 길을 걷다
노성태 지음 | 324쪽 | 값 17,000원

교과서 밖에서 배우는 역사 공부
정은교 지음 | 292쪽 | 값 14,000원

팔만대장경도 모르면 빨래판이다
전병철 지음 | 360쪽 | 값 16,000원

빨래판도 잘 보면 팔만대장경이다
전병철 지음 | 360쪽 | 값 16,000원

영화는 역사다
강성률 지음 | 288쪽 | 값 13,000원

친일 영화의 해부학
강성률 지음 | 264쪽 | 값 15,000원

한국 고대사의 비밀
김은석 지음 | 304쪽 | 값 13,000원

조선족 근현대 교육사
정미량 지음 | 320쪽 | 값 15,000원

다시 읽는 조선근대 교육의 사상과 운동
윤건차 지음 | 이명실·심성보 옮김 | 516쪽 | 값 25,000원

음악과 함께 떠나는 세계의 혁명 이야기
조광환 지음 | 292쪽 | 값 15,000원

논쟁으로 보는 일본 근대 교육의 역사
이명실 지음 | 324쪽 | 값 17,000원

다시, 독립의 기억을 걷다
노성태 지음 | 320쪽 | 값 16,000원

한국사 리뷰
김은석 지음 | 244쪽 | 값 15,000원

경남의 기억을 걷다
류형진 외 지음 | 564쪽 | 값 28,000원

어제와 오늘이 만나는 교실
학생과 교사의 역사수업 에세이
정진경 외 지음 | 328쪽 | 값 17,000원

● 더불어 사는 정의로운 세상을 여는 인문사회과학 사람의 존엄과 평등의 가치를 배운다

밥상혁명
강양구 · 강이현 지음 | 298쪽 | 값 13,800원

좌우지간 인권이다
안경환 지음 | 288쪽 | 값 13,000원

도덕 교과서 무엇이 문제인가?
김대용 지음 | 272쪽 | 값 14,000원

민주시민교육
심성보 지음 | 544쪽 | 값 25,000원

자율주의와 진보교육
조엘 스프링 지음 | 심성보 옮김 | 320쪽 | 값 15,000원

민주시민을 위한 도덕교육
심성보 지음 | 500쪽 | 값 25,000원
2015 세종도서 학술부문

민주화 이후의 공동체 교육
심성보 지음 | 392쪽 | 값 15,000원
2009 문화체육관광부 우수학술도서

교과서 밖에서 배우는 인문학 공부
정은교 지음 | 280쪽 | 값 13,000원

갈등을 넘어 협력 사회로
이창언 · 오수길 · 유문종 · 신윤관 지음
280쪽 | 값 15,000원

오래된 미래교육
정재걸 지음 | 392쪽 | 값 18,000원

동양사상과 마음교육
정재걸 외 지음 | 356쪽 | 값 16,000원
2015 세종도서 학술부문

대한민국 의료혁명
전국보건의료산업노동조합 엮음 | 548쪽 | 값 25,000원

교과서 밖에서 배우는 철학 공부
정은교 지음 | 280쪽 | 값 14,000원

교과서 밖에서 배우는 고전 공부
정은교 지음 | 288쪽 | 값 14,000원

교과서 밖에서 배우는 사회 공부
정은교 지음 | 304쪽 | 값 15,000원

전체 안의 전체 사고 속의 사고
김우창의 인문학을 읽다
현광일 지음 | 320쪽 | 값 15,000원

교과서 밖에서 배우는 윤리 공부
정은교 지음 | 292쪽 | 값 15,000원

카스트로, 종교를 말하다
피델 카스트로 · 프레이 베토 대담 | 조세종 옮김
420쪽 | 값 21,000원

한글 혁명
김슬옹 지음 | 388쪽 | 값 18,000원

일제강점기 한국철학
이태우 지음 | 448쪽 | 값 25,000원

우리 안의 미래교육
정재걸 지음 | 484쪽 | 값 25,000원

한국 교육 제4의 길을 찾다
이길상 지음 | 400쪽 | 값 21,000원
2019 세종도서 학술부문

왜 그는 한국으로 돌아왔는가?
황선준 지음 | 364쪽 | 값 17,000원
2019 세종도서 교양부문

마을교육공동체 생태적 의미와 실천
김용련 지음 | 256쪽 | 값 15,000원

공간, 문화, 정치의 생태학
현광일 지음 | 232쪽 | 값 15,000원

교육과정에서 왜 지식이 중요한가
심성보 지음 | 440쪽 | 값 23,000원

인공지능 시대의 사회학적 상상력
홍승표 지음 | 260쪽 | 값 15,000원

식물에게서 교육을 배우다
이차영 지음 | 260쪽 | 값 15,000원

동양사상과 인간 그리고 사회
이현지 지음 | 418쪽 | 값 21,000원

● **평화샘 프로젝트 매뉴얼 시리즈** 학교폭력에 대한 근본적인 예방과 대책을 찾는다

학교폭력 어떻게 만들어지는가
문재현 외 지음 | 300쪽 | 값 14,000원

아이들을 살리는 동네
문재현 · 신동명 · 김수동 지음 | 204쪽 | 값 10,000원

학교폭력, 멈춰!
문재현 외 지음 | 348쪽 | 값 15,000원

평화! 행복한 학교의 시작
문재현 외 지음 | 252쪽 | 값 12,000원

왕따, 이렇게 해결할 수 있다
문재현 외 지음 | 236쪽 | 값 12,000원

마을에 배움의 길이 있다
문재현 지음 | 208쪽 | 값 10,000원

젊은 부모를 위한 백만 년의 육아 슬기
문재현 지음 | 248쪽 | 값 13,000원

별자리, 인류의 이야기 주머니
문재현 · 문한 외 지음 | 444쪽 | 값 20,000원

우리는 마을에 산다
유양우 · 신동명 · 김수동 · 문재현 지음
312쪽 | 값 15,000원

동생아, 우리 뭐 하고 놀까?
문재현 외 지음 | 280쪽 | 값 15,000원

누가, 학교폭력 해결을 가로막는가?
문재현 외 지음 | 312쪽 | 값 15,000원

● **남북이 하나 되는 두물머리 평화교육** 분단 극복을 위한 치열한 배움과 실천을 만나다

10년 후 통일
정동영 · 지승호 지음 | 328쪽 | 값 15,000원

선생님, 통일이 뭐예요?
정경호 지음 | 252쪽 | 값 13,000원

분단시대의 통일교육
성래운 지음 | 428쪽 | 값 18,000원

김창환 교수의 DMZ 지리 이야기
김창환 지음 | 264쪽 | 값 15,000원

한반도 평화교육 어떻게 할 것인가
이기범 외 지음 | 252쪽 | 값 15,000원

● **창의적인 협력 수업을 지향하는 삶이 있는 국어 교실** 우리말 글을 배우며 세상을 배운다

중학교 국어 수업
어떻게 할 것인가?
김미경 지음 | 340쪽 | 값 15,000원

토론의 숲에서 나를 만나다
명혜정 엮음 | 312쪽 | 값 15,000원

토닥토닥 토론해요
명혜정 · 이명선 · 조선미 엮음 | 288쪽 | 값 15,000원

인문학의 숲을 거니는 토론 수업
순천국어교사모임 엮음 | 308쪽 | 값 15,000원

어린이와 시
오인태 지음 | 192쪽 | 값 12,000원

수업, 슬로리딩과 함께
박경숙 외 지음 | 268쪽 | 값 15,000원

언어던
정은균 지음 | 268쪽 | 값 15,000원
2019 세종도서 교양부문

민촌 이기영 평전
이성렬 지음 | 508쪽 | 값 20,000원

감각의 갱신, 화장하는 인민
남북문학예술연구회 | 380쪽 | 값 19,000원

가 **교육**에 관한